# キリスト『秘』

## ～捕らえられ自由～

名木田 薫

朝日出版社

# 目　　次

# 序　論

## 創造、ないし復活
## ―「秘」へ向けて

## （a）神の創造という観点から

（一）

神の義、愛などについての擬人的表現はどう位置付けうるのか。単に人のあり方に擬しているだけのことか。とすれば神もまた人間的次元へ引き下げられはしないのか。本来なら人の次元を超えているはずなのだが。まさにそうなってしまうであろう。かくて基本的には誤った企画ということとなろう。神ないがしろの企画である。人の罪より由来の、本来なら許されざる企てとなろう。そこでそういうところから神への誤解も生じよう。見当違いも生まれよう。人の罪反映なので当然であろう。人の企てにはすべて罪という性格が付きまとっていることが避けえない。そういう意味では人の生は常にやぶ睨みにできている。正視すべきところをそうすべき仕方でそうできていない。罪あることとはまさにそういうことである。的が外れているというより的がどこにあるかが分かっていない。そこでいわば仮の目的を勝手にこしらえてそれを的にして生きている。そうする以外の生き方を見出しえないのが実態である。すべてが根本的次元において狂っている。だがそれをそうと気付きえない。本来なら神のあり方に基づいて人のあり方を見ていかなくてはならぬのに逆になっている。つまり擬人的に神を見るのではいけない。むしろこういういい方が適切か否か疑問だが、いわば疑神的仕方で人のあり方を反省せねばならない。だが残念ながら神のあり方をそれ自体直接的に知ることはできない。そこで神から人へという見方は基本的にはできない。したがって「擬神」という方策は人には可能ではない。知りえぬものに擬してということなどできるはずもない。だからといって逆のことをすることが許されるわけもなかろう。便宜的にそういうことをすること自体が堕罪することである。絶対的な神を他の何か―それが何であれ―に擬すなど罪に堕さぬ限り思いつきえまい。しかも問題はその点に思い至らぬことである。もとより至りうれば改めもしよう。だからこそ罪なのである。神を人次元へと引き下ろすこと以外ではない。このことはただこれだけのことではない。人よりはるか上の存在を人次元へということは、その実体はそういう存在を人よりはるか下の次元へ引き下ろすことである。人は罪ゆえにそういうこと以外できないのである。このことは同時に人が自己自身を引き下ろすことでもある。神をも自己をも罪ゆえにそうしている。こういう状況下では人が自己の心の向きを根本から変えられはしない。自己自身の心を奥深く反省もできない。

もっとも人には罪があるので、神と直に向き合うことはできない。そのようなことをすれば、人は死ぬほかない。直に知りえぬものについてなので擬人という仕方で知ろうという思いが生じるのであろう。やむをえぬことである。人でない自然のようなものを擬人的に扱うことは許されよう。人よりいわば低いものを人レベルへということなので、その対象物を引き上げることだから。もっとも低いものを上げさえすればよいともいえない。それ相応の仕方が求められよう。だがいずれにしろ自然物なら人と同じ世界の中に存していて同一性を一面において有しているので、それなりの合理性があろう。しかるに神となれば、神、人の間には同一性の面は差し当たり存しない。そこで少なくとも合理的とはいえない。

しかし義にしろ愛にしろ擬人ということをいいうるのか。なぜなら人は完全な意味においてはそれらいずれをも満たしえていないから。人の義も愛も半端でしかない。厳密に考えればそうは呼びえぬ代物でしかない。それらは罪とは相反しているから。かくてたとえ擬「人」的といいうるとしても、そこでの「人」は決して現実の人ではない。人としての理念である。現実の人に基づいて、それをさらに拡充強化して人によって創造された次元の人である。人が「人」をここではつくり出している。そういう「人」が決して現実に存しているのではない。あるいはいつかは存しうるであろうと推測しうるのでもない。そういう意味ではそこでの「人」とはまったくの架空の存在とさえいってもよいごときものでしかない。ということは人がいわば勝手に（恣意的に）考えて、それに対して「擬人的」というような、もっともらしい用語を当てて権威付けをしているという判断もありえよう。許されざることを許されるかのごとき外観を持つようにしている。そういう意味では擬人とは恣意的表象であり、決して客観的性格を有してはいない。使用する各人によってその内実は異なりうる。内容なりその仕方が一定しているわけではない。恣意の入り込む余地がある。というより恣意によって使われているといえる。
　したがって神の義、愛などを誤解する可能性は端から存している。というよりそうなるしかないと考えられよう。もとより自己にとって好都合に誤解する。自分にとり不都合に誤解することは考えられない。好と誤とが、また反対に不と正とが対応している。そこで神については義とか愛とか人が関係している用語をもって呼ぶべきではない。本来からいえば神の行いについては人の言葉をもって表現はできないといえる。なぜなら人の言葉は人が自己の言動についてそれを表現するために生まれたものであるから。人の存在、およびそれに付属している事柄の表現にふさわしいものである。それ以外のものの表現には不適切である。人の言葉で神に関わることを表現しようとするのが本来無理なのである。

（二）

　次に一回目の創造（今の宇宙創造）は物的世界のそれであった。二回目の創造は精神性中心の創造と考えられる。神は同じことを二度はなされぬ。そういう意味ではいわば表裏が逆になった世界の創造ということとなろう。だがそれがどういうものかはまだ知らされてはいない。ただ今の世界では精神的要素は物質的要素に依存している。二回目ではこの点が逆となろう。精神に物質が依存する。イエス個人においてはそうであったといえよう。精神に基づいて物質的世界の中で活動していた。そのことが全面的に展開されることとなる。ただ個人的次元のことは、例えば個人の生命がどうなるかというような次元は重要ではない。宇宙全体として精神中心の世界が創造されるのである。そう考えれば、今すぐに我々としてはそういう精神中心の世界に則ってこの今の世界の中で次の来るべきより高次元の世界を生きることに心を向けることがふさわしい。精神中心の世界とは良心尊重、義を大切、合理的考え、民主化重視などと一連のことである。かくてこれら四つは来るべき次の精神中心的世界に百パーセント実現されるところの価値観と考えられる。
　今の世界では精神が物質的世界に依存しており、完全には実現されない。それに対して来るべき世界ではそういう仕方で実現する。なぜなら精神が物質に優先するから。このことは同時に自分個人の生命に固執しないことをも含む。なぜなら精神的世界では例えば義が実現するが、この義ということにおいてはすべての人格的存在は共通的である。そこで生命において通じている。したがって“自分”の生命の例えば復活について固執することはまったく不要なこととなる。精神的生命は義という契機を内に含んでいるからである。一方、物質的生命はそうではない。したがってまた有限でしかない。精神的生命は義を内に含むゆえ永遠なのである。神が永遠であることも神が義であることと関係していることはいうまでもない。だからまた義に従って生きることは次の来るべき生命に則って生きることを意味する。キリストの復活から判断しても、次の世界では精神が物質を上回ることが推測される。

イスラエルという語は神の支配を含意するのであり、「神が勝つ」、「神と競う」、「神に固執する」などの意味もある（日本大百科全書)。人の行為の背後には神の意思が控えていることを思えば、人に義に基づいた指示を出す神の言葉と争いつつでなければ人は神に付き従うことが難しいことを予感させる。神の意思が背後にあってカナンの地へ入っていき偶像崇拝の諸民族と戦っていくのだからである。ただ単に神と競う者ということでは非キリスト者たる大半の我々日本人には意味が分かり難い。神と人とが競うということなど思いつきえぬからである。日本では神は常に人協調的である。旧約の神の場合、まさに先の状況である。神の尖兵としてそういう諸民族へ向けて戦いを挑むのだから。神と競うということは人の立場に立っての話としてはそうだともいいうる。だが神の目、立場に立って考えればそう呼ぶのは正しくはない。正確でもない。何より「神」という観点に立てていないことが最大の難点といえる。神を対象として自己の向こう側に存している存在として考えているからである。そういうあり方は神と一の人のあり方ではない。競っている状況ではまだ真に神を信じているとはいえぬから。真に信じたら神と競うという状況は通過せねばならない。信じようとして迷っている状況にあるからである。真に信じたら対象的に神をただ意識はしない。イスラエルという言葉の意義をただ「神と競う」とするのでは、きわめて浅い理解に基づいているとしかいえない。重大な欠陥といえはしないか。やはりそういう地域へ入っていくに当たって信仰のあり方が問題であろう。偶像崇拝の只中へ突入するのだから。神はその地域に対して勝つ前にイスラエル民族に対して勝たねばならない。結果、支配することとなり、民族は神に固執しうることとなる。こうして民族は偶像崇拝への神の尖兵となる。神と競うことは神と争うことをも含まざるをえまい。旧約を見れば、神の戒めに背き神に滅ぼされた人々もいた。自己のうちにいわば神が受肉している。そうでもない限り偶像崇拝の諸民族と戦うことは叶うまい。受肉すれば神という存在は人の意識からは消えている。ここのところがイスラエルという語の究極の到達点といえる。ここ以外にない。競う相手も争う相手も居はしない。神が受肉すれば神の尖兵になるほかあるまい。そういう人間存在を罪の世においたとき、それをどう呼ぶのがふさわしいかを考えれば、まさに「神の尖兵」である。こういう名づけが最もふさわしいであろう。かくて「神」と「競う者」との最も深化、同時に進化したあり方が「神の尖兵」ということとなろう。

イスラエルという語が神の支配を含意するとしても、神への信仰の進み方を考慮すると以上のようであるほかないであろう。そういう観点からはイスラエルという語のもとの意味合いと信仰的なそれとを使い分けねばなるまい。前者は語自体の意味、後者は信仰を加味した意義である。宗教的には後者が重要であることはいうまでもない。前者ということであれば、場合によっては信仰度外視でもよいかもしれない。だが信仰的観点からは、そういうことでは不十分である。イスラエル民族は信仰あっての民族なのでこの点を第一に考慮せねばならない。

例えば具体的にはダビデがペリシテの勇者ゴリアテと戦ったときのことである。ダビデは神の霊に満ちていたであろう。「神に固執する」とは大いに適切であろう。まさに神とともにゴリアテと戦ったといえる。自分の生命のことは頭になかったであろう。さもない限りあのような行動は取れなかったであろう。仮に「神」を他民族同様偶像崇拝の対象である神と解すれば、神との関係は逆になる。そういう神々と戦うことになるのだからである。

## （b）イエスの受肉という観点から

（一）

全宇宙の中に太陽系のようなものは多い。そこで地球がその一つのモデルであり、イエスの啓示は同時に全宇宙の知的生物への啓示だというのであれば、それはキリスト「秘」ではない。むしろ知として位置づけられよう。キリストの啓示は地球へのみだとしてこそ「秘」として位置づけられよう。全宇宙の中での唯一の啓示でなくてはならない。秘は知を超越している。神自身やキリストの存在もそうであるように。だが一方で知に反しているのではない。超えてはいるが反してはいない。キリストの啓示は全宇宙の中で唯一のものでなくてはなるまい。さもないとあちこちで神は同じ事を行ったこととなる。つまり無駄なことをしたこととなる。神は全宇宙の中からこの地球を選び、啓示を示された。神は唯一、創造は一回、受肉は一度などすべて「一」である。

こういう観点から見るとき、広大な宇宙に一体どういう意味があるのか。人が自己の存在の矮小さを知る手がかりにはなろうが。それ以外の意味はないのか。人としてその点を知ることは許されないのか。もっとも神の偉大さに感嘆することはできよう。しかしそれ以上のことはないのか。人の矮小さ、神の偉大さ—これら二つは同一事の両面といえる。これらはいずれも知的次元のことである。秘ではない。秘は知を超えつつ、しかも知と矛盾せぬ次元のことである。イエスをイエスと信じることは人がイエスから生き始めることを意味する。このことは人がたとえ地球上で現実には生きているとしても、ただ単にそれだけのことではないことを意味する。全宇宙的次元で生きているのである。人の生の一挙手一投足が全宇宙を反映している。なぜなら一瞬を生きることは、その一瞬は全宇宙の全時間がそこにいわば凝縮して生きられていることを意味するから。人がキリストを信じ、神を受容すれば、その生はキリスト、神を映したものとなるからこそ、そういう性格を自ずから持つこととなる。かくてこの一瞬は宇宙の創造から終末までをも生きたこととなる。人格的性格の神をキリストを通して知ったことはもはや固有な人としての自己はなくなっていることを意味する。神の前にあってはもはや自己などありはしない。神の意思に合致した生を生きている以上、それ以外ではありえない。ただ生が生しているのみである。キリスト、神が信じられたときには、もはやキリストも神も「存」してはいない。存していてはまだ信じられてはいない。こういう心境にあっては宇宙がどういう状況にあろうとももはや問題外であろう。キリストや神が本人にとり存しないのと同様に宇宙もありはしない。一切のものが消えている。キリストを信じて自己の生が誕生から死までに限られたものであることを克服したことにおいて、自己の生と可視的世界との別個であることも克服されている。死が克服されたことは単に生の世界へ戻ってきたことを意味してはいない。生をも超えたことを意味する。なぜなら生と死とは一体であるから。こういう心境で生きることは創造のとき、キリストのとき、終末のときなどあらゆるときとも同時的に生きていることを意味する。否、それどころかすべてのときと同時でありえている。生きている一瞬がそれらすべてのときと一なのである。こういうことはまさに「秘」といいうると思う。

思いを反転させていえば、自己という存在などもはや存してはいない。神のみ、キリストのみが厳然として存している。広大な宇宙ももとより存してはいない。したがってこの広大な宇宙は一体何のためになどという心の中での疑問などもありはしない。あらゆる問いはキリストによって人から吸収され尽くされたのである。人の生命までをもキリストは人から吸収したのであるから。そういう意味では人に代わってキリストが生きているといってもよいであろう。「キリストがわたしの内に生きておられるのです。」（ガラテヤ 2,20）といわれている通りである。キリストによって人はいわば乗っ取られている。罪という現実があるので、あるにもかかわらずこういう事態が成就していればこそ、「乗っ取る」という表現がまさにふさわしい。信じれば信じるほど乗っ取りもまったきものとなろう。乗っ取りというと通常は悪い意味においてである。だがこの場合は逆である。悪いものを逆転させているのだから、よい意味においてである。しかもそういう逆転なので通常以上によい意味においてである。乗っ取りが完成の域に近づくほど人固有の思いは減少しよう。反対にキリストなり、神なりの立場に立っての発想が増大しよう。当然である。したがって人や自然自体を尊重したような発想も減少する。かくて人はまず第一に神、キリストを賛美する存在として把握されよう。自然は第一に神の栄光を現すものとして考えられよう。人は人格として神賛美が第一の仕事となろう。人間界も自然界も神の栄光を現すものとなる。だがとてもそうとは考えられない事態も存しうる。例えば人間界であれば残虐な事件であり、自然界であれば動物界などでもそういう性格の事案がある。これらはどう解すればよいのか。

神はなぜそういう事件、事案を放置されているのか。生きているものには自由という契機のあることを自ら認識しうるよう導くためなのか。もし悪事はすべて神が差し止めてしまえば、そういう事件などは生じまい。だが人は自由を失う。それでは人は生きた存在としては欠陥的存在となろう。よい事を行う可能性は悪事を行う可能性と切り離しえまい。よいことしかできぬのでは自由を欠く。ロボットとなる。神としては心を鬼にして人の悪事を見つめているしかない。神を信じて初めてそうでなくなる可能性が芽生える。悪事への可能性を残しつつその方向へは落ちない可能性へ至る。大した悪事でなければともかくナチスのユダヤ人迫害などは度外れている。神はこういう事件をただ見過ごしているのではない。人の自由を奪うという犠牲を払ってであれば、直ちに中止させられよう。しかしそれをすると人は自由を失い人ではなくなってしまう。そこで神は自己自身を殺して、そういう人の自由からの悪を忍ぶほかはない。人の悪行を見るたびに神は死を体験する。神の死と引き換えに人の自由が生きることとなる。人に罪があるのでこういう事態も生じうるといえる。もし罪なくば人の自由が神の死を呼ぶことはないであろう。人が自らのイニシアティブで悪事をやめるのを待つ以外神にはすべがないのである。

どれほどの忍耐と考えられようか。キリストの十字架において神は死んだ。というよりも死を体験した。これは人の罪のために自己が死ぬことである。それとどう関係するのか。基本は同じことである。人の罪を忍耐をもって見過ごすことを意味するから。このことを神がしなかったら、人は直ぐにも死に絶えてしまうであろう。人の不義を忍ぶのである。ナチスの犯罪を忍ぶのもキリストの十字架を忍ぶのも不義を忍ぶ点では同じである。ではどちらがより大きな忍耐を要するのか。普通に考えれば当然後者であろう。なぜなら神の意に適う人が十字架の死を体験するのであるから、神自身もともに死なねばならぬから。

だが「神は愛です。」（1 ヨハネ 4,16）という観点に立てば、そうとばかりもいえない。なぜなら自己の義とは異なることを忍んでこそ忍んだといえるから。キリストの十字架は人の罪を忍ぶことが根本にある。ところでこのことは神の義に即しているといえる。一方、ナチスの行為は神の義に即す要素は皆無である。そこでそういうことを忍ぶことのほうにこそかえって神の忍耐はより強く現れざるをえないのではないか。ナチスの行いには神は愛という点から見て何ら忍ぶに足る要因はないからである。一方、キリストの十字架はそれ自体人の罪を赦すという神の愛がもろに現れている。したがってここには神の忍耐はあえて必要がないともいえる。神の愛自体がもろに完全に現れているのだから。もっとも神自身において考えれば自分の意に適うイエスを十字架につけるに任すので神は血を心の中で流しているとはいえる。一方、ナチスの場合、罪ある人が罪ある人を殺しているのだから、神の義に反するとか神は愛であるとかに矛盾する要素はないといえる。かくて神自身の本性から見れば、キリストの十字架を忍ぶことよりナチスの行為を忍ぶことにおいてこそ自己の義と矛盾する行為を見出しうる。そこで結果としてはナチスの場合こそより大きい忍耐が必要であろうと思われる。そうするとキリストの十字架の意義が下がりはしないのか。神の愛の立場からすれば、当然のこととも考えうるから。自分の義を体現しているキリストを十字架につけるのは「神は愛です。」（1 ヨハネ 4,16）からすれば、何の不思議もない。人としてはそれに対してあえて感謝の要もないこととなりはしないのか。

（二）

もし仮にキリストの十字架に対して、神が人から感謝を要求するとすれば、「神は愛です。」（1 ヨハネ 4,16 ）のではないこととなる。もし愛であるのであれば、自己が人のためになしたことに関して感謝などを求めはすまい。当然のことをしたまでだから。罪を赦したことは義より愛が大だということとなる。それならなおのこと先のようになりはせぬか。信仰の必要などないであろう。もしあるとすればそれは神に対してではない。人が自己自身に対して自己のためにであることとなろう。ではどういうためになるのか。神が愛であるのなら、神がキリストにおいて人の罪を赦したとしても、それは何ら特別のことではないこととなろう。もしそうなら人はそういうことを知ったとしても、それに対して特別の感謝は持たないのではあるまいか。神が自己のために特別のことをしてくださったと思って初めて、人はそれに対して感謝もすれば、それに応えて何らかの行為もするというものである。しかるにそういう気持ちが生じる根拠が欠けてしまうであろう。したがって端から「神は愛です。」(1 ヨハネ 4,16)と考えてはならない。そういう大前提が存していてはならない。神が愛たることはキリストの十字架から判断して初めて生じるものでなくてはならない。そういう点から考えて、神は義であるという点をまず強調せねばならない。キリストの十字架までは愛は陰に隠れていなくてはならない。決して表に出てはならない。神自身がそういう存在であると人に知らせねばならない。確かに旧約では神は基本的に義であると知らされている。決して愛として表へ出てはいない。ところどころで愛ということは出ているが、少なくともキリストの十字架においてほど愛という契機がもろに出ているところはない。したがって人としてはまず旧約での神の義を知り、次にキリストでの神の愛へと進めばよいであろう。だが我々は既に新約でのキリストの十字架を知らされている。そこで旧約での怒りからまず入っていくのではなくて、いきなり新約のキリストの十字架から入っていくこととなってしまう。そうなることを避けえない。人には罪があるのでそうなることを避けない。かくてキリストの十字架は当たり前のことと受け取られる。キリストの十字架はそれにふさわしいインパクトを失う。残念ながらイエス当時ならともかくこのインパクトを回復させる方法は存していない。なぜなら一旦キリストの十字架を隠してしまい、その後改めてそれを出さなくてはならぬからである。新約として一般に知られているのにそのようなことのできるはずもない。しかしそれができぬ限りキリスト信仰はインパクトを保ちえない。新約でキリストが知られつつ、それにもかかわらず十字架における愛のインパクトを保持させる道はないものであろうか。

まず神が義と知らされたのち、十字架での愛を知らされるという義と愛との道は人の自己の判断、すなわち何かに対しての自我の立場からの反応になっている。つまり自我の立場から解放されているわけではない。こういう状況に対して無碍の立場からのキリストの十字架への接近は特別の意味を持ってこよう。無碍であることによって十字架での愛を無前提に受け入れるので、義前提でその後で愛という方式とは別の仕方でキリストの十字架の愛を端的に受け入れることとなろう。義をまずというわけではないので、義と愛とを同時に神の本性として受け入れるのである。旧約、新約を同時にということとなる。このことは両文書をともに知らされている状況では理に適う。とともにぜひ不可欠なことといえよう。なぜならそれなしではキリストの十字架を先に考えてしまうので、インパクトを失った仕方でしか十字架を受け取れないであろう。そういう意味では救済史的観点から見て日本へ重要な役割が回ってきたといえよう。他の国では担いえぬことであろう。無我の宗教が流布しているという社会的状況が必要であろう。さもないと人々がそういうことを前提としていかなる宗教、信仰をも受け取ることができないであろうから。しかし主要宗教が仏教であれば、どこの国でもそういうことが可能であろうとはいくまい。東西文明の十字路に位置しているという文化的背景も重要な要素であろうと思う。無碍の立場にあればまず最初に自分にとって好都合な神の愛という点に目を向け、その次に背景としての罪への神の怒り、義という方向へ向くという状況にはならないであろう。人の立場から見て双方を同時に同比重において見ることであろう。というより神の立場に立ってまず義、次に愛という順に見ていくであろう。それが神の人へ向けての啓示の順なので、自ずからそうなるであろう。この場合には人にとり愛が好都合なので、愛重視という受け取り方にはならないであろう。あるべき、なるべき仕方ですべてがその秩序へ収まるであろう。むしろ愛よりも義のほうが人の心を占めるのではあるまいか。なぜなら人が無碍の心境になっていれば、自ずから自己反省の心が芽生えよう。そこで愛よりは義のほうへ心が向くのではないかと思われる。なぜなら人の心の中に自己反省の心構えが生まれているであろうから。それに呼応して神については義という契機へ目が向くであろうから。自己反省と神の義との対応がここには存しているといえよう。無碍からして自己反省へ心が向いていながら、義を通過して愛へ心が向くことはないであろう。まず神の愛へ心が向いてしまうのは自己へ甘い態度になっているからである。しかるに無碍にありながら自己へ甘い態度になることはありえぬことである。自己中心的発想になることはありえぬことである。神中心的発想以外にはなりえようがない。そうである限り神自身が自らの義、次にキリストでの愛という順で啓示していくのであるから、愛から入っていくことはありえない。神の本性としては愛のほうが義より大きいかもしれないが、順番は義が先でなくてはならない。

## (c) イエスの復活という観点から

(一)

物質はすべて人格的存在、さらに集約していえば人格のために存在していると考えられる。このことは次のような、イエスの言葉にも反映されている。すなわちイエスは「わたしの母とはだれか。」(マタイ 12,48) という。自分をこの世界へと生み出してくれた母についてさえこのようにいう。このことはイエスが物事を人格主義的、人格中心主義的に考えていることを裏書している。それ以外のことは自己の家系のことを含めて重要なことではないのである。人格とはそのように他の事柄をすべて超越して思考する。したがって不可避的に神へと直接していく。その点、人格とは超世界的、超世俗的であり「擬似神」的とでもいいうるであろう。親子の仲をも断つのである。

イエスは復活後に「触ってよく見なさい。」(ルカ 24,39) と弟子たちにいう。これはしかし例外中の例外である。一般にはこういうことは許されない。通常はただ信じることあるのみである。それ以外にすることも、できることもともにないのである。

当時のキリスト者がキリストの復活を信じていたと、信仰の同心円的構造の中心から我々が信じることが現代におけるキリスト信仰といえる。つまりキリストが現実に復活したか否かについては不問に付すこととなる。無碍と一のキリスト信仰としてはそれでよいし、またそうであるほかない。客観的事実としてどうであったかという領域に踏み込むことは無碍ではないことを顕にしよう。キリストの復活についてはそのように信じたときにそれで何ら疑問は感じない。あえて現代においてキリスト復活の事実性を信じることを不可欠とすると、可視的世界の事象に固執していることの反映のごとく感じられてくる。当時としては例えば太陽は永遠に輝くと信じられていたのではないか。旧約を見れば形あるものは消えるというような感覚は見られうる。だが神が世界を創造した以上、太陽が消えては世界は消滅してしまう。かくて神が存在する以上、可視的世界の中のものでも大概のものは消えるが、太陽は少なくとも別であろう。そこで可視界にも永遠なものも神が存している以上、存しえたのではないか。かくてキリストが復活してもそれほど不思議ではないであろう。しかるに現代の宇宙観では可視界に永遠なものは何一つない。太陽もいずれ消滅する。にもかかわらずキリストの復活のみにこだわることは可視界にこだわることを意味してしまうであろう。かくて現代においてキリストの復活にこだわることはかえって信仰に反することとなろう。同心円的にキリスト復活信仰へ参加するのが最適といえよう。決して積極的に否定するのではない。かくて当時においてもキリスト復活を信じることでは可視的世界全般へのこだわりという要因は余り生じることはなく、問題にする必要は少なくとも現代においてほどは生じなかったであろう。

エジプトでも太陽は永遠とされていた。イスラエルでも世界の中の個々のものは消えるが、世界自体は神が永遠である以上、永遠と考えられていたのではないであろうか。一方、現代人は宇宙全体でさえいつかは消えると考えてはいないのか。このように世界観、宇宙観自体が異なるであろう。当時としてはキリスト以外にも永遠的存在はありえたのではなかろうか。現代人にはそういうこと自体が存しないのである。かくて同心円的に当時の人々がキリストの復活を信じたと現代の人が信じるという仕方で信じても、そういう信仰が人の信仰的実存に及ぼす効果はまったく同じではあるまいか。十分その働きを果たしうるといえる。なぜなら決してキリストの復活を否定してはいないからである。だが現代の人に当時の人とまったく同じ仕方での信仰の要求をすることは盲目的な信仰を要求することとなってしまうといえはしないのか。同心円的信じ方が当時の人と同価値的信じ方といえよう。現代人としてキリストが復活したという事実性に固執することはかえって偶像崇拝に堕すこととなりはしないのか。

キリストの復活、このことが人にとり問題となることは、人がそのことに代表される事柄の外にまだいるからである。そこでそのこととの一が問題となる。一になっていれば、その事柄の中に人は既に入っている。そこでそのこととの一は問題にはならない。聖書の記述に基づいて信じるまでである。ただ我々のうちの一人がそれを信じたのでそれでそうなるというのではない。既になるべきようになっている。そこに書いてあるような何かが起こったのである。だがそのことは我々罪ある人間のイメージすることと同じことが生じているのではあるまい。人の思いは罪によるバイアスが常にかかっているからである。かくて人が復活に対してどう対応するかは二次的なこととなるほかない。第一次的なことはそこにそういう仕方で書かれている以外に表現しえない何かが生じたということである。このことそれ自体は人の罪を超えており、人がそのことにぴたりと正確に対応することは残念ながら罪ゆえにできない夢である。

そういう意味では人は神が直接に関わる事柄（例えばキリストの復活）に関しては、それに直接接触したり、関係したり、対応したりはなしえない。つまり関わり方においても罪による過不足が混入してしまうほかないのが実態である。かくて復活という言葉で表現されている事柄の客観的、科学的内容を確定する能力も資格も人には残念ながらない。そこで我々が「復活」という語で描くイメージと復活と記されていることに対応した客観的事実とが一致することは永遠にないのである。かくてイエスは復活したと信じたとしても、客観的、すなわち神の目から見ての復活自体とは異なったこととして信じている。そうすることしかできないのである。

以上のようなイエス復活への対応と自我の克服、主体性の確立、良心への帰一などが一となっている。復活信仰の萌芽は人の良心のうちにあるといえよう。決して前者のことが後者の事柄などとは別個にそれだけが単独に独立して存しているわけではない。復活という言葉で表現するほかない超自然的な何かが生じたといえる。そしてそれをも含めた超自然的―自然的世界を内包する信仰的世界の中に人は生きているといえる。

（二）

キリスト再臨という「契機」は心が可視的世界から離れたら不可避的、必然的に生じることである。というよりそれ以外に思うことはなくなる。こういう新たなるものが到来し、それによって捕らえられ自由となるといえる。新しいものの到来なしではこの自由も真にそういうものにはなりえないであろう。新しいものはこの世への出撃基地となるからである。人は世に生きている以上、この世で真には積極的に生きられないため自由とはなりえないのである。

自分個人の救いへこだわっているのはまだ救われていないのである。自分個人の復活などは重要ではない。復活のキリストを自己の全存在をもって主として受容することが大切である。自分の復活を信じられてもそれではまだ十分ではない。そのことに少しのこだわりでもあれば、それもやはり自己への固執であり、救われていない。自己の復活など問題外にならねばならない。キリストという存在が宇宙の主であると知ることで救いは必要十分に達成されている。これこそ無碍と一のキリスト信仰である。個人に関わる事柄はすべて脱落してしまわねばならない。そうでない限り現在における救いは不完全なものに成り果てよう。その結果、救いでも何でもないものとなってしまう。救いに反するものにさえなるであろう。イエスも個別に特定の人に向かって「はっきり言っておくが、あなたは今日わたしと一緒に楽園にいる」と言われた（ルカ 23,43）。また「これらのことがみな起こるまでは、この時代は決して滅びない。天地は滅びるが、わたしの言葉は決して滅びない。」ともいう（マルコ 13,31）。人格—超人格的存在たるイエス・キリストを主として自己の全存在をもって信じるのである。これがすべてである。

捕らえられる面と自由となる面との二面あるのは事実である。たとえ一体のこととしてもである。だが一であるその二面と重層的にそのことが社会的に展開されている次元とがある。そのことを分かるように示すことも必要なので、二冊に分けることとした。ただやはり前者の面が即時的、即事的には先と考えられる。そこで内容順も前者を扱うほうを先とするのが適切だと思った。

捕らえられ自由ということは決してキリスト神秘主義でいわれるように体験的、体験主義的な次元のことを意味するのではない。だから神秘主義でとは異質な内実を意味するので、「神」も「主義」も外している。「主義」とはあくまで人間中心的営みであり、そういう次元のうちに現れてくる体験において「神」を、神的生命を実感するのである。そこでこれら双方をともに外した。キリストの啓示を信じることと一に心に宿る真実を指し示すという意味で「秘」と呼んでいる。したがってキリスト信仰に現れる真実はキリスト「秘」である。決して神を直に知らされるのではない。この真実は人の有する通例の知的次元を超えている。そういう意味で「秘」である。

人の精神性は時代、場所には無関係である。人が人として共通である以上、そうであるほかない。ただ具体的表現方法はそれら各々によって異なろう。人の生きている場が異なるのであるから。この点はちょうどそれを表現する言葉が異なるようなものであろう。

（三）

キリスト教をも含めて宗教の洞窟へ入り込んで出てこられないのでは困る。本来そうであってはならないのであるが、いつの間にか興味本位の研究に堕してしまう。これは脳細胞の空回りであり、いわば排気ガスを出すだけに終る危険性が高まろう。最初の関心のきっかけになったところからずれが生じてしまっている。だからこそ洞窟から脱出不能となってしまう。つまり正面から問題自体と向き合うことに耐え抜くことができなくなってくるのであろう。もとより無意識のうちにそうなるのであろう。宗教学ではなくて、いわば「宗教学」学へと堕すこととなる。こういう形態になったものが真に「学」といいうるのであろうか。問題にすべき事柄へ直接自己が関わっていない。他の人々が関わってきた、そういう関わりへ関わることとなってくる。こういう間接的関わりでは本来問題となっている、なるべき事柄へまで思索は届きえない。結果、興味本位となってしまう。最初は決してそうではないと思われるのだが、間接的ということは同時にアップ・トゥ・デイトではなくなることをも意味せざるをえまい。そうであるには自分と同時代で、しかも同場所に生きている人の思索でなくてはならないからである。都合よくそういう人がいることはまずない。そこで時代も場所も異なる人々の思索を参考にすることを避けえない。自己自身のうちに根のない思索となる。自己の実存から遊離しているからである。自己実存密着的ではない。自己実存発ではなくなる。

# 本　論

# 信仰、あるいは救い

# 第一章　信仰と良心

## 第一節　絶対の神

（一）

神が絶対であることを人はどこで知りうるのか。それどころか神の存在をさえ知りえない。かくて神の存在を知ることとその神が絶対と知ることとは同時で一の事柄であるほかない。有限でしかない人が絶対の神を直接知ることはできないし、許されもしない。もしそういうことをすれば、人は滅ぶほかはない。有限が無限、相対が絶対に直接相対してあと存し続ける事はかなわない。ということは人としては、人のような相対的存在たることを含意するそういう存在へと自己をあえて現してきたところの存在において絶対的存在を認識する以外そうしうる方法はないことが分かる。ここにイエスのような存在の人にとっての不可欠性が顕になる。人は有限な存在としてそういう基本的制約を課されている。これを自らの意思と力とで外すことはできない。それは自己を創造者の地位に祭り上げることである。そのようなことのできるはずもない。かくて人はイエスのような存在を絶対者の現れた存在として信じ、受容して初めて絶対者、神を知りうるのみである。それ以外そうなしうる道はない。そこで問題はそうではないものを絶対者の相対化した存在として受容してはならないことである。この点で人は多くの誤りを犯す可能性を有する。ではどうすれば誤りを避けうるのか。ただ単に人が自主的に判断すればよいとは思われない。なぜならそれでは人によりその人間性により判断はばらばらとなろう。これでは何らの統一性もなくなる。意見が分かれてしまい、まとまりえない。人の社会は安定を欠く結果になる。だがこれは絶対者についての意見相違であり、重大な結果を招く。つまりそこでの争いは単なる争いの次元を超え、互いの存在を賭けたそれへと引き上げられよう。結果、殺し合いという事態さえ生じうる。

過去の人類の歴史を見ればこの点は一目瞭然である。かくてただ各人がその都度の思惑で相対的存在をこれが絶対だと信じているのではいけない。その上に何らかの条件が加わる必要がある。それが良心による判断である。これは各人にとって私利私欲に囚われねば共通的であると期待しうる。この点以外そうでありうる点は見出しえない。かくて各人が私利私欲的判断に陥らぬよう注意の必要がある。この点を決して疎かにしてはならない。誠実であることを要する。ところで例えばイエスの言葉について判断を求められるとき、人は私利私欲的傾向に陥ることはないのではあるまいか。なぜならその点についての判断が直ちに当人の私利に関わることは少ないであろうから。もっともある人がどうしたら天に宝を持てるかと聞いたら、イエスはその人に持ち物を売って貧しい人に施せというと、その人は去っていったという記事がある（マタイ19,21）。これなどは彼の言葉が直ちに相手の私利に関わる。去っていったのは自己が私利に囚われていることが分かっているからである。それだけの良心は働いている。天の宝と地の宝とを双方求めたのでそういう状況に置かれてしまった。平素から前者へも心配りをしておけば彼へそういう質問をすることも彼からそういわれることもなかったであろう。つまり平素から良心的判断ができていなかったことを顕にする。この記事も平素からの生活態度の大切さを示す。平素から良心的判断に従う生き方をしていないと、いざというときにこの記事でのように正しい方向へ向き直ることができずじまいとなろう。かくてどの人にも自己の良心に則った考え、生き方に従うことの重要性が理解されよう。このように良心の判断の重要性が分かると、良心が単に人に人固有なものとして付与されているという考えでは不十分であろう。むしろ人のうちにありつつも、単にそうではなくて同時に人を超えた性格をも有していると考えられる。あえていえば人を超えた存在が人の中へいわば受肉した姿であろう。イエスの中に神自身の受肉ありとされるが、それより先に人自身の中へ良心という形で絶対的存在の受肉があったと考えうる。これら両受肉は対応している。イエス受肉以前の受肉であればこそ人はその受肉に基づいてイエスをそういうものとして受容しうる。以前の受肉なくば後のそれをそれとして受け取りえなかったであろう。そういう点から見ると、以前のそれはきわめて大切である。不可欠必須である。重要性においても後のそれと何ら変わりはない。なぜならそれなしでは後の受肉がそれとして認識されなかったであろうから。優劣は付け難い。

ここには神によるきわめて深い配慮を伺うことができる。人はそれに応えねばならない。このことはいうまでもなく各人が自己の良心の判断に従ってイエスを神の受肉として受容することを意味する。良心と良心との呼応がここにはある。全宇宙を良心が支配している。もとより明確にそういう事態が顕にされてはいない。それではかえって良心という事柄の価値が下げられてしまおう。不明確という要素がありつつそれを克服して信じればこそ、そういう行いの意義が生じる。何かを信じるとは自明的事象を信じてもいいうることではない。いわば自明でないことを信じてそのものに存在を与え存在せしめて初めていいうることである。これは神の創造に匹敵する。だからこそ神は人に対して自己の行いに対応しうるごときことを求められる。自明でない世界の中で何かを存在させ自明化させる。これは人による何かの創造といえよう。そういう行いなればこそ神はそれを信仰と認め、価値を認識されると考えられる。この点から反省すれば、世界の状況は啓示への信仰を安易に受容しうるようであってはならない。むしろ反信仰的世界でなくてはならない。さもないとその分信仰の価値は下がってしまう。こういう状況の中での信仰は世俗的状況に囚われなく信じねばならない。それにはやはり何らかの世俗的利害とは別の要因からの判断が要請されよう。つまり反世俗で第一に思い至るのは、良心的観点からということを意味しよう。すなわちそういう観点からのイエス信仰である。

そういう観点抜きでは真正のイエス信仰にはならぬといえる。いわば正しい対応になっていない。注目すべきでないところへそうしている。それは正さねばならない。的を外しているからである。人に関して人が的を外しても、まだしも許される可能性があろう。だがこれは神に関してである。人が神に関して的を外している。ここは赦される可能性はゼロである。赦されることと赦されぬこととがある。区別は明確であろう。たとえ人にとりそうでなくても神の目には明確と考えねばならない。良心は常に自己反省的であるし、またそうであるほかない。良心にとりこの契機はことのほか大切である。なぜなら良心的とはいつも自己の判断についての反省を内に含むからである。もし良心がこの契機を失えばもはや良心とはいえない。イエスを神の啓示と見る。ここには神の有する巨大な良心が現れている。人の良心からは良心による判断を超えていてそうと判断しかねるほどである。なぜなら罪ある人々のためにであろうが、滅ぼさず反対にそういう人々の罪を肩代わりして自らが十字架に付けられたのだから。悪事を働くという意味とは反対の意味でもはや良心的ではない。良心的とはある意味で中庸をとることだが、ここではそうではない。ある方向へ極端までいっている。行き着いている。十字架に付けられ死んだのだから。良心は捨てられている。もし良心に固執していれば、十字架に付けられえなかったであろう。かくて神は単に人間的意味で良心的なのではない。超良心的意味をもち反ないし非良心的ともいえる。人の良心をも創造したのだから、それを超えていても不思議はない。それを超えていなくてはそれを創造しえまい。何事につけそのものを創造するにはそれを超えていなくてはならない。さもないとそのもの全体を見透して設計しえぬから。それを創造するにはただ単にそのものしか見えていないのでは不十分である。ぜひそのもの以上が見えなくてはならない。はるか上に位置していなくてはならない。その点からは、神とはまさに人にとりこうであると想定さえできもせず、そうすることが許されもせぬところの存在である。人のような被造物とは全次元で別格である。この宇宙の広大さ一つ考えただけでもその点の見当はつく。人の言葉で名付くことも呼ぶことも真にはふさわしくない。言葉を超えている。人の側からのいかなる対応も届きえない。神—真にはこうも呼びえぬ—の側からの一方的対応を待つ以外人としてはいかなる対応もない。かくて神の側からの働きかけはすべて啓示である。そこで人としては神の側からの接触を大切にせねばならない。どんなに小さいことであっても粗末にはできない立場にある。もし小さいことだと一方的に考えて見逃すなどしたら、大変な事態を招きかねない。このように啓示に対して常に目を光らせて心を開いていることはそのことには尽きない。より広い意味を有する。心が良心的判断全般に対して開かれていることを意味する。このように神に対して心が開かれていることと人の世界の中での事柄に対してそうであることとは一の事態の両面である。反対は反対を意味するのは当然である。つまり神へ心を閉ざすことは人へも心を閉ざすことである。反対の場合もありえよう。ともに心を開いているか、ともに閉じているかである。前者でなくてはならない。天地万物に対して開かれている。このことは基本としては自己への囚われ解消をも含もう。さもないと神、人双方へ開放的ではありえぬから。ただこの際両者への開放性を考えると、四つのケースを考えうる。双方へ開放的、閉鎖的、および一方のみへ開放的という四つの場合である。だがこういう区別はごく表面的､形式的なことでしかない。どちらか一方へ閉鎖的であれば、双方へそうであるのが実態であろう。なぜなら一方へ閉鎖的とは人の罪からの結果である。このことは他の一方へも同じ結果を招くからである。

神へ閉鎖的なことはそれ自体としては他の人々へは分からない。もとよりイエス受容拒否などに現れるとしても、その点だけでは良心的に言動できているか否か分からない。かくてイエスへ閉鎖的でもそれで直ちに人へも閉鎖的とはいえない一方、人へ閉鎖的なことはすぐにも分かる。人への具体的行動に現れるから。その点人への閉鎖性は隠し難いといえる。神へのそれはイエスを受容したかのごとき対応をするので人に対して隠し易い。反面、神への“積極的”受容拒否の態度は人への対応に現れ易い。そこで神への態度がどうであるかによって人は惑わされてはならぬことを意味する。こういう状況では神はいわば人の都合によりその目的に合うように利用されているに過ぎない。まさに本末転倒そのものである。これぐらい罪深いことはない。罪ある人間側の恣意的目的のために罪なき神が役立てられているのだから。もっともその任にあるのは神自身ではない。真の神自身が何か—それが何であれ—の目的の役に立つことなどありえない。それが神で神がそこにいると空想している。それの対象となっている神—真の神でないことは当然である—がそうされているのみである。人の側での独り相撲である。元来真に信じていない限り、神とはそもそも何の関わりもありはしない。そうなので自分の恣意的目的のために神利用を考えたとしても不思議はない｡そういう目的以外神との関わりは生じはせぬのだから。というより神との関わりは何も生じてはいない。

人が自己の良心を神によって動くようにさせられることが人が神との関わりへ入っていくときの最小限の条件である。それには人の良心が自己を枢軸にではなく、神を枢軸にして回転するよう導きを要する。良心は元来人の自己へ密着的ではなく、本来そこへそうすべき場さえどこにあるか気付けばそこへ密着するに何らやぶさかではない。元来内心的にはそうしたいと願っていると考えてよい。良心はなかば人の自己からは離れている。このことは良心は神、人双方から離れていることを示唆する。基本は神の側について、そこから人側を見、判断するにはそういう立場にあることを不可欠としよう。つかず離れずという関係を要しよう。

（二）

人の罪、原罪とはそもそもどういうことか。神からは離れていることをいう。ではその離れの実態はどういう内容か。種々雑多な悪事の横行であろう。そこから人が遡及して原罪というイメージを生み出し、それをアダムの神話へと結実させたと考えられる。ということは原罪にしても何ら客観的に確証されるようなものではないことを意味する。あくまで人の想定したことに過ぎない。架空といえば架空である。つまり人は人として自己の現実をそのまま肯定しえないのである。このことは人が本来の自己を現実の自己より高く位置付けていることの反映といえる。観念的といえばそうもいえよう。どうしても自己の良心の判断として自己肯定ができないのである。かくてここでは自己の良心的立場から、自己を見、反省しているといえる。要はかくて良心中心なのである。そうでなくなる可能性もあったのに良心的判断を捨てたので、死が入りそこから罪の現実が生まれたというのは神話である。

さて、下等動物から順に地上に発生して最後に人は生まれたのは事実である。すると自然的経過で発生したままのあり方は罪のあるあり方なのか。もしそうであれば、人に責任があるのであろうか。ただ人として罪を犯さぬ可能性のあることは承認しなくてはならない。もとより「人」としてなので、限界のあることは当然である。神の目からは欠陥多い状態かもしれない。だが人の目で見れば罪なしといってもよい状況は可能であろう。ただいついかなるときにもそれが可能というのではない。そこで原罪という発想になるのであろうか。しかし努力によってはそういう状況の実現は可能であると思われる。もとより多くの人生体験などを経た後のことになるであろうが。時に聞くが、「勿論死にたいとは思わないが、生きたいとも思わない。」という心境にあれば、あえて罪を犯しはすまいと思う。人は生きようとすればこそ、そこから罪を犯すこととなる。かくて先の心境にあれば少なくとも自己のために罪を犯すことはないと考えられる。人によっては比較的若くてもこういう心境に予期せずして至ることもありはしないのかと思う。このように人生にはいつも不可思議が付きまとっている。こういう場合は神の目からならともかく人の目で見る限り罪はないと考えてもよい。このときの心境ではアダムの神話は生まれないであろう。したがって雑多な罪を犯している状況で考えるか、こういう心境で考えるかではその内容が大きく異なってこよう。もっとも後者の場合であっても、神への信仰からの反省としてはたとえアダムの堕罪のように思い描かないとしても、自己がまったく罪なしと思いつきはすまい。罪のない神の目の前にあってはそのようなことは思いつくことさえないであろう。だがしかし実感としては自分が罪深いとは思いはすまい。この違いは大きいのではあるまいか。

人は長い一生の間には先の類の心境に一度ぐらい達することがありはしないのか。ただ問題はそのことを意識的に取り上げず素通りさせてしまうことではないのか。なぜならそうすることは人にとり少なくとも楽なことではないから。またそのことに基づいて生きようと思えば、それは明らかに負担となるからである。こういう観点から自己反省していくと、自己を罪なしという想定もあながち的外れとばかりもいえないことに気付こう。かくて人の自然的発生の状況のままで反省すれば、罪不可欠とばかり断定して考えなくてもよい。今の時代的状況と異なり三千年前後以前の中東地域の実情においては異民族間での殺し合いも通例のことであり、先述の個人的反省などに基づいても罪なしの状況を考える余裕はなかったであろう。したがってアダムのような図式が生まれたとしても、不思議はあるまい。

現在の日本の現状を前提に考えれば、別の見方があっても不思議はなかろう。罪なしの生はもとより常時可能なのではないが、少なくともそういう可能性は否定しえない。もとよりその場合でも人が死なないというようなことを考える必要もない。死ぬことをそれほどまでに忌避して考えなくてよかろう。死に対してそれほどまでに拒絶反応はないであろう。先ほどからいっているような罪なしと通常の死とは双方とも拒絶反応なく受容しうる。そう考えると、罪とは人として努力次第では避けうるにもかかわらずそうしないがために結果として招いたことと理解しうる。このこととアダムの啓示としての罪とは別次元のこととして理解しうる。つまり神に対しての人の罪としてである。だから現実の問題としては神に対してのではなくて、人自身においてのこととして考えていけばよい。人の罪に関しては今までいったように二重に考えることができるのだから。もしそう考えれば人は自然発生的状況にあって罪がありつつ死ぬこととなる。これがごく通例の状況である。こういう状況の中でキリストの啓示を信じて罪の理解の仕方そのものが人次元から神次元へと上がるといえる。神、神の啓示の信仰とはそういうことである。さらにいえば人の存在の仕方自体が人レベルから神レベルへと上がることとなる。こういう観点に立ってこそ聖書を理解することができよう。かくて聖書に基づいた人間理解へと自己理解を高めねば自然発生的状況を前提とした人間理解に留まることとなる。勿論そういう状況が好ましいはずはない。ぜひ聖書の見方へと転じなくてはならない。それがキリスト信仰である。この転向のうちには自己のあり方を少しでも高めていこうという意思の表明も含まれる。そして一度転じるとその後は罪についても人自身においてという次元からのみではなくて、むしろ神の啓示を基準としてそこから人の罪をも見ていくこととなる。すなわちあらゆることを世界の状況についても神の立場から見ていくこととなる。神が人に代わってすべてとなる。

　では転じることは、何故またどういう経過を経て生じるのか。人自身のレベルで考えていては満足できないからか。啓示が示されねば、たとえどんなに不満であってもそこに留まるほかない。だが不満がありつつ、しかも啓示が示されればここに転が生じる。しかも死ねばそれで終わりという事態へも不満があったであろう。暗黙のうちにではあろうが。そこで啓示と不満とのいわば一触即発の前提条件がここには存している。これが現実となる。啓示に接し、不満が解消されるという契機が存している。否、それのみではない。生きる次元全体が人次元から神次元へと上がる結果、人次元のことをそういう次元に立って見ることができるようになる。そこで同じ一つのことを見ても単に人レベルではなくて神との関わりの中で見ることができることとなる。こういう見方は自然発生的人間からは生じえぬことである。自然発生的状況での罪のなさ、死への非拒絶感などの状況があってこそ啓示への転が生じるように思われる。そういう事態への少なくとも非自覚的であるような感覚なしではそういう転は生じないことであろう。自覚的であるのが最もよいであろうが。つまりここでは不満が単に啓示により解消されるのではない。つまり不満が満へと転じられ変えられるのではない。そうではなく不満がそこから芽生えている根が切られる。この根が無に帰せしめられるのである。いわば人の側にあるものは一旦無に帰す。そしてこういう無の中に啓示は入り来る。何かが既に存しているところへ啓示は無理強いをして入ってはこない。これは創造なのである。既に何かがあるところでのことなので余り創造というイメージは湧かない。少なくとも湧き難い。だがそれは事実ではない。人にとっては自己自身の内側でのことなのでなおさら無からの創造とは感じ難いであろう。だが現実にそういう事態が生じた時点においてはそれがそうであることについて疑いは生じないであろう。少しでも罪や死についての人間的次元での理解について引っ掛かりが残っていてはこういう創造は生まれえないであろう。

このような意味での無からの創造があって初めて人の良心も生まれる。やはり良心は単に人的次元に留まっているものとは考ええない。やはり神的、無限的、究極的次元において生まれねばならない。それ以下の次元での誕生ではいまだ良心とはいえぬからである。良心はやはり有限な次元で有限な判断をしていればよいのではない。仮にそういうことであれば良心は自己の世俗的あり方にとって好都合な判断を行うことに終始するであろう。そういう良心はもはや良心と呼ぶに値しないであろう。一旦人側に属すものが無に帰すことなく残っていれば、他のすべての要素はその残っている部分に従属することとなるからである。人は自律的ではありえない。無に帰した後新たに生まれて初めて自律的となりうる。無によって律せられて初めて自律的でありうる。したがって自律的とは無律的との意である。これは同時に神律的ということでもあろう。人自身での罪理解と死理解とが同一人において同時に生まれるわけでもないであろう。どちらが先かでどういう相違が生じるであろうか。罪理解が先ならどうか。この場合死に対してはまだ抵抗を感じている。罪は努力次第では完全回避もありうると一方では思っている。かくて罪を避けても死はあることとなろう。罪については神の目から見れば、死があることにより辻妻はあうこととなる。そう見る以外ないであろう。だがこれでは罪については神の目で、死については人の目で見ることになり、不釣合いとなる。否、そうではない。死への抵抗感のあることこそ人次元を超えた、いわば神の裁きとしての死となり、ちょうど好都合といえる。完全回避もありうるのにそうしないのであれば、なおさら神の裁きの正しさが分かろう。反対に死理解が先ならどうなるのか。死への抵抗なしだが、罪は完全回避は無理と感じている場合である。このときは自分は罪ある存在なので死ぬのは当然であるという判断になろう。これら二つのケースに対して双方とも成立していない場合もある。つまり罪への抵抗感もあるし、死へも拒否的な場合である。罪を犯すので、その一部として死をも拒否することとなる。この場合が人としては最も始末が悪い場合といえよう。

これら三者のいずれの場合をも啓示は自己へ向けて動くようにさせるだけの力を発揮する。ただしいつも必ずというわけにはいかない。人は心の自由を有しているからである。ただこの自由という契機は真の内実的自由の意ではない。三者のうちで最も始末が悪い場合がむしろ信仰への転回ではかえって好都合かもしれない。なぜなら人はどうしてもそこに留まり続けることはし難いからである。だがたとえそうでもその点を認識して自己に対して誠実に生きたいというだけの良心的素直さを一方で有していることが必要であろう。

このように考えてみると、最初のケース（良心が神律的な場合）も含めて四つの場合があるが、どの場合にしろ当人の良心がどういう状態であるかが大変大切であることが知られる。第三者から見るといかに信仰への転にとって好都合に見えても、当人の良心のあり方によってはまったく遠い場合もあろうと思う。良心とは自己を自己で反省する傾向の強さを現している契機と解しうる。これが弱くてはいかんともし難い。こういう場合は信仰への転が難しいのみではない。人として生きること自体において新たな進展が期待できないであろう。

見方を代えて考えよう。罪から自由は可能、死には抵抗というときは、罪なしなので死なないという感覚が背景にあり、これはきわめて良心的判断になっている。罪からの自由と死からの自由とが呼応しているから、双方からの自由が見据えられている。つまり良心的判断に呼応する。一方、その反対ならどうか。罪から自由など不可能だと思いつつ、死には抵抗感がない、これも良心に合致する。罪のある者は死ぬ定めにあるからである。先ほどからいっている、罪と死についてのこれら中間の二つは良心に合致、それに対して罪、死双方から自由な場合と双方に抵抗感のある場合との上下の二つは良心に不一致ということとなる。こういうばらつきが生じる。同一人がその時々においてこれら四つの場合の異なる心境にあることがむしろ通常であろう。どれかある一つに至ったらそこから最終的に動かなくなるということはないであろう。たとえ罪からも死からも自由という考えにあるとき至っても、その後においてまた再び別の考え方へ戻ることも生じえよう。これこそ人の罪の現実といえよう。だからこそ啓示を人は要している。啓示という一定のものの前でこそ人は揺るごうにも揺るぎえぬものを見ることができる。人は自己の存在や判断に究極的に依拠しえぬのである。罪や死についての自己の状況が変われば、それにつれて良心的判断さえも揺らぐ危険がある。良心といえども人の自己存在の利害得失によって影響されぬとはいい切れないからである。人の良心は、揺るぎえない一貫した判断をなしうるには自己を超えた何かを要するといえる。それを模範として初めて人の良心は揺るぐことがなくなる。こうあって初めて良心は良心と呼ぶに値しよう。良心にはやはり人的次元を超えることが不可欠である。そういう点では良心は神と人との間をつなぐ存在である。神の啓示はなかんずく良心へと呼びかけている。啓示は良心を良心とする。そのように変える。そういう意味では初めて良心を人の心の中へ生み出すといえる。すなわち人を人として誕生させる。こういう良心なしではいまだ人は人として誕生しているとはいえない。いわば自然的生物としての人でしかない。ここでは人が人として生まれるだけではない。それに応じて初めて人の生きている世界も世界として生まれる。すなわち自然が先に生まれてその後で人が生まれるのではない。どこまでも人が先に生まれる。その後で自然は生まれるに過ぎない。それ以外にありえない。何事でもそうだが、順番を間違えてはならない。内実はまったく異なるが、まさしく天孫降臨である。自然が先に生まれたように見えるのは単なる表面的現象にしか過ぎない。目先のことに囚われてはならない。奥に隠れている真実へ目を届かせなくてはならない。

（三）

人の堕罪にしてもイエスという啓示が発した言葉から考えてみなくてはならない。人の恣意的推測であってはならない。今の人類について罪ということは当然考えられている。だが特に進化という形で人類が考えられているのではない。宇宙の中の広いどこかでより義に近いあり方で知的存在が生まれるであろうとイエスの啓示から信じられれば、それでもよいのである。そうすればその存在がたとえ地球人と何の関係もないにしろ、イエスでの啓示を体現した存在であれば、人にとって自己自身の化身として受容しうるであろう。現在の宇宙観から考えても、こういう義実現のプロジェクトを地球上に限定して発想することは必ずしも適切ではないであろう。

旧約の創造物語の書かれた当時としては三階層的世界観である。それが宇宙全体である。そういう全体的規模で考えられている。このことを現代に移せば宇宙の端までは約130億光年ほどあり、しかも今なお拡大している。とてつもなく広い世界である。そういう規模で義実現を考えねばならない。当時はこのことを三階層的世界観で考えたように。そうすると先のようになってこようかと思う。

ところで、外的世界への展開として考えると以上のようなこととなろう。だがここでイエス自身の言葉へもう一度立ち返って反省してみると、人が自己自身のあり方を反省するよう促される。決して外への展開のほうへ注意を向けるよう促されはしない。そこで外的世界での義の展開などはイエスなり神なりに任せておけばよい。そういう事柄はいずれは実現されると信じておればよい。そしてそれと同時に人としては今の自己の生において義を実現して生きるよう促されているように思われる。そのことがとりもなおさず神による外的世界への義展開に呼応することとなる。福音書を素直に読むとそう考えられる。広大な宇宙的次元での義実現は神の仕事である。人はそういう次元ではなく自己自身の存在が少しでも義に近くなるよう努めるのが自分の仕事となろう。宇宙のどこかでイエスで啓示された義が実現するであろうと信じうればそれでよい。たとえ地球上でなくてもよい。広い宇宙のどこかでよい。宇宙は一体なのであるから。たとえ地球が消滅しても宇宙のどこかで実現すればよい。義の完全実現となれば時空的世界の消滅を同時に考えるかもしれない。だがそうとばかりは限らない。なぜなら人にはそういう世界の経験が欠けているので、そこら辺については判断ができない。留保しておくほかない。創造物語の最初を見ていると、時空世界と罪なしとは必ずしも矛盾はしないのではないのか。地球上自体においてあったかもしれないのである。ただ、一度失われたら二度と帰ってはこないようである。またそのことが宇宙のどこかまったく別の場所で生じたとしても不思議はない。

このように考えてみると、宇宙全体へ義の可能性が神によって押し広げられることと地球上での義の可能性の喪失とが同時に成立していると考えてもよい。宇宙は宇宙のみで万歳であるような、神の義とは無関係の世界としてただ存しているのではない。神の栄光の現れた、現れるべき存在なのである。そういう宇宙の中に生きているだけでも十分に満足しうるのではあるまいか。たとえ不十分と感じられるところがあっても、神の義からしていずれ義のほうへ向けて正されていくと信じうれば納得しうる。宇宙全体が神の摂理下にある。このことがただ単なる観念では駄目である。実感としても受容されていなくてはならない。理念としても実感としてもでなくてはならない。

単なる観念ぐらい空しいものはない。何ら人を、人の心を動かしえぬからである。義なる神が宇宙全体を摂理しているとイエスの啓示から信じうれば、あらゆる問題はすべて解決したも同然である。義なる神と自己の心とが通じることができているからである。ここには義自体と義への囚われとの通じ合いが存している。これぐらい強力なものはない。いかなるものもこの結合を崩すことはできない。人の自己の生命（義と一の）はそういう宇宙摂理の義なる神の生命の中へいわば吸収されてしまっているともいえる。そしてそこから改めて吐き出されて生きている。かくてこれは、生命は尽きることはない。なぜなら神の生命は尽きることはないからである。そしてこの宇宙摂理の神の義が人の心に注がれて、これが人が世で義へ向けて活動していくときの源泉となる。義という契機は人の存在より上に位置している。そこで人は義へ殉じることもなしうる。決して逆ではない。人は自己に好都合なことへ義という名をつけて宣伝してはならない。義が上位なればこそ人の心にそれが宿ると人は心静かにありうる。ここではイエスの啓示が単に地球規模で受容されるのではなくて、全宇宙的規模で受容されている。このことがぜひ必要である。さもないと地球以外の宇宙が文字通り宙に浮いてしまうから。イエスにおいて全宇宙が総括されなくてはならない。そのためには人にとって義ということが文字通り第一次的重要性を持つ契機とならなくてはならない。なぜなら神にとってそうであるからである。だからこそアダムは堕罪後死を招いている。ただアダムが仮に堕罪しないからといって文字通り永世だったとは限るまい。人は神とは異なり、神との合意の上で自ら自己の生命を有限とすることに賛同することもありうるであろう。だがこれは罪による死の定めとは異なるので、人にとって何ら自己が制約されているという自己認識は生じなかったであろう。決して生命について永生か有限かという二者択一で考えなくてもよい。罪なしということはかえって有限な生命とも和する。罪があると反対に人が永生を求めることとなってしまう。ここには矛盾の発生がある。罪は各種の矛盾を生み出す。和を破壊する。こういう心境に達すると、いわゆる個別的な啓示というような次元は心から消える。終末がいつ来ようが来まいが、いずれ神の義が宇宙全体に実現するであろうと信じうれば、それがいつであっても何ら有意差はない。人が永遠を思考しうる限りそうであるほかない。かくて終末という次元は心から消える。消えるということは今既に来ていることでもある。このことは創造後の宇宙全体、自己自身の存在をも含めて、が無に帰していることをも意味する。それ自体として固有な意義を有するものは何も存しない状況になっている。だからこそ義がリアリティを有する契機として浮上して他はすべて消えている。すべてが無に帰して初めて義の浮上が起こりうる。可視的世界の中の何かがそのリアリティを保持している限り、義はその存在を主張しえない。神は無理強いはなさらないからである。人がまず自らの心をそれ相応に清めなくては神の義は宿りえないのである。かくて今すぐに義が全宇宙に満ちていなくても、あたかも今既にそうなっているかのごとき心境で人は生きることができる。イエスでの啓示はそれほどの意味を持っている。全宇宙の中への唯一点の義の突破である。このことは無碍の大道、即個の大道、いい換えれば良心の大道の成就と呼応する。

　イエスの啓示は宇宙全体への啓示である。このことは今なお全宇宙が神の摂理下にあることを現している。イエスの啓示を目の前に見ている以上、全宇宙が神の摂理下にあると受け取ることができる。またそうしなくてはならない。そのように受け取ると、イエスの啓示から人の心の中へ義への思いなどが流れ込んでくる。一連の生命となる。時空を超えた生命である。ここにおいて人は自己の生命への執着からも解放される。義と生命とでは前者が優先される。人は義のためには死にうる。赤穂浪士でもそうである。ましてここでの義はそういう普遍性を欠いた、局部的意味での義ではない。人類全体にとって普遍性を持ったところの義である。これぐらい尊いものはない。神同等に尊い。なぜなら義抜きでは神も存しえぬからである。人はここに至りやっと枕を高くして眠りえよう。良心を留めつけるところを見出しえたからである。

このように考えてきて初めてイエスでの啓示が良心を留めつける場となりうる。それはこうして初めて自己の全存在をこの啓示へ賭けることができるからである。自己存在の、例えば七割をあるところへ賭けえても、残り三割が賭けえていないのではまったく不十分である。まったく賭けられていないのと同然である。130 億光年のかなたまでの全宇宙をイエスの啓示から見ていくことができる。

太陽系誕生から 40 億年過ぎた。この間にはイエスの啓示がなかった。この事実だけから判断しても、時の経過にそれほどの重きが置かれているとは思われない。神にとっては永遠は永遠、時の世界は時の世界であり中間はない。40 億年が仮に 100 億年であろうと有意差はないであろう。

広大な宇宙は神の栄光を現す。義とどう関係するのか。義自体は外的広がりとは何ら関係のない次元の事柄である。しかるに神は自己の栄光を現すのにこういう広大な宇宙を創造した。まず人はこの宇宙から考えても、神は人には見当もつかぬほどの存在であることが分かる。その点を知らしめたのである。義とも聖とも他の何とも神について人は自らは何をも知りえぬほどの広大さである。神と人との間には中間的な何かの介在さえありえぬほどの格差である。あらゆる言葉による表現を超えた差異である。それもそのはず。創造者と被造者だからである。もっとも神が前者か否かさえ分からぬほどである。したがって神が義であるとも知りえない。神がどういうものとも一切知りえない。だからこそ啓示によるほかない。人がその自主性、自発性から神を知ることはもとよりありえない。神の側からの自発的啓示がなければ人は神について何も知りえない。存在としてこれほどの差異である。一方でこのような差あればこそ啓示という段取りとなる。神が如何なるものかを神は自らの自発性から人に知らしめる。まず義であることを。存在としてはこれほどの差にもかかわらず、神が義であることを人は解しうる。それには義がどういうものかを他の仕方で解していることを要しよう。さもないと双方をつき合わすことができず、神を義とも判断できまい。そこで義の何たるかについてはその内実を人は心のうちに埋め込まれていると思われる。存在としては無限に対し無に等しいほどの差がある。にもかかわらず義という点については逆に差異のないほどに類似しているといえる。この非対称性はどういうことなのか。人の罪より由来するとはいえよう。もし罪に堕ちねば人の存在は今現在とは異質でありえたでもあろうから。だが真に義を解するには自己の存在自体も神のそれに類比的でなくてはならないであろう。なぜなら義の理解においてはただ単に知的にだけではなくて、自己の存在全体において義受容を行わなくてはならないからである。そのことが実行できない場合、自己の良心の問題としても義について正面切って受け取ることは難しくなろう。義を正面から受け取れないのは単に生が有限であるからではない。そうではなくて罪で表現されるような人間的あり方の歪みによる。義へ背を向けている。生有限たることはこのことをさらに促進させる要因になっているに過ぎない。罪とは神に背くことである。つまり自分が一切の主である、第一人者であろうとすることを意味する。このことは神が義なのであるから、その義に従うことではないことを求めていくことを意味する。不可避的にそうであるほかないことになる。そのことへの罰として有限な生が結果した。ただ義を全面的に人が放棄するのではなくて、その影を神は人の心の内に残して置かれたのである。

## 第二節　啓示の神

### （一）

擬人でもなく、擬神でもない、いわばその中間に位置する見方は可能ではないのか。どちらへも偏さぬような「中」に人はそもそも存しうるのか。あるときは人のほうへ偏し、またあるときは神のほうへ偏するのが罪ある人の通例のあり方ではないのか。人がいかなるものへも囚われがない場合には先の中ということも可能であろう。無なる心とでもいうべき心境であろうか。素直に自己を直視することである。これが本当は最も難しいことかもしれない。人はいつも何かの前提の下に何事をも見るよう習慣付けられているから。その前提こそ人の罪といわば一体である。これを消滅させることが人にはできない。それをすると自己自身を失ったかのごとき錯覚に陥る。こういう前提こそ克服されねばならない。その向こうには朝日が輝いている。克服せぬ限りその輝きに浴しえない。この前提は人の自我と一体のものである。かくてこれの克服は自我の克服と一でもある。自我によって暗黙のうちに立てられている。かくてもしその前提が自我にとって不都合となれば別の前提が立てられ、そこからすべてが見られることとなろう。擬人的見方もそういう前提の一つであろう。かくて人にとりそういう見方が不都合となればその見方を取りやめよう。そういう見方からその点に関する限り解放され自由となる。だがまったくの自由ではない。自我健在たる限り自由を欠く。旧約、新約での見方さえもそれ自体が既にそうであるのではないが、人が自我に基づいている限り、例えば旧約での人間理解をも擬人的見方へと引き下ろしてしまう危険が存している。自我を離れ無なる心でそれを受容せねば残念ながらそうなってしまう。それではしかしそこでのメッセージはその力を失うこととなろう。否、実態は失わせている。ここでは啓示はもはや啓示ではなくなる。単なるいわばたとえ話へと格下げとなっている。迫力を欠いてしまう。啓示であればこそ人に対して罪を示唆するだけの迫力を有している。その前では人は単なる心になる。啓示は人の心から雑多な要素を排除し自らが入り来る。そして人の心を変容させる。一方、たとえ話では人が主である。そこで人の心は基本的には何らの変容をも起こしはしない。せいぜい心の中に小さい波紋が生じるのみであろう。人が主であることが続く限り、人側での変容は起こらない。だが罪からの転回にはこの点をこそ変えなくてはならない。擬人から正しい意味での擬神への転回ということもできよう。要は人から神への転が存しなくてはならない。このことは同時に人の次元、地平で考えれば自から他への転と並行している。それまでは人は自己中心に見、考えている。しかるにこういう転を契機にして自己中心からも解放され神中心になることは自己中心から自他を公平に見る地平へ出ることを意味する。こういう状況にあっては擬人、擬神などという際の擬ということ自体が克服されている。擬の消滅である。要は人に起因するものはすべてそういう定めにある。人に起因するとは罪に起因することであり、そうである以外ありようはない。終末にあってはすべてそう定められる。それまでは仮の命脈を保っているに過ぎない。ぜひこういうものは今すぐ消滅させられないのか。人が堕罪している以上、罪なき存在は世に存していない。そこで罪あるものを今すぐ消滅させるのであれば一瞬にしてすべてのものは消えなくてはならない。したがって自然物は別として、終末のときまでは人間的世界は今のあり方が持続するが、これはやむをえぬ事態といえよう。神が忍耐をもって見ておられると考えられる。もし神に忍耐がなければ世は自然界をも含めてすべて既に消滅させられていたであろう。罪ある世が存在を続けていることは神の忍耐の表明以外の何物でもない。我々はそのことを明確に認識し肝に銘じねばならない。神の忍耐というとそれこそ擬人的見方ということともなろう。だがこれはそうではない。キリストの十字架を見れば一目瞭然である。擬人でも何でもない。神自身がまさに人となり十字架についたのである。あらゆる擬人（的見方）を打破している。擬人的見方を一旦擬神的見方へと格上げした上でそれを完全廃棄したといえる。神の人格的ならざる、「神」格的性格がもろに出現している。人はその前ではあらゆる言葉を失い、考えを失い、すべてを失う。人となった神に出会うのであるから。こういう神に出会うからこそこの罪ある世界の終末までの持続に忍耐をもって臨みうる。神の忍に人は忍をもって応えねばならない。そういう定めに置かれている。

　これこそ真正の擬人とも擬神ともいえよう。キリストへの擬神的見方といえようが、実態はそれ以上である。神自身が受肉した存在だからである。こういうことを真底より信じるには人の心が無に帰していなくてはなるまい。さもないと話がうますぎるなどと判断して信じぬ結果になってしまう。かくて人格的―超人格的存在こそが人の心を無にさせるといえる。人格的―人間的な何らかの要因が無化されず残っていると、そういう存在の受容ができない。受容できぬところから振り返ってそうであることが顕になる。超人格的事象の受容にとっては人格的事象こそが障害になる。なぜなら類似の性格を有しているからである。反発しあうのである。人格的要因がすべて無に帰していれば、超人格的要因を受容しうる。半端に残存しているのが最も始末が悪い。たとえ表面的にはそう見えなくても、その実そうである場合もありはしないかと思う。信じることはその時点において人格として新たに創造されることを意味する。つまりその時より当人の人としての生が始まる。それまでとはまったくの別人となる。母の胎から出るのではない。神、キリストの胎から生まれ出るのである。だがこの再誕生は人がそのすべてにおいて無に帰さぬ限り叶わない。良心の判断においてさえも無に帰さねばならない。否、ここにおいてこそ無に帰す要がある。人が自己の判断に基づいて良心的と考えていることさえも捨てねばならぬ場合もあろう。というよりそういう場合にこそその判断の内容自体よりもそう断じている自我を捨てることが要求されるので、その内容は捨てられぬので捨てないと自我に固執するままとなってしまう場合も生じよう。たとえ内容自体は正しくてもそのことへ固執していればそういう自我のあり方は問題となろう。その自我がキリストの啓示受容にとって障害となるからである。その時は内容もろともに自我を捨てるよう求められることとなろう。その点見定めを行うのは人とは限らない。人を超えた存在―人にはそうであるとは判断しえない―がそのように求めることも生じよう。それはあくまで本人のためなのである。決して他に目的はない。人がそのようにして自我からやっと解かれる場合もあろう。ここは内容と自我との関わりが非常に微妙なところである。たとえ内容が正しくとも、それが神からの啓示と直に結びついていないときにはそのことへ自我が固執するとかえって自我へ凝り固まることとなってしまう。このことはそれ自体としては決して悪いことではないから、それはそれでよいともいえる。だがそのことは神という絶対的次元との関わりで見る場合にはそのまま肯定しうる場合とそうでありえぬ場合とがありうる。肯定しうるには自我がその正しい内容を受け入れつつもそのことに固執していないこともまた必要なのである。正しいにもかかわらずそれに固執しないのである。そういうことが人の良心として可能であろうか。思うに正しいことを肯定するとはそのことへ固執してではない。固執している限り自己のうちにまだそのことへ全面的に共鳴し切れていない部分が残っているのである。だからこそ、かえってそれに固執するという事態が生じる。全面共鳴となっていれば固執という事態は生じえない。たとえ一時的にそのことが否定されてもそのことの正しさへの信念さえあれば、そのことはいずれ正しいと認められると信じえよう。そうである限りそういう一時的事態に一喜一憂することは生じえまい。こういう場合は何事へも固執することは生じない。自我は無でありうる。すなわち啓示に対して開放的でありえていよう。自我が自己自身に対しても開放的であることを要すといえる。ここまでのことが人が啓示に対して開放的であるには必要である。

自我が自己へ開放的とは自己放棄していることを意味する。すなわち自我は死んでいる。正しいことだからという理由でそのことへ固執していたのでは、いまだその自我は自己に対して死んではいない。正しいこと以上のことの受容にはこのように自我は正しいことへの固執さえをも超えていなくてはならない。ということはあらゆることへの固執を超えていなくてはならないことである。こうして初めて当人は神という絶対者と対決しうる存在となりうるからである。というのもそういう自己は天上天下唯我独尊、つまり独「存」しているから、そういう対決をもなしうる。他のいかなるものにも妨げられずに対決しうる。自己自身のうちにある何かが妨げぬ限り人が人である限り、というより人であろうとする限り、啓示受容のほうへ進むほかにあるまい。進まずに退けば人たることを廃業することとなろう。退くことはいまだ自我—これをどう呼ぼうとも—的なるものが生きていることを現している。もしそういうものが存していなければ、進む以外に方向はありえないであろう。進むというよりはじっと静止していればよい。人としてはどこへも赴く必要はない。そうすれば聖霊とも証しうるような何かが心に入ってこよう。そしてこれが心を占め人を導くこととなろう。否、そうではない。全宇宙をそういう霊が占めている。そこで自分がそういう全宇宙を占める霊の中で生きることとなる。ただ単に霊が個別に個人の心に闖入してくるのではない。全宇宙支配の霊の現実に目覚めるといえる。自我が生きている限りこういう心境に至りえない。ここに至ることは自己の存在が全宇宙の中に生きていることを率直に受容することでもある。たとえ宇宙の形態がどのようなものであれ、そういう宇宙と自己とが一に生きていることがリアルに迫ってくる。ここにあっては宇宙が自己を生かしてくれているのが事実としても、反対に自己が宇宙を生かしているともいえる。なぜなら自己の存しない宇宙は考えられぬからである。自己が存して初めて宇宙も存する。物理的な発生の順番とは逆である。だが人格的にそういう逆のことも大いに唱道されねばならない。なぜなら価値的には人格的存在のほうが上だから。そして神がそういうピラミッドのいわば頂点に存している。ただ人はそういう事実を物理的に確認はできない。唯我独尊では不十分なのであろう。自己が尊い限りいまだ自己から解かれてはいない。天上天下唯「基」独尊ということとなろう。尊いのは自己ではなくて基督(キリスト)であるからである。自己はたとえどのような存在のあり方になっていても、所詮人である。そういう存在が(唯我)独尊ということはありえぬことである。たとえどういう意味であれ、仕方であれ自己が尊い限り自我―決して単に悪い意味ではない―から自由になっているとは思われない。人以上の存在が現れぬ限りこういう心境に留まるほかあるまい。それには啓示が不可欠である。これあって初めてそこを超える可能性が芽生えよう。良心もここで改めて人に与えられることとなる。人格的内容に絶対的価値を付与していくこととなるから。良心が生きることとこのこととは一の事態である。

キリストが現れぬ限り人としてはどこかに価値を置かなくては生きえない。そこでどうしても唯我独尊ということとならざるをえない。しかもそれはまったくの自由な立場からそうしている、そうできているというのではない。そうせざるをえない。それ以外に仕様がない。ほかに道がない。いわばそういう心境に追い込まれているという一面が存しているといわざるをえない。もし仮に人が人格的性格を有していなければ、そういう事態は避けえたかもしれない。

だが残念ながら、否、喜ばしきかな人格的性格ゆえに避けえぬ事態に陥った。こういう事態の真の克服には、人は人を救いえぬ以上、より上位よりの働きかけが不可欠である。

そこで追い込まれるという事態回避には人が人格的あり方をも脱することが不可避となろう。もとよりこのことは人が悪いことをしてもよいということではない。そうではなくそういう次元を超えそういうことにはこだわらぬ心境である。そうならざるをえまい。固執せぬことはどうしても必要となってこよう。良心を超えることである。決して無視するのではない。無視しては悪事をも平気で行うこととなろうから。固執しないのである。このことは自分が他者に対して悪事を行うことはないので、自分に対してなされた悪事に対して囚われぬという形で表に顕著に現れることとなろう。それ以外の現れ方はないように思われる。つまり悪事を忍ぶという形である。だがこれで当人は人格的存在といえるのか。悪事に対しては対抗処置を講じねばならない。さもないと社会的正義を歪めてしまう。悪事は人間社会としては許容しえぬことである。個人として忍ぶように行う自由は考えられても、多くの人々がそういう言動に出ては社会は公正さを喪失しよう。ここではかくて個的次元と社会的次元とを区別して扱わねばならぬこととなろう。如何に個人としてそういう行いが自由であるにしろ、そのことが社会的に影響の大きい場合にはそういう行いは許されざることと認識せねばならない。その場合には社・個両次元を区別して社会的地平ではそういう行いを明確に拒否せねばならない。その社会に生きる一私人としてそれだけの道義的責任を負っていると考えざるをえない。この点に関しての恣意的判断は許されない。個人としての義務であろう。こういう点から考えると、唯我独尊という見方は社会的観点が脱落しているのではないかと思う。このことはしかし同時に個人に対しても社会的視点を失わせており、種々問題を生じさせる結果になろうと思う。人はどこまでも社会を構成して生きているからである。個人の救いのためにそういう次元へ逃げ込むこととなるのであろう。それはしかし許されなくはないのか。良心的判断としても誠実である限りそういう次元に留まっていることはできなくはないのか。自分の個人的救いのためにすべてを捨てていることになりはせぬか。良心的判断をもである。ところで人たることは特に良心的判断に現れ出てくるといえる。しかるにこれに無頓着になってしまっては人格的存在でなくなりはせぬか。個人の救い最優先である。そこまで個たる自己にこだわってよいのであろうか。ところで唯我独尊の場合は個人の救いはもとより入っているとしても、それのみでなく社会全体が視野に入っている。好む好まざるによらず入らざるをえまい。人格とか良心という次元を保持し続けることは社会的次元についての対応を保ち続けることを意味している。というよりこういう次元が問題なればこそ個人の救いが俎上に乗るとも考えうる。なぜなら社会全体がある一定の状況に達していない限りその中の個人は幸せではないからである。そういう点からは社会的状況が優先されねばならなくなろう。この点は場所や時代によって個々のケースで大いに異なるであろう。したがって一般的にどちらが優先するとは一概にいえぬであろう。

## （二）

神とはそもそもどういう存在なのであるか。人が直接知りえぬことはいうまでもない。ということは神について義とも愛ともその属性について知りえないことである。何らかの啓示があって初めてそれらについて人は知りうる。それまではまったくの無知である。しかも義そのもの、愛そのものを啓示はできない。それらを表す事柄、出来事を通して啓示する。したがって義について見ても完全な形で啓示はされない。つまり人の側でそうであると信じるという一面が入らざるをえない。そこに誤解をする可能性がないといえない。人の知ろうとする力、知る能力は完全ではないから。そういう点からは神の義や愛について絶対確かで誤りなしとして知られてはいない。だからまたあるときは義だと知り、また別の時には愛と知ることが生じる。本当のところは確かなことは何も知ってはいない。にもかかわらずこれこれの存在だと信じえている。つまり本当は知らない、知りえないものについてこれこれと信じている。だからここには人がこうだと想定しているという一面が入らざるをえまい。少なくとも見て直接知っているのでない限り。この点についてはたとえ啓示があったとしても変わりはない。結局、人は絶対的次元の存在については突き詰めて考えれば、何も知りえてはいない。この点はイエスの啓示があっても同じである。これはあくまで啓示であって明示ではない。啓ではあっても明ではありえない。そういう明には人は耐ええない。人はそれに対しては死ぬほかない。啓示が精一杯のところである。だから人は迷いもする。迷いの後に正しい決断をするという道以外にはない。だからこそまた誤りもしよう。いかに人として良心的に判断したとしても、こういう制約は残ろう。人はたとえ啓示を経由したとしても、絶対者に直結した生き方は叶わない。所詮離れた生き方しかできない。かくて義啓示の出来事に出会うときには神を義と知る。愛啓示の出来事に出会うときには神を愛と知る。そこで神が統一的に全体としてどういう存在かについて知ることはない。知りえない。義や愛以外の属性をも有しているかもしれない。人は有限な存在なので神についても有限な範囲、つまり自己に関わる限界内で知らされるので釣り合いが取れているともいえる。その都度、都度具体的局面において個々の事柄について啓示として知らされる。そういうことなので神を全面的に義とも愛とも知ることはできない。義のときは義とのみ知らされ、愛のときは愛とのみ知らされる。そこで神においての義と愛との関わりについて人は推測するほかない。しかもそれが的中しているか否かは定かでないのは当然である。キリストの十字架を見せられているので、義より愛が大であると思うのもそういう推測の一つであろう。もっともこの点は見当違いということはない。だが終末での審判のある限り断定的なことはいえないので、根本的事情は変わってはいない。ということは神について、その義と愛との関わり、またその—こういういい方が許されるとして—大小、順序などについては人は何ら知ってはいない。断片的にその都度知らされているのみなので当然であろう。義のときは義のみ、愛のときは愛のみ知らされるのが基本である。十字架では両者同時ともいえるが、基本は愛であろう。人がこういう状況に置かれていることは人はあくまで人として主体的に判断、行動していくべきことを暗示する。人はそれだけ責任を負っているのである。

神はそのイニシアティブで宇宙を創造した。人はその中で啓示に現れた神の意を体して生きるのが、その道と考えられる。旧約、新約の啓示から義と愛ということが分かる。かくてそれに従って生きることである。この際人が生きるに当たって地球以外の天体のことは度外視でもよい。旧約時代では天の星は神の栄光を現すと考えたであろう。だがしかし必ずしもそう考えなくともよい。時代によって異なってよい。いずれにしろ神の永遠性、無限性が顕にされているといえる。人はそういう被造的世界の中で主体的に生きればよい。その生において何度となく示唆された義と愛とに則っていけばよい。人は人格的存在として主体的であることを要すので、余りにも啓示密着的であってもいけない。密着過ぎるとかえって主体性を失うこととなろうから。自ら主体的に考え、判断していく結果が例えば新約での啓示と符合しているというぐらいでもよくはないのかと思う。人として良心的判断と生命とを天秤にかけるほかない状況に立たされたら、どちらをとるかについて決断を事前にしておきさえすればキリストの十字架を信じているのと同じことではあるまいか。ただ単に事柄の表明の仕方が異なるのみではあるまいか。人の心のあり方としては基本的には同じではあるまいか。つまり自己の生命よりも優先するものを有している点において。キリストの十字架を信じる限り、キリスト自身が自己の生命よりも義を重んじたので、それを信じる人ももとよりそういう生き方に共感しているのだから、人格的生き方という点に徹して考える限り、宇宙の広大さなど度外視でよい。余りにも広大すぎてかえって人の生に関わらなくなる。古代とは異なるが、広大さが神の栄光の一端を示すとは考えられよう。神は神として義、愛を啓示する。人は人としてその主体性によりそれらの追求に生きる。双方がキリストの十字架で出合うとも考えうる。神は創造者なので被造者たる人を救うことをも視野に入れている。他の天体に地球人のような存在がもしいるとしたら、神はそれへの対応をも考えられることであろう。この点は人の考える必要のないことである。たとえ考えても何もできはしないのだから。

　このように考えてくると、例えば神自身において義と愛とがどのように関係するのかとかそれらの順序とか大小関係などは人の考察の対象にはならない。人の思索の機能域を超えている問題だと思う。人は人の分の内で考えなくてはならない。分を超えることは罪由来である。神には神の―こういう表現が許されるとして―分、人には人の分である。神自身における義と愛との関わりを考えようなどとは人の思い上がりといえる。神の本性の中へ人の有限な思考力で入り込もうという企てだからである。許される範囲を超えていることは明らかである。ここでは人は黙さねばならない。黙すべきところで黙さず、黙してはならぬところで黙するという逆転現象が生じてしまう。

人においては怒りと愛とは別のことである。だが神においては異なる。双方は同一事の異なる面にしか過ぎない。なぜなら神という存在に二つの異質の存在性はないからである。あくまで唯一の存在性の発露以外ではありえない。人間側でのある行いに対しては怒りが､また別の行いに対しては愛が示される。神の本質に合った行為へは愛が、またそれに反した行為へは怒りが示される。人の側での行為の性格に応じて神はその反応を示している。もしそうなら神は主体的でないことはないのか。否、そうではない。人は人格的存在として神と対話しうるような性格をも有している。対話である以上、その点に関する限り対等である。むしろ人が神の意に沿わぬことを行うことこそが非主体的と考えうる。なぜなら罪的行いの方向へ誘発されているからである。

では怒り、愛両方向へ現出する神の本質はどういうものなのか。宇宙創造に現れているのはいかなる性格か。こういう点については結果から振り返るしかない。人のような人格的存在が創造され、さらにキリストの受肉があった。ただ単に人が創造されただけなら、人格という点にさほどの重きはおけない。だがキリストの出来事を見るに付け人格に重きを置かないわけにはいかない。つまり神は人格的存在であることが推測される。そうである限り人格的存在の創造が目的であったと考えうる。単に広大な宇宙を創造するのが目的ではないといえる。もし仮にそうであればちぐはぐなこととなってしまう。自身が人格的存在であるにもかかわらず、非人格的存在の創造で終始することとなるからである。人格的存在を創造してこそ自己と対話しうる存在を創造することとなろう。したがって創造はぜひ人格的存在をまででなくてはならない。それ以前のところでは止まりえない。だが神にとって人格的存在との対話がどういう意味をもつのであろうか。不要なことではあるまいか。否、そうではない。人格と対話とは二即一の事態であり、一方のみの存在ということはない。後者なしでは前者も成立しえない。それでは何かを必要とすることとなり神は不完全な存在となりはせぬのか。否、人格は対話の相手たる他者を求めてこそ完全な存在となる。一方、非人格的存在の場合にはそういう他者的ないかなるものも求めないのが完全な存在といえよう。人格的存在か否かでこのように完全な存在としてのあり方も正反対となろう。かくて対話の相手が不完全、未完では神自身も自己自身が決してそうではないが、対話的存在としては未完とならざるをえない。そこでイエスの啓示によって人が完全な存在へと成長することを期待することとなっている。たとえ人としては死がありつつもそれを克服して倫理的に義のためなら死をも辞さぬ境地に達しても、神の目からは完全な存在とはいえない。かくてこそイエスの啓示を示されている。

イエスとの対話を通して、先のような次元としては十全な存在をさらに超えて進むことを求めておられる。そういう過程においてこそ更なるイエスとの対話が起こりうるからである。進まない限り対話をも要しないであろう。対話を要すとは自分自身のみでは決めえない事態の中に置かれていることを反映している。だからこそ一歩前進しているといえる。対話が人を前進させる。つまりそれまでの自己の殻を破る。そしてさらに進むことを可能とせしめる。しかもここでの対話は自己と同等の人間とのそれではない。一段と高い位置にあり、そこから人の世界へ現れた存在との対話ゆえにこそ人を成長、進化させる。人を導くだけの力を有する。ただ単に高い位置にあるのみでは何ら人へそういう力を持ちえまい。反対に人と同じ位置に端からいては、これまた人へそういう力を持ちえまい。イエスのように神と同等の立場にありつつ、しかもそのことに固執せず人と同じ地平へ立つことをよしとされたので、人を導く力を発揮しうる。彼の言葉はそれ相応の重みを持って人の心の中に染み込んでいく。一度入り来ると簡単には蒸発しえない。人の良心の中へ食い込むからである。そしてその良心をもしそれ本来のあり方から外れていれば、本来のあり方へと引き戻し立ち直らせるからである。人を超えたところより到来の存在にして初めて人の良心へ真に働きかけるだけの力をもつ言葉を発しうる。またたとえ人に向かって言葉を発するとしても、その良心へまで届くような性格のものでなくてはなるまい。さもないと途中で立ち消えとなる場合もあろう。良心というものはそれだけの重みを有している。

以上のように考えると、神は決して二重人格などではない。二重とはつまり統一を欠くことを意味する。だが決してそうではない。統一を欠くのは人の側である。そこでそういう人に対応するに当たり、あたかも二重であるかのような観を呈するのである。やむをえずの事態である。旧約を読めばすぐに分かるが、神がまったく厳しければ人は既に滅んでいる。反対に神の忍耐によってこそ人は生き続けている。そういう事態の帳尻を合わせたのがイエスの十字架である。ただ厳しいのなら滅ぼせば済むことである。反対にただの愛、やさしさなら放任しておけばよい。双方をともに生きるためには十字架となるほかなかった。自己の一人子を殺してまでも義を貫いたことにおいて人への愛が現れている。義と愛とは同比重といえる。なぜなら自己自身に属す一人子の死によってしか両者を同時に貫く道はなかったからである。どちらかがより重いのであれば、一人子の死という事態は不要であったであろう。義がより大なら罪を犯したのだから、人を滅ぼせばよい。反対に愛がより大きければかつてそうであったように罪を犯しても人を生かし続ければよい。だがそのどちらをもできない。なぜなら義と愛とが同じ重みを有するから。

通例は以上のように考えよう。このように考える場合とそれ以前とでは義、愛双方の内実が変わってきてはいないのか。例えば義より大いなる愛というときの愛はもはや愛とはいえぬことはないのか。なぜなら義がいわば抜けるとそこでの愛は甘やかしの愛となる。これはもはや愛とはいえない。反対に愛より大いなる義となるとその義は罪を犯せばすべてを滅ぼすほかない。そういう義を義といいうるのかという疑問が湧いてくる。愛にしろ、義にしろそのような通り一遍のことでよいのかと思う。もし仮に神がそういう性格であれば、創造などを手がけたであろうか。何もしないのが最も手間がかからぬからである。やはり義と愛という矛盾的要因をうちに抱えている存在にして初めて創造というような厄介な事柄に手を染めるのではあるまいか。両要因のうち一方を欠いていたら人格は成立しない。双方は一見矛盾する。しかし本当にそうであるのか。そうではあるまい。相互を牽制する。歯止めがかかる。そういう状況の中で悩みもする。こういうところにこそ生き生きした活性が宿ることとなろう。しかも両者の牽制が激しく、矛盾が大きければ大きいほど活性も大きいことは当然である。この点の最大現象がキリストの十字架である。かくて神はここにおいてこそ最も人格として機能しているといえる。ただ宇宙を創造しただけであれば、まだ人格か否かは不明であろう。

たとえ人のような知的存在が誕生しても、その点については同様であろう。さらに義か愛かのどちらかを真実であるとして現されたとしても同様である。さらに双方を別々の事柄として真実に属すと示されても同様であろう。なぜならそれらが一方のみの単独ではそれ自体が十全に機能しているとは思われぬからである。真実なるものは常にそれと反する不真実の面前でこそその真実性を発揮するからである。したがって義がその真実性を発揮するには不義なる真実が現れねばなるまい。不義に対して義を貫徹すれば不義なる存在は滅ぶほかない。そこでそうならぬようにここに愛という異種のものの登場となる。愛の目でもって見てあえて滅ぼしはしない。だがここには矛盾が顕になる。義が犠牲になっている。ちょうど反対の場合も生じうる。愛が支配していると、不義があっても受容する。だがそれでは義が犠牲となってしまう。同様に矛盾の蓄積となる。先の場合と同じである。かくて義にしろ愛にしろ一方の支配では人格は全うされない。双方のせめぎ合いが不可欠である。この点は人間的次元であろうと、超人間的次元においてであろうと同様である。次元には無関係にいいうることである。せめぎ合いにおいてあるときは義が勝ち滅ぼす行為に出ることもあろう。またあるときは反対に愛が勝ち赦す行為になることもあろう。こういう一貫性のなさこそが真実そのものを顕にする。旧約を見ればすぐに分かる。義、愛、どちらの契機をも捨てえない。生きることは悩むことである。悩みが人格を生かす。人格を人格たらしめる。人格を成長させる。我々が自分の生活を反省してみても、悩みを感じるのは義と愛との板挟みになるからである。どちらかの立場に立ってすっきり割り切れれば悩みはしない。そうできないので悩みが生じる。すべての悩みがそういう性格ではなかろうが、深く反省していくとどこかにそういう一面が見出されるのではなかろうか。犬や猫のような単なる動物ならいざ知らず、人格的存在の有する悩みは深浅の程度の差はもとよりあるにしろ一様といってもよいほどにそういう性格を持ってはいないのか。逆に考えれば、自分の悩みがそういう性格を持ってはいないことを悩んでいなければ、当人がそれだけ犬猫など畜生に近い存在ということとなろう。悩みの資質が当存在の人格性の度合いを判定する。その点、神とかキリストとかは徹底している。そういう性格を有している事柄以外では悩んではいない。人格として徹底しているから。このことは同時に他の性格を有する事柄では悩まないことを意味する。そういう事柄以外での、例えば損得勘定には頓着はしない。執着がない。義とか愛とかが問われないようなことは度外視しうる。もとより他の人々がそういうことに関心を持っているので、そういう事実から二次的に関心を持たされるという事態は生じようが。考えてみると、そういうこと、つまり義、愛などと関わらぬことは人にとり永遠の生命というような事柄とは関係はない。そこでそれらの事柄に無関心であったとしても不思議はない。永遠の生命とはいつまでも無限に続く生命のことをいうのではない。今の現時点においてそこにおいて永遠の生命を実感しうるような、そういう事柄のことである。人格的存在なればこそある出来事において、自分がそのことの実行において永遠の真実を実感できる場合もあろう。義、愛においてそういう事態が生じうる。そういう性格のない事柄の実行においてはそういう実感を体験はしないであろう。人格的存在である以上、そうであるほかないであろう。そういう存在はどこまでもそういう次元で生きる。それ以外の生き方はなしえない。したがって人がまずそういう存在になっていることが大切である。そうでない限りそういう生き方はできぬから。そういう二つの契機に関わらぬ事柄は心から脱落している。だからこそそういう生き方ができる。ここにあってこそまた自由を実感することができよう。それら二つの事柄に関わらぬことは当人の心の中へいかなるシグナルをも送りえない。たとえ送っても無視されてしまう。それ以外になりえようがない。シグナルを受け取るだけの感受性を失っている。

如何にして失いえたのか。それら二つに関わらぬ次元の諸事柄の世界に生きることに意義を感じなくなっているからである。それはそういう世界の限界を知りえたことからの結果として生じたことである。所詮そういう世界の中で生きることでは人は心底より満足はできない。義、愛以外の、それらに関わらぬ世界は人格的世界ではない。そういう意味では人の生き方にも次元の高低のあることが知られる。神、キリストに近い生き方もあれば、反対に犬猫に近い生き方もある。どちらを選ぶかは各人の判断に委ねられている。その決断において当人の人となりが現れる。しかも重要なことの一つはある人がどう決断するかが他の人の生活へ大いに影響することである。大多数の人々が義、愛に従う決断をしている社会とそうでない社会とでは同じ人間社会といっても大いにその性格は異なろう。どちらが良いかはいうまでもない。後者的社会では義も愛もそのリアリティを保持しえまい。だがそれでは社会はその公正さを失い、少なくとも民主主義的社会は成立しえぬであろう。封建主義的社会はあるいは成立するかも知れぬが。そういう点から見れば、封建社会、共産社会などに比すれば、民主主義社会はより義、愛などの生きている社会に近いといえよう。

かくして、人は既に自己の死を超えていることが知られよう。死を超えたところ、次元で思索している。もはや如何なるものも制約を課すことは叶わない。死の前に死に、終末前に終末のかなたへ至っている。つまり換言すれば神による創造の時点に至っているともいえよう。なぜなら終末のかなたには神自身が存しているからである。しかるにそこへ届いていることは神による創造へも届いていることを意味していよう。ここに至れば神が宇宙創造したことの承認はもとより、自分が宇宙を創造したと思うことも生じうる。生命の限界を超えることにより可視的世界の限界を超える。ということは創造の原点へと立ち返ることを意味しよう。いわば神と同じ立場に仮に立つことである。ここに至って人は真に無に帰したといえよう。自分が宇宙を創造したとも考えうるが、自分は宇宙とともに神によって創造されたとも考えうる。人は明らかに被造物でしかないので、後者のように思うのがごく自然であろう。前者のように思うのは人としては傲慢と判断されよう。もっとも神という存在を考えていない場合には傲慢という判断も生まれぬであろう。神という絶対的人格者に照らして初めて傲慢という判断は生まれるのであるから。創造のところへまで至って自己が創造されたと考えるのと、ただ単に宇宙の中の一部なのでそう考えるのとどう異なるのか。前者では自分が創造者でもありうる。後者では単なる被造物の一部でしかない。すなわち前者では創造、被造の区別が消えている。こういう状況に至っていない限り人が無に遭遇しているとはいえないであろう。その区別が生きている限り人は被造側にある。ということは人は創造者とは必然的に対峙する関係であらざるをえない。もっともこのことは必ずしも人が創造者と対立関係に入ることを意味するのではないが。たとえそうでも人が死のかなたへ一度も出ていない以上はこの世に生命を有したままである以上、神の意向に従うことはその分難しいこととなるであろう。これは決して人にとり好ましい状況ではない。地に生命を有することは必然的に天に生命は有しえぬことを意味する。天地対立はきわめて明確である。こうしていわば神の創造の時点に帰ることとキリストの復活を信じることとは一のことである。神の生命と通じ合うこととなったのである。かくて人の命は創造から終末までのすべてのときにおいていわば偏在している。そこで復活もそのうちに含まれている。かくて復活が特別のことであるという性格を失ったといえる。というより復活を特別の目で見る見方を人が失ったのである。何事に限らずある一つの事柄が特別の一を占めることがなくなったといえる。人が自我を保持したままだと、その自我はある一定の色彩を保持している。そこで全宇宙の歴史の中の何かがある特別の位置を占めることとなる。このことが間違いの元である。いわば色眼鏡をかけてすべてを見ることとなる。無私の目であらゆることを見ることができなくなる。

## 第三節　キリストと人間

(一)

宇宙の端は光より速く遠ざかっているので、観測の方法さえないとされている。すると宇宙は全体としては永遠とも考えうる。キリストがそういう世界の中で復活したとしても、あながち不自然ともいえない。だがそういう信じ方が無碍という契機と両立しうるのかと思う。無碍前提のキリスト信仰はキリストの復活に固執するという形はとらない。当時の人がキリストの復活を信じたとは信じるけれども、自分も現代においてまったく同様に信じるのではない。そういう信じ方はかえって無碍と衝突してしまうから。そう考える方が当時の人がキリストの復活を信じたのと同価値的信じ方といえよう。

信仰の同心円的構造ということだが、当時の人がキリストの復活を信じ、今は当時の人が信じたと信じることがそういう構造といえよう。そして次の時代にはまたキリストの復活を当時同様文字通り信じることがそういう構造となりうるかもしれないのである。

こういう状況はキリスト信仰自体によってキリスト「教」から解放されているとでもいうべき契機が存していることと呼応している。

人は一般的にいってイエス啓示「者」の懐にありて生きている。こういう表現においては、漠然とイエスは啓示する者という意味が基本だが、イエスが啓示する者、つまり明確に神という意味をも含ませうる。そして神、キリストの懐のうちに生きていればこそ、それと反対に生きないこともできる。否、さらに「わたしを信じる者は、死んでも生きる」(ヨハネ 11,25) といわれている。しかもこの語をイエスの語としてではなく、自己自身のことばとして発する可能性も生まれる。死ということはなくなる。死という語は死語となる。

イエスの復活をも信じるということのうちでその復活への信仰が度合いを増していくという形をとる。だが何かの契機を境にその度合いが下がるということも生じうる。つまり人の心のあり方に応じてそのようにイエス復活への信仰はその度合いを増減させていく。したがって人の対応がどうであるかによってイエスの復活がどうにかなるのではない。どうにかなるのは人の態度である。復活を含めてのイエスは人の対応とは無関係に泰然自若とした存在なのである。復活に限らずイエスの一生のうちの何かある特定の事柄への特別の関心は人の側にある要因に基づいた選択に陥っており、そういう対応は人間中心的対応であり、誤りであろう。人の側は無碍でなくてはならぬ。そうあって初めてイエスに対して正しく対応しうる。つまり良心に反応する仕方でイエスを受容しうることとなる。こういう良心に対応する仕方でのイエス受容にあってはある特定の部分への呼応という形にはならない。なぜなら良心によるイエス受容にあってはイエスという存在全体を人間の側から特定の色合いをつけて受け入れるのではないからである。そのような行為をしようと企てる人の側にある性癖はとっくに消滅しているからである。ここでの良心は単なる良心ではなく、無碍と一となって一段と高められ神的性格のものとなっている。そこで神的性格を有するもの同士の呼応となっているからである。良心は個々の事柄に適切に対応するのであり、イエスの生涯の特定の出来事に特別の重きを置くことはしない。なぜならイエスの生のうちのどこかを特別視すると生全体の意義が崩れることとなろうからである。ある部分は大切で別のある部分はそうではないということはありえぬからである。特定の事柄が特別なのではなく、イエスの生全体が特別なのである。古今東西からの諸制約を絶したキリストと人としての良心との絶対的対応（対決）という構図においてその復活が顕になってくる。

復活だけを特別のこととして他の記事からいわば切り離し、独立させて問題とすることは邪道である。あくまで一連の記事の中の一部として解さねばならない。そうすれば復活だけを特別事項として問題化する発想自体が消滅しよう。人には人の生涯があり、イエスにはイエスの生涯があった。各々が固有である。イエスの復活にしても、我々人間がその「復活」という語によってイメージするのとは異なったことが、客観的に見れば、生じたと考えられる。つまり我々としてはイエスの復活へ何らかの仕方で手を触れることは許されない。ただ信じるのみなのである。いわば可視化させることは叶わないのである。復活だけ切り離された場合、それはキリストの復活ではなくて、人が理論的に考え出した復活である。復活という観念に過ぎないであろう。

福音書に示されているようにイエスの誕生から復活までを一体的なものとして信じることは、今我々個々の人がどう信じようと信じまいと既になるようになっている世界に生きていることを意味している。一人ひとりの判断を超えたこととしてである。我々はそうであるほかない世界にいわば生かされているといえる。世界がそういう色に染め「上」げられたといえる。人の罪によって「下」落させられたのとちょうど逆である。当時としては永遠なものはキリストや神だけではない。世界も神によって創造された以上永遠ではないのか。もっとも巻き去られたりなどしてその姿は変わるけれども。たとえその姿かたちは変わるとしても、全体として永遠ではないのか。かくてキリストの復活を信じることもそういう永遠的体制の中の一環として理解しうることである。そういう意味ではキリストの復活を信じることは決して反知性的なことではなかった。だが現在はどうか。そもそも宇宙全体がどうなっているか分かっていない。あるのは仮説のみである。そこで現在の時点でキリストの復活にこだわるのは反知性的となる可能性があろう。当時は背景があってこそキリストの復活も信じられている。現在はそういう背景自体が崩壊している。

キリストによるいわば天飛翔は、往相はもとより還相をも通り越したところへ位置づけられるものである。なぜなら世を超えてしまって初めて存しうるものであるから。そういう意味ではキリスト信仰としては最も先端に位置づけられるものである。心は世を離れてまったく自由に文字通り「天」を飛翔している。そういう状況にある心が感じたこと、いわば見、聞きしたことはこの世に属すものではない。だからといって我々日本人が一般にあの世として観念しているものでもない。どちらでもない。まったく異次元のものといえよう。そこで心はそういう世界と通常の世界との間を自由に出入りしているといえよう。ただ自由とはいえ人の思惑通りにではなく、キリストによる天飛翔である以上、そのイニシアティブはあくまでキリストの側にある。たとえ人がその都度そのことを意識しようとすまいとそうである。たとえ異次元の世界が通常の世界での用語で表現されていても異次元たることは変わらない。真に異次元たるのでそういう現象的次元では相対立することはない。この世にあるいわば濁りをすべて濾し取っているともいえよう。だからこそ神秘主義的でも神秘的でもないのである。そういう意味では通常の用語ではあるが、それが真に指しているものは通常の意味内容ではないとも考えられる。異次元世界なので当然といえば当然である。基本は言葉を超えた世界なのである。すなわち人の世界を超えているわけである。

天とは具体的な特定の内容を指しているわけではない。地を離れた、異次元の性格のものだということを表示しているに過ぎない。かくて天ということは地のあるものが地のまったく別のものを示唆するという一面も含むであろう。その点一般に書かれている文章の字面の意味をそれ本来のものと解してしまってはまったくの見当違いをすることとなろう。では、どうすればそれ本来の意味内容へ至りうるのか。一番よいのは当人自身が同様の境地に達することであろう。そうすれば字面の奥に隠れた意味内容へと心が届くことであろう。だがたとえ本人がそこまで行っていなくても言葉を通して何かがそこにあることを感じることはできようかと思う。ただ正確にそれを見極めることはできずとも、言葉にはそれだけの力が存していると思う。もしそうでないのなら書く意味も読む意味もともに消えるであろう。
天飛翔の段階へ至っても還相の段階をいわば卒業してしまいはしない。双方は決して二者択一ではない。前者があることが後者へドライブをかけることを結果する。反対に後者へ深く入るためには逆に世から出ていることを要す。かくて双方は方向が反対ながら、そうであればこそ相互に深く入ることが求められる。天とは異次元という含意である。決して地上の世界と比してどうこうという世界ではない。そういう意味では「天」という表象は正しいとはいえない。間違い、誤解を招きかねないからである。だがその異次元の世界が当人にとって存している（同時に存していない）ことは当人が地上の世界から心を離していることの具体的現われといえよう。これなしには当人の心が世から離れていることが少なくとも他から見ると分からない。
心が世から真に離れれば心はもはや世のことは何につけ思わない。だが人は言葉を有している。そこで言葉は世を離れた世界を自由に飛翔する。そしてそれが自ずから言葉として発せられることとなる。言葉を有する人としてはこうであるほかない。言葉は人が世に属すのが通常である以上、世に属しているのが本来のあり方なのではあるが。

空の世界は存しない。現実の世界と異次元の世界とが存している。空の世界がある、すなわちリアリティを有しているとそれらが双方存するのを妨げるであろう。可視的現実界が十分リアリティを持たなくなろう。そうなるところから今までの日本のような、例えば責任うやむやの世界が出現する。責任を明確にするためにもリアリティある現実という考えは不可欠である。空の世界が存しないのではない。それはあるにはあるが、あるとして認識はされない。また認識されてはならない。認識されると、人がそこへ依拠することとなり、文字通りの現実への関心が引くこととなろうから。異次元へ目が開かれることと還相とは一の事態である。
魂が天を飛翔するのは宇宙空間において浮遊惑星がそこを漂っているよう

なものである。自由に漂っている。何らの規制を受けてはいない。どこかの恒星の周りを回っていた間は受けていたであろうが、今はそれはない。あらゆる規制から離れている。そうなった魂は飛翔する以外ない。人格の根幹を成す魂はなくなることはないのだから。しかも可視界から自由になったので、まさに浮遊魂になる。可視界に心が繋がっている間は魂もそれに連なっている。しかるに心がそこから離れると、魂はそれ以上にそこから自由となる。そこで飛翔する事態が自ずから生じるほかない。魂は消えてなくなることはできないのだから。異言（1コリント14,13）は心が世から離れていてこそ語られうる。だが語ることによって心はさらに離れることとなり、自己がいかに世のものではないかを自己認識することとなる。異言がどういうものだったかは自分がこういう形で何らかの体験をすることによって、その何たるかの少なくとも見当がつくこととなるのだと思う。異言を語る（同上）というが、これは心の天飛翔に対応していよう。世の言葉を使って語るが、世のことを語っているのではない。別の世界のことをである。言葉それ自体はもとより世のものではあろうが。つまり人に属すものである以上、何事もすべて世のものでもあるほかないのは事実であろう。飛翔は心のあり方、異言はその心のあり方が外へ言葉として現れたものと考えることができよう。かくて双方は二即一の事柄である。前者なくして後者なしである。また後者があって初めて前者があることが他に知られる。さらに、異言として外へ現すことを通して本人自身が自己の心が天飛翔というあり方にあることを認識しうることとなる。天飛翔となると、ただ単に世を超えたことを言葉で語るのみではない。やはり来るべき世のことについての具体的内容のイメージを言葉で語ることとなるほかあるまい。ただ意味もないことを言葉では語れまい。するとそういう内容以外のことは語れない。世のことからは心は完全に離れているからである。

かくて世からの自由の面と来るべき世のこととの二面とが存している。正編と続編との二編に分けられる。そこで量が増えれば正編（一）、（二）・・・と続編（一）、（二）・・・という形になる。あるいは自由の面が裏の面、来るべき面が表の面と考えることもできる。かくて前者；「裏」編、後者；「表」編とも考えうる。

人格的存在にとっては人格が第一のことである。つまり精神性が重要である。可視的、物的世界はそういう一次的重要性を現すための付随的次元の事柄である。精神性の世界はキリストの啓示から判断しても、物体は無くても存しうるものである。もっとも人が自分の恣意によって一方的にそういう判断を行うのではない、また行ってはならない。そういう恣意は許されない。またそういうことではその判断には何ら権威はない。権威があるためには人を超えたところより由来せねばならない。なぜなら人は有限な存在なので、人由来のものはすべて有限であるほかないからである。幸い、人にはキリストの啓示が与えられている。ここから判断する限り物質界とは異質の精神性の世界が存していると考えられる。そういうものの存している限り人としては人格的存在なので、そちらのほうを中心に据えねばならない。この点はいうまでもない。ここに人と他の生き物との相違が存している。精神性と物質性とのうちどちらを優先し、第一次的重要性を有する世界と観念するかである。細胞のような物的世界があり、それに基づいて精神の働きが構成されていても、そのことは何ら精神性が二次的であることを意味してはいない。たとえそういう事実があってもキリストの啓示から考える限り、精神性が優位にあることは明白である。しかもこの啓示から見る限り精神性といっても単なる精神性ではない。特定の人格的内容のある人格という意味である。抽象的意味での人格ということではない。そもそも人格とは抽象的意味合いで存しうるものではない。常に具体的、現実的にしか存しえぬものである。人としては人格的次元の事柄を人の物質的存在に付属する形でしか知りえぬとしても、そのことは決して人格的次元のことが物質的次元の存在性に付属的に、二次的にしか存しえぬことを意味してはいない。そういう判断はあくまで今現在の人の存在を前提にしての判断である。そういう判断はしかし人の存在をいわば絶対的なものとしているといえる。だが人の存在をそこまでのものと想定することは決して客観的に公正とはいえまい。宇宙には暗黒物質も満ちており、人の存在をそこまで重視することは人を偏り見ることを結果するのではあるまいか。一方、キリストから考えることは人の存在を基準とすることを止めている。中止している。このことは人の存在をも暗黒物質をも、さらには今後発見されるかも知れぬもののどれにも重点を置かぬことを意味する。すべてを白紙に戻して、キリストの啓示から「のみ」すべてを考えることを意味する。考え方、生き方など人の存在にとってキリストの存在をあらゆる事柄のアルファとして位置付けることを意味する。

キリストの啓示の前では人の存在を含めて地球も宇宙空間の中へ消え去っている。つまり人は人格的存在であるのだが、キリストの前にあっては固有な存在としての意義は失なわれている。死があることによって既に人はその存在意義を失っているので、人はもがいて意義をどこか自己の生の中に求めるが、そういう企ての意味をキリストの啓示は喪失させる。そしてキリストの啓示のほうへ向くことを人の生きるべき唯一の根拠としてそちらへ向くよう促す。

捕らえられる面とは精神性固有の世界へ帰一することであり、自由となる面とはこの可視的世界から解放されることである。後者なしに前者なしである。逆に前者があってこそ後者もまったきものとなる。双方は一体であり、相互依存である。これら双方の二つの面は表裏関係としても、どちらがどちらとは決めえない。前者が表なら後者が裏であり、前者が裏なら後者が表の関係といえる。その時々の人の意識がどちらへ向いているかで決まることであろう。客観的にそれ自体としてどちらであると決めうるような事態には属さぬ事柄である。双方は一体である。

捕らえられることと自由とは一なので、二つをつなぐ語句を間に挟むことは事態を正しく表現することとはならない。逆に考えると、捕らえられぬ限り自由ではないことを意味する。この点を、次に出版予定の書『キリスト『生』く—現実での相—』の副題との関係で表せば「内心での相」ということができよう。

（二）

精神性に重点があるので天飛翔のような「キリスト秘」ともいうべき事態が生じるのである。死んだらそれで終わりなら、そういうことは生じまい。人が人である限り、あろうとする限りそういう事態は不可避的に生じよう。パウロにおいてもそうであるのは決して時代の所為ではない。人の心の精神性の所為なのである。かくてこういう要素が欠けていれば人が存在全体として世のほうへ巻き込まれたまま生きていることを現している。人である以上そういう生き方を超える可能性は有しているが、それをいわば眠らせたままにしているといえる。やはりそれを目覚めさせねばならない。その時には人はやはり精神性のほうに重点を置くこととなろう。なぜならそれは永遠性を有しているからである。眠った状態から目覚めた場合にはなお一層そういう契機に重点が置かれることとなろう。かくて「秘」とは人の精神がキリストと一であることにより、世から離れそれ自体のリアリティの中で自由に生き、活動している状況といえる。しかもそれはその時々の働きに応じて特定の内容を生み出すのである。

「秘」の中身は「超越知」的といえよう。なぜならこの世、可視的世俗などの世界を超えているからである。知とは一般にこの可視的世界に関してのものである。一方、この知はそうではなくて、いわばそういう世界を超えた世界に属す、関するものであるから。それに関するものである以上、そこに属しているものでもある。この知は人間自体をも含めてこの世界から離れ、独立しているものである。だから「天」に属すものともいえる。この世との関わりから離れているので、神秘主義的でも、さらには神秘的でもない。これらはいまだ人間的、人間主義的世界から離れてはいない。だからこの知は人に由来してはいない。いわば神からキリストによって示されたものといえる。たとえそのことを人が認識せずとも、しえなくてもそうであることは事実なのである。

宇宙空間にたとえ何があってもなくても、そういう次元のこととはこの精神性は無関係のことである。なぜなら可視的次元のこととは関連のないことだからである。そうであってこそそれはキリストの存在、さらにはその父なる神との関連性もまた生まれて来うるのである。さらに、自分がそこで生まれ、本来そこで生きているともいえる。この世での自分の姿かたちは文字通り仮初の物となる。

では、なぜ神はそういう物質先行の不完全が予想される世界をまず創造したのか。人が堕罪しなかったらそうはならなかったというのは一解釈ではないのか。この点については人は被造物の一部なので神と同じ知的地平に立つことは許されないので、現時点で十分理解することは不可能である。

まず世界があり人の堕罪で今のようになったという人間理解からも分かる

ように、物質的世界先行で精神も考えられている。そこで後者は十全な形では展開しえない。次の来たるべき世界ではこの点がイエスの啓示から判断して逆になる。かくて精神は完全展開する。罪という理解による補足は不要となろう。義などの展開が満足に行われよう。かくて義など実現のため今の世界で努力することは次の世界で完全に実現される価値をいわば先取りして実現しようとしていることである。啓示志向的、天志向的といえる。人がそのために生きていくべき根幹を見出したといえる。そのためなら何はさておき馳せ参じえよう。イエスのいう「鍬に手をかけてから後ろを顧みる者は、神の国にふさわしくない。」（ルカ 9,62）ということはないであろう。

義尊重などの事柄で自己の人格と天での価値とは共通なので、それらの事柄が実現されれば自己の人格は全面的に実現されている。そこで自己の復活への固執は消える。その必要はあえてなくなる。まさに捕らえられ自由である。人は義などのためであれば死ぬことができる。例えば自己自身の復活などへのこだわりが心に残っていれば、いまだ自己が義に徹し切れていないことを顕にしているといえる。徹し切れれば自ずからこだわりは消えよう。このことは次のような別の形でも現れよう。つまりキリストへ依存した形ではいまだ世へという要素が残っているといえる。かくて捕らえられる面は地上に現れたキリストではなくて、終末とか神とか要は地に現れたものではないことへ捕らえられることを意味する。かくて捕らえられる、自由となるの両面は内実的に区別はできない。言葉による表現上、つまり表面的意味でのみ区別しうるに過ぎないこととなる。ここでは良心の大道を歩んでいるという確信のあることと死を超えて生を生きているという感覚とが一であると今現に実感しうる。双方を同時に感じうる。これら両面のうち後者に関連することだが、パウロがダマスコ途上でキリストの啓示に出会い、目が見えなくなっている（使徒言行録 9,8）が、禅の十牛図でも、第七図　忘牛存人、第八図　人牛倶忘（日本仏教語辞典）などでの「忘」においては目が見えなくなるという比ゆが該当するのではないかと思う。もっともパウロの場合は現実に一時的に目が見えなくなっていたのであろう。これらのことはキリストを信じたその時は、禅の悟りと共通な要因があることを伺わせる。

キリストを信じることは人格的、良心的決断から由来する。一方、特殊な体験は人の心理的諸要因の組み合わせ状態のあり方の変化によって生じる。そこでこれは前者のような人格的決断からではない。したがって信仰自体に属すことではない。付随的要因である。こういう要因は人のあらゆる活動に伴うことといえよう。人によってそういう要因のある人もいればない人もいよう。たとえあってもそれだけ良心的、人格的決断がより深く強いとは一概にはいえない。ただその当該の人に限っていえばないよりはそういうもののあったほうがより深く強いとはいえようか。他者との比較ではなくてである。さらに、あえていえばないよりもある人が人格的､良心的決断も深く強いことともなろうか。それ自体としては付随的だが、人が心理的側面を持っていることからの不可避的状態といえるからである。だが同一人についても信仰的決断の強いときとそういう体験を結果する心理的要因の強くなるときとが一致するのではない。そこで前者が強くても後者は強いとは限らない。ただ人としてはそういう要因を求めたい気持ちは働こう。人にそういう要因のある限り。またそれが少しも悪いことではないといえる。むしろ人としてきわめて自然である。かえって例えば病気のようなときにそうなるかもしれない。

日本人は最近急にプライバシイ、プライバシイと声高く叫び始めた。だが最も大切な肝心要のところが脱落している。つまり個の主体性への明確な認識である。これなしにいくら外装的に形を整えてみても、それはまさに佛彫って魂入れずのたとえ通りであろう。魂を入れなくてはならない。自律した個という自覚である。

無碍ということと一であることによって、キリスト信仰はキリストの復活を文字通り信じることをも含むものとなっているのではないのか。ただそのことに固執はしていない。現代の宇宙観の只中にあってはキリストの復活にこだわらないことこそ不可欠なことではあるまいか。そういうこだわりはある一定の宇宙観を前提することと一である。一方、こだわらないキリスト復活信仰はある一定の宇宙観を前提とはしないことと一といえる。そこでキリストの復活のみが絶対確実としてこだわることは知的バランスが崩れることを意味する。

宇宙像が明確でないことは無碍であることに呼応する。双方ともに明確な何かが存していない点で共通している。だがそういう状況の中でキリストの復活のみが唯一別次元的に輝いているとも考えることができはしないか。そう考えてこそ良心重視ということも成立しうるのではないか。その復活という事実を客観的には確証しえぬが、そういう状況に耐えることが無碍の一つの働きといえる。またさらに復活の可能性があると信じることが無碍に応じたキリスト信仰といえはしないかと思う。可能性を信じて、そこに留まることが無碍、即キリスト信仰のあり方といえるのではないのか。可能性以上に踏み込み、それが事実だと信じようとすることは無碍の否定となってしまうことを意味しないか。

日本では無とか空とかということがよくいわれる。人は現に存しているのでこういう理解の仕方はいわば比ゆ的とも解しうる。現実的に考えれば人は現実の生活の中で善悪種々の行為をしたり、させられたりしており、とても無とは考ええぬのが実情である。そこで神のような人格的絶対的存在者に対しては無であるともいえよう。対比してみるときにまったくの無といってもよい存在に過ぎぬという意味である。すなわち倫理的観点が入って初めて無ということもいいうる。かくて有とはこの反対である。つまり神の意向に沿うことは有的あり方ということとなる。ここに無と有との対決折衝が生じることとなる。もとより無のほうへ堕せば死であり、有へ向かえば生命である。無と死、有と生命とが各々呼応している。きわめて自然なことである。人としては当然のことながら後者のほうを選ばねばならない。このことは良心の判断に従うことであり、キリストでの啓示を受容することである。キリスト信仰的発想では無と有との対立とも考えうるが、より即事的なそれと一のこととしては罪、死と聖、生命との対峙が基本にあり、無はその中間で、例えば無からの創造という言葉にも現れているように、無それ自体は良くも悪くもないということであろう。そもそも無自体は言葉としては考えうるが、現実的に考えるときにはそれが指示するものを欠くこととなる。人として良心ということを重視して考える限り、無として人を理解するような発想は出てこぬであろう。なぜなら人は常に善なり悪なりかであるので無であることはできぬからである。人が無であるとは人が人であり、人格的であることを止めるときであろう。人が人格的である限り、逆に無であることを止めるほかないであろう。善なり悪なりの有なのである。人は神によって創造されて以来、有であり続けており、無であることはできもしないし、許されもしない。人が自己を恣意的に無にする、無に帰せしめることは自殺することを意味しており、きわめて重い罪なる行為なのである。自殺とは神の意向を無視して人が自己の主となることを意味する。人にとって主は神以外にないし、またあってはならない。生きてさえいれば人が自己の主であることを止めて自己の存在をいわば神に返す可能性は常に存している。また神は人にそのことを期待している。自殺はそういう可能性を最終的に無に帰せしめることである。悔い改めを自ら拒否し、さらに神がそういう要求を人に対して行うことをも拒むことである。さらにいえば、神という存在自体をも否定することを意味しよう。このことはしかし自己が人格的存在であることを否定することをも結果する。なぜなら神、すなわち人を超えた人格的主体が存していて初めて人は人として人格的に生きうるからである。こういう存在から生命が注ぎ込まれ、人は人格として生きうる。こういう神側からの働きかけなしでは人はその人格的力を失う。人格として生きようとする心構えが姿を消そう。人はいつも目的を持って生きている。この目的には何らかの意味で今現在の自己を超えているという一面があろう。さもないと目的にはなりえまい。人格的存在であるということ自体が既にまたそうである。人格的存在として今の自己を超えた何かがあると考え、そういう存在を目的なり目標なりとして定めてこそ、人は努力するという行為ができよう。そういうものなしでは心を定めるところが見つからず、そういう心には目標が生まれまい。こういう人の場合、具体的生活の場面においてある一定の判断に基づいた一貫した態度を維持しえないであろう。その都度自己の利益によって右往左往することであろう。人格的目標があってこそその都度の損得を制御できよう。それなしでは損得勘定が第一となってしまう。

自供によって罪が軽減されることを考えてみても、本人の良心的反省を評価してのことと考えられる。それだけ社会生活において各人の良心的判断はきわめて重要な契機といえる。具体的には例えば自分が何事につけトップになりたがるのは自己自身の心の中にいわば「都」が求められていない事態を顕わにする。これは良心に反する行いであることは明白である。無へ徹するほどそうなるが、人の内的資質に根ざす要因の脱落とともに神秘主義的、体験主義的要素も脱落していく。そして無、およびそれと一体の良心へと帰一していく。良心に従うという積極面があってこそ、それが煩悩を捨てることを刺激することともなろう。ただ捨てようという消極面のみでは捨てることがかえって難しいであろう。心の内外のすべての要因が脱落して、良心のみ残る。モーセでのような顔覆いなしでの神との対面ともいえようか。だが神は仏像のように特定の姿かたちをしてはいない。そこで対面する者なき対面である。逆にいえば周囲すべてが対面すべき神ともいえる。どこにでもいるがどこにもいないごとき存在、ないし非存在である。

全宇宙の主たるキリストを文字通りそのように信じていることがある。このことが死に対する惜別の情を克服させている。なぜならそういう信じ方は過現未にわたって永遠不変の真実だからである。死の際には当然のことながら今現に見ている世界との永遠の決別なので、それ相応の惜別の情はあるであろう。だがそれ以上に全宇宙の主たるキリストへの人格的信頼が心に宿っており、そういう情に溺れることはないであろう。

（三）

現代においてキリスト信仰受容を考えるとき、特に日本でのように卒業信者（受洗後教会へ来なくなる人）を除けば百万にも満たない状況はどこから由来するのか。何事でもそうであろうが、何かがその時所位にあって受容されるときには、それに呼応したあり方になっていなくてはならない。現代のキリスト信仰はそうなりえているのであろうか。使徒時代にはそういう対応をなしえたので信仰が前進の道をたどった。また中世のころにもそうであった。現代ではその点どうであるのか。現代の宇宙観一つとってみても近世頃までとは状況がまったく異なっている。そういう状況の中でキリストの復活とか信者の永生とかいってもそれが果たして受容されうるのであろうかという疑問は容易には打ち消しがたいものがあろう。また教会の内外というごとく二つの領域へと単純に分けては考ええないであろう。教会の領域が拡大すればするほどそういう印象も強くなってこよう。なぜなら教会内でも世一般と同類の問題が生じざるをえないから。教会内とはいえ世にある人々がそこに集まっている以上、そうであるほかないから。したがってこの点についても改めて無前提のところからの反省を迫られよう。少なくとも以上の二点についての考察なしでは福音の前進は期待しえないように思われる。前進のためにこそ自己反省が必要なのではなかろうか。退いて振り返ってみることも大切だと思う。未信者へ受容されうるにはそういう人々の立場に立って考えることこそ重要であろう。信仰を前提として考えるだけでは最初から溝があってそこを飛び越えることは双方ともに難しいであろう。そこでここでは伝えようとする側から溝を越えて世のほうへと帰り渡らねばならないであろう。そうして初めて世のほうにある人々に対しても関心を持つことができることとなろう。そこでこのことは内にいる人々にとっても、というより内にいる人々にとってこそ不可欠なプロジェクトだといえる。なぜならこれなしには福音を真に現代において受容することにはならないから。ただ単に過去からのものを信じているのみでは真に信じたことにはなってはいない。それでは過去の遺物にしがみついていることでしかない。現代の状況に福音を適応させることが不可欠である。このことはすなわち自己をそうすることでもある。さもない限り福音は真に生きた世の光とはなりえない。

捕らえられることと一の自由は同時にその次の自由をも意味する。つまり天を自由に飛翔する自由である。かくてここでの自由は終末や神とは結びつく。だがキリストとの結合からはすでに離れている。そのように自由は二種類存在する。少なくともそのように区別して考えることができる。キリストの許は既に通過している。かくて「捕らえられ」とはいえ、キリストによって捕らえられてではない。終末、神によって捕らえられてである。かくて内実はいかなるものにも捕らえられてはいない。キリストにさえ捕らえられてはいない。かくてまったくの自由である。そうである、ここに至って初めて救いということをいいうる。イエスのいう「わたしを通らなければ、だれも父のもとに行くことができない。」（ヨハネ 14,6）という言葉が成就したのである。ここでは捕らえられることと自由であることとが別のことではない。一の事態である。二つの別の用語をあえて使用する必要もない。キリストによる捕らえられはそれ自体の中に自己克服の契機を「秘」めている。人は人格的なるがゆえにこうなるし、なるほかないのである。そういう意味ではキリストを離れえて初めてキリストを信じえたといえる。キリストにただ「捕らえ」られていたのでは、まだキリスト信仰は未完なのである。完成とはいえ過完、既完（超完）が完ということとなろう。そういう点ではキリスト信仰とはキリスト非信仰なのである。なぜならキリスト信仰とはもはやキリスト信仰ではないからである。ここに至って初めて救いは必要かつ十分となる。過不足はない。

キリストは福音書に示されているように、晴れの日にも、曇りの日にも、雨の日にも存していて我々の一人ひとりに呼びかけている。この点については一瞬たりとも変更はありえない。変更がありうるのは我々人間の一人ひとりである。その時々の置かれている個人的、社会的状況に応じて心境は山あり谷ありの状態である。キリストに近かったり遠かったりである。人は誰しも世に生きている限り、キリストとまったき一になることはない。反対にまったく離れてしまうこともないのである。

# 第二章　良心が関わる局面

## 第一節　神の啓示

（一）

西洋キリスト教では人の解釈が神と人との間に入る。このことは人が各自の正義を叫ぶことと根底は同一であり、ともに自我によることである。元来の聖書での啓示の受容ではそうではない。端的に良心に呼応して人格的内容として受容する。かくて義についても同様である。一方、西洋では義の解釈意欲が啓示で触発される。本来なら義への思いが触発される。西洋式では厳密な意味では義自体への意欲が触発はされない。解釈という人間意欲がそうされる。かくて啓示受容しても、人間内のそうする領域が第一次的重要性を有しよう。それなしには啓示の受容自体が生じえぬから。結局人中心的である。そこで義も人が解する限りでのものとなる。ここでは人間的枠の破砕は原則的には生じない。だが信仰ではこの点こそ大切である。かくて西洋では真の意味での義観触発は生じない。もとより啓示以前同様にもはやまどろんではいない。だが人間内在化方向での義受容のため人の都合優先の仕方で受容されよう。例えば神を恐れすぎる。その場合「義」観触発ではなくて、恐れ触発である。ダビデの場合前者である。

以上のような人間的解釈による西洋的信仰を受容したので、我々は日本人としての人間的解釈をして信仰を受容することとなる。そこで日本在来の宗教観を融合して受け入れても少しの不思議もない。これは西洋のキリスト教がそうであることの反映である。こういう仕方では義観が人間側で正しく触発させられない。

もし聖書自体にある啓示受容、つまり人の解釈を挟まぬ信仰伝達なら、日本人の立場、考え方からの受容でなく、啓示の直の受容となったであろう。西洋式では自我が触発される結果、聖書にある義の人間化たる正義観がそうされる。だがこれは自我前提なので制約がある。具体的箇条の全一的受容とは異なる。自我経由なので間接的である。直接的ではない。この相違は人には大変大きい意義を有する。自我経由なら種々解釈の余地があるから。一方、直接的ならそういう余地は皆無である。一切の身勝手は許されぬ。啓示を無条件に自己自身へ適用すること、啓示の具体的箇条自体が人の行動指針となることが大切である。それの一環として義は人へ働く。かくて神への一義的信頼も可能である。神が啓示を与うほど近い関係を自ら構築し給うたことへの底なしの信頼である。「底」とはまさに自我である。直に心に入って人の心が啓示自体の働きの場となる。働くのは啓示自体である。人の心は場を提供するのみ。かくて神の義は人の義性、不義性を顕にする。神の霊が直に働いての主体性は人の自作自演の主体性ではなく、神によるそれである。これは端的に個々人に与えられる。そうであって初めて主体性といえる。罪ある人による場合真の主体性ではない。ただすべての人に画一的に同一物が付与はされない。以上のような主体性こそ当人にとり「都」になる可能性がある。

信仰はあくまで授与のものである。決して人が自分の思惑で作り出すのではない。これは人としての無我を意味する。信仰がそうであるとは生命が授与のものたることと同じである。自分が自分に生命を与えはしない。

自己の活動が神のハーヤー（存在）と一ならば、自己の働きを神のハーヤーといっても支障はない。たとえそういっても大相なことをいってはいない。例えば教会の鐘を時刻ごとにつくのを使命とする人が雨の日も風の日も微熱の日もつき続ければ立派なハーヤーである。ただそこまでの心の純化が必要である。一点の曇りもない信仰がである。

自己を他者に託して初めて身を捨てうる。ただ自己を考え抜かぬ限り、前者は生じえない。かくてその限り、捨身的行いはできまい。キリスト信仰は仏教とは異なる。「捨てて、捨てて、捨てることをも捨てて」とはいえない。最後の文言は人格的内容の捨象をも意味しかねぬから。もしそれが可能なら、キリスト自身十字架にかけられなかったであろう。禅ゆえ先の考えが生じるのではないか。キリスト信仰では、自己は神信仰の当体なのでもはや自分のものではない。かくてこれを捨てるとはいわば神を捨てることであり許されない。無ならそこまで達した自己（向上の死漢）をもう一度捨てねば真の無になれない。

信仰では自己を仮にもう一度捨てても、信仰内容があり人がそれを受容するとは限らない。特殊内容があるので、伝える人の人格、あり方などがその分影響し難い。つまり直接的伝達と間接的なそれとの間の違いもその分少ない。たとえ何もかも捨てた人から福音を聞いても、罪のため心の内での戦いなしに受容はされない。聞いてさっと受容できれば、罪はない。

人は現実的存在として生きる。そこで自己を無と考えたりできないし、許されない。その場合の無は観念的性格の無という性格を残していよう。創造者なる神以外文字通り無でありつつ人格的有である存在はありえない。かくて人が自己をあたかもそうだと考えれば、人の傲慢である。啓示がないと人はそこへ陥る危険がある。確かに無に至るには地獄ともいうべき状況との出会いが不可欠である。ただ地獄とは人格的概念であって生物学的次元のそれではない。食べられないだけでは地獄ではない。百年前の豊かさは今の貧しさより劣っていよう。相対的である。たとえルンペンになり家族も去っていった苦しみよりも、状況次第では世に踏み止まる方がより大きい苦しみであろう。ルンペンになると苦しみはなくなろう。苦しみゼロである。やはり苦しみとは人格的に、積極的に何かを志しつつ、協力が得られぬところにあろう。かくて何かを達成しようとするほど、また協力が得られぬほど苦しみは増幅される。反対なら苦しみはない。得られぬ状況からの脱出は何かの達成志向自体の放棄をも結果する。かくて苦境への留まりを要す場合もある。逃げ出したい心に抗うことを要す。

(二)

存在で古くても個々の行いで新しくありうるのか。まず全体の改善がない限り、部分もそうはされまい。精神的次元では他からの予想とは異なって行うことさえある。かくて個々の行いはその分独立性が強い。それだけ精神は自由な決断の可能性を持つ。本来自由である。ただ行為の際周囲にあるものに影響され易い。自由ゆえに余計にそうなり易い。かくてその精神がどういう環境で育つかが大切である。つまり教育の重要性が浮上する。よい環境が大切である。だからとて影響通りに行えはしない。自ずから限界がある。そうでも環境の影響で新たなる行いへ促されよう。こういう行いは必ずしも当人自身のみが生み出すのではない。影響が行わさすという要素を否定しえない。ただ心が影響に反応しえなければその行いへ通じはすまい。その点やはり心が積極的に作用していよう。

心は他からの刺激に反応するしないにかかわらず自らの働きを持つ。この前提でこそ心は新しい光に反応する。心の自由な働きが身体からの種々判断で曇る。そこで精神の働きの全面的改善は身体のあり方の根本的変革を要す。さもないと心の改善には自ずから限界がある。これの突破には自己にある要因以外のものを要す。"主よ、とく来たりませ。"とは切実な願いである。この願いの弱さは自己改善の願いの弱さを反映する。決して好ましくはない。自己改善要求が強いほどその願望も切実である。その分当人の精神的存在としての健全性を示す。反対なら反対である。つまり動物的存在たるを示唆する。新しい行いとは内容的に義なる行いである。心は少なくとも個々の行いでは義に従いうる。かくて罪とは個々の行いでもいえるが、むしろ存在全体の観点からいう。そこからは人は義といえぬから。個々の行いでは義でも、罪でもありうるから。罪なき、義なる存在について人の現状とは異質のものをイメージするほかない。だが永生では無限に時を長くし、復活では死者の生き返りをイメージする。このように現実の生前提のイメージしか持てない。だが義、罪なしは現状とは異質であり、そういう仕方では考ええない。異質という判断も現在前提である。そこで永生、復活、罪なしなどの用語はそれ自体矛盾していよう。本来それらで指示しえぬものをそうしているから。それらの言葉は人の世界、およびそれに関わるものを表現するためのものである。かくて人間界を超越した真の絶対的な神、および神に関わることを表現することはできず、不適切である。本来的には今現在の用語世界を超えた世界を指示したいのだから。言語を絶した世界である。宇宙創造のビッグ・バンに匹敵する世界である。そこでは人は黙するほかない事態である。人の黙と他者側の創造とが呼応する。人側での一切の積極的働きの封印と神側の創造である。無と有との呼応がここにはある。だが心で義に従って判断するときは人は身体的要因から自由である。かくてそういう自由が多いほど人は義に近づきうる。そういう生き方が出来る。だが人は人間社会の中に生きており、社会的制約から完全に自由ではありえない。無我とてもこのこととは一であろう。さもないと人間社会からの脱出を要す。だがこれでは人「間」ではない。そこで人は個人としても、社会としても義であることを要す。社会全体として義たることなしに個人として義ではありえない。旧約ではアダムとエバの二人で表される。二人いれば立派な社会である。相互に影響し合う。彼らの場合は悪い結果になった。社会全体として罪から解放されるほかない。そこで一定数の集合した個人たちが義を行っても不十分である。社会全体としてそうあらねばならぬから。ここで個人の意思を超えた事柄となる。社会全体が一括して対象とされ、一単位として考察されることを要す。歴史を導く神という神観もこの点からは分かり易い。全体を一括的にその対象とするから。

個人が個々の行為で義であっても、一人の人たる以上全体としても見ざるをえない。結果、義とは規定しえない。かくて人は全体的個として義であるか否かが問題である。また社会全体としてどうかが大切である。花火のように時々義を行えてもそれだけのことで、社会全体としてそうではない。個人としても社会としても全体としての義が大切である。全体としてはどうしても義たりえない。これと人の我としての生とが関連する。人は概念の世界の中に生きており、生の場の只中にではない。いわば遊離の生である。堕罪のためそういう生き方しかできない。我に囚われた生はこうである。我を意識して不可避的にそれに基づく世界を打ち立てる。概念の世界—個全体としては不義—我への囚われ、これらは一連のことである。これらすべてからの同時解放が大切である。人はすべてをこういう自己世界へ引き入れ解するよう迫られるから。これを達成せぬ限り、人は心安んじた心境には至りえない。後戻りはできない。だが本当は逆であってこそ心は安んじうる。ここには概念の一体的世界は欠ける。人は全知ではなく無欠陥的世界の構築はできない。一点欠ければその世界は欠けだらけの世界と同じである。何の相違もない。人はそれに依拠しえない。かくて全概念的構成を止めるしかない。止めてしかも自己の立場を発見できれば、それが最良である。概念による生廃棄なら、一般動物が世界の中で自己を全うするような生き方にも比せられよう。これはしかし動物並みへレベルを下げることではない。アダムとエバとの堕罪前にも比肩しうる生き方である。だがまったく罪なしではない。キリストを信じてそうなるのだから、キリストの弟子としてそうである。キリストの生命がその中で生きる存在である。イエスの教えに最大限自分として従うことを意味する。従いきれぬときは悔い改める。これ以外何もない。そのためにも人側での概念的世界は捨てねばならない。イエスが人の罪の贖い主であることは人がイエスに付き従って顕になる。そのことで限界あることと先の三つの事態の一連性は内実として関連する。限界突破にはイエスの信じ方が明確でなくてはならない。キリスト信仰が自分の命を求むのなら、それも受容する。そういう信じ方からは特定人物たるイエスはもはや見えはしない。全宇宙のイエス化である。イエスの部分となる。こういうモチーフが生きてくる。自分がイエスを信じイエスが自分の意識の中へ入ってくるのではない。逆である。自己が無限大のイエスの中へ入る。イエスは復活により全宇宙を自己化したから。

復活を特別のことと考える必要もない。ありうべきで最初からあったとしておけばよい。それだけが別世界からの闖入者として描かれる必要はなくなろう。そう理解した方がはるかに受容し易い。聖書でもそういう扱いである。何代も前から預言され伝えられていた。降って湧いたのではない。そういうレール上を我々は進む。さもないと神が人を欺くことになりかねない。神の無能の証明となろう。我々は予め定められた道を歩む。そう考えてこそ確固たる道を堂々と行けよう。途中から曲った道とか現れた道とかの理解では人は全力でその道を行きえまい。そもそも神による道である以上、途中から出現の道ではありえない。仮にそうなら、神は全知ではなくなる。もっとも人は自由なので神に反抗しうる。かくて神の主権はそういうことも含めてのことである。

神の全知は人の自由以上である。人の堕罪も含めてすべては神の視界の下でなされた。すべてが神の摂理下ならば、キリストの出来事のみの特別視は不要である。復活といって大騒ぎすることもない。宇宙の創造も一回的出来事であったのと同様であろう。人の罪明示の予定通りの出来事と解せよう。宇宙創造の一回に呼応の人類創造の一回と解せよう。もとよりアダムとエバの堕罪物語はあくまで現状の罪を示すためである。神の心に照らせばそうである。だが人に責任を負わせない考えもありえよう。神が人を創造した以上人に罪はないともいえるから。ただ罪除去のためキリストを信じればよい。こう考えると、旧約以来の罪理解とは考え方が異なろう。だが理解のためこのように考えるのもよくはないか。旧約自体はそうは考えないがそうも考えうる。人の誕生はかくて予定通りであると理解できる。宇宙誕生もそうだし、すべて予定通り。旧約通りよりも、こう解する方が心に入って来易い。現状での罪の責任が人にないからこそ神はキリストの出来事でその罪を清めた。新約はその出来事を人に罪の責があるかのように記す。神自身が罪を除いた、と。神が人の罪の責任を取った。これは人創造の不可欠な過程であった。ただ人が自己の罪を強く感じ創造物語のように自己に罪の責を帰すことは生じる。強く責任を感じるほど、そういう傾向になろう。その分自己へ誠実である。どちらにしろキリスト信仰へ至る。

（三）

人側での無と教えを含むイエスの生とが対応する。前者では無と表裏一体に人格的事象への深い思い入れがある。そこでこれとイエスの生とが火花を散らして出会う。これがイエスと我々との出会いの内実である。イエスの人格が我々の人格を圧倒する。我々はイエスの前で言葉を失い唖然となる。それほどまでに人格、つまり心のありどころが異なる。我々の心は通常地にある。イエスの心は天にある。文字通り天地の相違である。この格差をこそ人はイエスに対し感じざるをえない。これこそイエスを主、神の受肉として我々に告白を迫る要因である。我々の人格的レベルをはるかに超えた内容に対し究極的存在者を見る。ゆえに神の受肉と告白しうる。ここでは我々が自己自身のレベルを超える。さもないとそれを受容しえない。イエスによって飛躍させられる。その点信仰は与えられたもの、そこで初めていわば生きた神にお目にかかる。こういう出会いから逆に神とはこれこれの存在として神観が形成される。人側では自我が最終的に克服される。先の飛躍と同時達成である。そうだからこそイエスを神の受肉と告白しうる。もし自我健在なら、何らかの他者を絶対的存在と告白しえまい。自我は自己をいわば神として崇めているから。イエスの人格性による人の自我の打破がここにはある。

キリストについて死、復活を含め明確な実像を描くのは難しい。それは信じる際の欺かれてもの契機には好ましい。人に内発的要因あればこそ不明確な面のあるイエスに従うことが可能となる。不明確と欺かれてもとは呼応する。一方なくば他方もない。明確なら欺かれているか否かを自分で判断しうるので、そういう契機は消滅する。その点イエスを余りにも自己へ近づけて解してはならぬ。結果から見て通常の人とは異なると認めざるをえぬから。遠くで輝く星のような存在としての受容を要す。そういう存在でありつつ我々の日常的世界へと現れた。基本的に別個の存在なら不明確であってもその分抵抗なく受容できよう。良心的判断を貫くという切羽詰った心境には不可欠な選択肢であろう。そういうイエスを信じてこそ人は現実世界の中へ良心に基づく生き方で押し出される。イエスが人を強くする。その分人はあいまいである必要がなくなる。言動あいまいはひとえに人格の根幹あいまいによる。人は単独ではあいまいさを払拭しえない。人は究極的次元の何かへ関わることが不可欠だから。さもないと種々の問題でその都度振り回されよう。すなわち状況が主となり人は客となることが不可避である。こういう主客関係逆転こそ人が人格的であるには不可欠である。人こそ主となり状況改革して自己の人格へ合致させなくてはならない。改革対象は自己のすぐ周辺から国や国際的状況までを含む。人の関わる全領域である。良心重視の契機もイエスのような人格的、究極的存在と関わって初めて実現する。さもないと実現不可能である。この関わりでは欺かれてもの契機を経て世に対し一度死んでいる。かくてこそ新たにつくりうる。すべてにつき究極的次元まで考えうる。しかるに自己存在は有限である。そこで自己内部から究極的次元のものを生み出しえない。もし人が何事につけその次元まで考ええぬなら、存在が有限でも有限と有限で釣り合い、自己内部から自己言動の基準を生み出せよう。だが実際は人は有限な自己内部にそういう基準を見出しえぬ深刻な矛盾の中にある。しかも人として生きるには原理を決めなくてはならない。人は自己存在が有限なので自己内部のもの、あるいは少しでも自己と関わりのあるものの内に究極的次元のものを求めえない。つまり自己外より到来のものを要す。そこで啓示を欠きえない。だがいわゆる神秘主義的経験では不十分である。人間中心的であってはならぬから。人間界外よりでなくてはならない。真の外からのものを要す。

非被造的世界からという点が絶対必要条件となる。つまり創造者の世界からである。その世界から人の世界へ現われ出た存在でなくてはならない。イエスをそういう存在として信じうる。たとえ欺かれてもという契機を踏み越えて。この契機は外しえない。被造的世界へ現れたものを非被造的と信じるには欺かれてもという契機が伴うが、避ければまったき被造的世界固有の存在へのイエスの格下げとなる。イエスはただの人となろう。先の契機は消えよう。だが不可避的に人は究極的判断の根拠をも失う。同時に人はこの世界の中で右往左往する。創造性を失い、主体ではなく客体と化す。つまり一般動物と根本的に変わるまい。「産めよ、増えよ」(創世記 1,22) は叶おう。だが神の意思体現の生き方はできまい。「生き物をすべて支配せよ。」(創世記 1,28) という生き方はできまい。それには被造的世界より一段上からの原理の下に人が生きることが不可欠だから。先の契機を超え人はいわば天上の存在と化す。反対に地上では欺かれるのを避けるのがその法則の一つだから。つまり天的エネルギーで当人は満たされる。ここより地上で天的生を生きる気力が生まれる。いわば天にその名が記されたとの比喩が当てはまる。結果、当人は天的生命の通り道となる。当人自身の地上的生命はすでに超えられ、凌駕されている。死んでも死なないとはここでいえる。死ぬ前に死んでいるから。通常の意味での生死を超えた生である。このことと良心にのみ従う生き方とが呼応する。この生き方は各種の人間的正義を超えた義と一である。地上で天上を生きる。ここでは死後の生云々のような人知を超えた諸問題は度外視である。今現在を良心に則って生きるのに全力を注ぐ。全宇宙に対し自己の全力で生きる。ここには全力対全力、全体対全体という構図が支配する。有限対有限が同時にそういう意味を持つ。この地球上の一点に生きるとは即全宇宙をその一点で凝縮して生きることである。全宇宙がその一点へ縮小される。こういう仕方で一瞬を生きれば、その一瞬は自己の人生全体の生と同時に全宇宙史を生きることを意味する。宇宙的一瞬と人生の一瞬との呼応がある。それがそういう意味を持つ。あるいはむしろ意味を持たぬというべきか。なぜなら意味があるとかないとか、あるいはどういう意味があるとかという世界を超えているから。ここでは宇宙の形状がどうであるとか、誕生してから百何十億年経っているかとか、宇宙の果てはどうなっているのかというような知的問題は一切忘却である。あってなきがごとき状況である。この点人は真に人格として創造されていると感じざるをえない。これは外的世界に都を求めず、心の中にこそ求むこととも一である。

外的世界は人格を外へ現すためにあるのか。確かに物的世界がそれ自体有意味だとは思えない。人格実現こそ意味があろう。何十億年か先には地球は太陽もろとも宇宙のくずとなって消えるにしろ、そういう物的世界の成り行きとは独立に人格的世界自体を意義深いと認識せねばならない。自己目的である。他の何かのためではない。別に目的があれば人格実現は単なる手段へ格下げとなる。無目的である。だからこそそれ自体として尊い。いかなることの手段であってもならない。人は往々功利主義的になり何らかの意味で世俗的に好都合でないと何もしない。これは人格尊重の生き方とは対角線的に反対である。一般動物と同水準の生き方ではあるまいか。何かの手段なら、より好都合な手段が現れればそれは捨てられる。かくて最重要なものはそれ自体自己目的たることを要す。良心による追求はそれ自体目的である。最重要なものは他のための手段にはなりえない。良心追求は自己目的なので神からの誉れさえ目的とはしない。もっともそれでは神から誉れを受けられまいが。神こそそれを拒もう。無目的、自己目的であってこそ神の意向にも合う。そういう目的観の下へすべてを取り込む。神生くと信じるのなら、ますます無目的に良心追求をせねばならない。かくて神を表向き信じていなくてもそういう良心の生き方が最も神の意向に沿う。良心に徹した非キリスト者こそ最も神に近い。神の誉れに最もふさわしい。なぜならキリスト者なら信じる神の意向に沿いたいと思い、その分心は染汚されるから。それだけ良心が自己目的的にはなり難いから。

## 第二節　神と人格

### (一)

だが神はそういう個を全面的に承認はすまい。そういう個といえども神の像（イエス）ではなくて神の像の像（人間）である限り。神とまったき一ではありえぬから。これはモーセさえシナイ山上などで神に出会うとき顔覆いをつけていたことでも分かる。人の思いは神のそれまでは届かぬことが多い。神は人のことを思う。神は自身のことは思わない。そういうことは不要である。自足的存在には自己のことを思うことなどありえない。一方、人は他者たる神を思うときでも自身を思う方便としてそうする。まして自己を思う必要あればいうまでもない。他人のことを忘れて自己を思う。神を神自身ゆえに思うことは人にはかなり至難である。いかに特別の個といえども人たる限りそういう制約の完全脱却は容易ではない。自己自身を思わずとも自己の属す民族を思ったりしよう。神よりも民を思う事態である。神と民との中間にありつつ罪の中にある民の側へ引きずられる。その限り罪の方へとそうされる。ある時点で気付き我に返り、悔い改める。そういう個として神によって選ばれ立てられれば民の中に埋没して自己を見失いはすまい。なぜなら選ばれる事態は人が申請して選考されての決定ではないから。神側での専決事項に属す。人の意思を超え既決である。その点生前、生後は問題外である。どっちであろうとも神が決定し選んだ以上最後までその当人について責任を持つ。その点人とは異なる。人は一般に自己都合第一なので自己にとり不都合なら何事であれ投げ出すことが生じる。一方、神にはそれはない。責任とは自己の一切を賭けた全うを意味する。その覚悟なしに責任を語る資格はない。その点人は一般に責任を語る資格は残念ながらない。「人の子には枕する所もない。」（マタイ 8,20）とあるが、そういう人こそ初めて自己の責任を語りうる。世に枕しうる人が世のことで究極的責任を持てるはずもない。そういう場を超え出た上で初めてそこでの責任を持ちうる。かくて神は特別の個がその立場に近づくよう努力される。仮に一時そこから落ちても神は必ず再び当人をそこへ引き上げよう。そうせぬ限り神の摂理—神はこれを人を通じて行う—の実行自体が支障を招くから。一旦ある人を特別の個と決めたら神は当人と運命を共にする。神と人との運命共同体の誕生である。ここでは神は人と一である。だがこれはキリストと神との一とは異なる。キリストは本来的に神と一であるが、特別の個は本来的に神と一ではない。前者は存在自体として一であり、後者は世への働きとして一である。一の様態が異なる。またその働きの及ぶ範囲も段違いである。前者は全人類の命運に関わるが、後者はある民族のある情況の中での働きに関わるのみ。深さも広さも異なる。死後も前者は蘇って天父の許に帰るが、後者は地に葬られる。すぐに天父の許に召されはせぬ。前者は自己の言葉として語っても直ちに父の言葉である。一方、後者は神から託されて言葉を語る。その限り自己の言葉として語ってはいない。ここには神と人との相違がある。

託される言葉がいわば涸れればただの人である。それ以上でも以下でもない。そうあって初めて神の言葉を託されうる。自己の内からは無であってこそ言葉の受け皿たりうる。人側に固有のものがあってはそうはなりえない。人自身に発しては何もできない。無能である。人として有能では受け皿としてはかえって無資格である。一旦有が無へ変わる。ここに人側での罪が現象する。その無がさらに新たな有へ変わる要因が無の中（外というべきか）に何かあろう。さもなくば無は無のままに留まり有へは変化すまい。そういう特別の個は特定民族の特定状況の中に居る。また自己の属す民族へは特別の感情を持つ。例えばパウロでも「同胞のためならば、キリストから離され、神から見捨てられた者となってもよい」（ローマ 9,3）とまでいう。この思いは無たることと矛盾しない。なぜなら民への思いは自己を無にして初めて可能であり、これは神が人類のため自己を無にしてキリストとして受肉したことと平行するから。かくて民を深く思うほど当人は無である。人の無はこのように同胞を媒介するほかない。具体的、現実的存在者を念頭に置くことを要す。こういう仕方でしか無になれぬ点に人の罪が顕になる。つまり具体的な何かが目の前にないと無にはなれない。神が人のため無になる場合、人が目の前にいることが必要とも思われない。そういう制約下にあり促されて初めて人は無になりうる。「促されて」である。完全自律的ではない。この点神とは異なる。促されてとは他に起因することを現す。全面的にそうでなくてもそういう要因が不可欠である。そういう制約下に人の生はある。もとより特別の個の生も。促されての無はまったくの無とは異なろう。人の無は結局神の真の無に限りなく近い無であろう。その限り無のいわば影である。つまり民を思うような有を入れて初めて無である。単体としての、特別内容を何も入れぬ無は人には夢である。通常は悪しき何かが罪を反映して有として人の内にある。これの排除を要すが、それには別の有と入れ替えねばならない。そういうものなしでは再び前の状況に逆戻りしよう。それの阻止には別の新しい有が不可欠である。こういう考えはいわゆる東洋的発想とは異なるが、一概にそうでもない。東洋的無とはそれ自体が無内容のものではないから。一切のものと一になりうる性格のものだから。先の特別の個は民と一のあり方である。これはそういう内容が東洋的無と一になった姿である。人は純粋霊的存在ではなく、身体的要素を持つことが不可欠である。その部分で促されることを要す。人は悪しき方向へ促されるかよき方向へか二者択一の岐路に立つ。善悪に中立的生き方は人にはありえない。啓示が既に世に示されたので、以後人は羊と山羊に分けられる。神は人の意思如何にかかわらずそういう意思を現された。人の意思より神の意思が先行する。当然である。時には神は特別の個からさえもその勤めを解除しよう。神は与奪自由である。だが多くの場合生涯の途中で神はそうはされまい。ただ人の目にそう映るに過ぎまい。世には特別の個ではないのにそう自分を思いなす人も多いから。神が一度ある人をそうと決めたら、当人の生の最後まで自らの意思の決定を守り抜かれよう。人目に異なるように映るのは世には何事でも偽物が氾濫しているから。コピー商品、海賊版などである。神が本来は決めるべき“特別の個”を勝手に名乗るのはきわめて罪が重い。なぜなら世のもののコピーでも犯罪として処罰されるのに比し天のもののコピーだから。桁違いにその罪は重い。いわば神の地位を自己化、簒奪しているから。元来人に属すものの自己化ならそれは当然である。元来神に属す機能、特別の個の選定機能の簒奪である。これは天地創造の力の簒奪でもあろう。創造権の簒奪、乱用である。しかもそれを自己に適用し、誤認させるのに使用する二重の誤り、罪を犯している。これは単に罪が二倍になるだけではない。一方だけで十分無限大の罪だ。無限大かける無限大の罪となる。あるいは反対に一つで無限大なのでいくつ重ねてもその点は変わらぬほどの罪である。自己関連の何かへの神利用では神の何たるかの理解を欠く。神の捕らえ損ねである。同時に自己の捕らえ損ねである。これは自己理解と神理解との一ということと並行する。双方正しいか双方誤っているかである。一方を正しく、他方を誤って解することはない。

特別の個の場合特にそういえる。一般人以上に神との関わりは深いから。深いほど先の双方が一である度合いも高い。これは大変なので辞退したいほどに一である。反対に偽者は一だと吹聴する。理解どころか誤解を作り出す。しかも良心的に疑問を感じればごまかすのに反良心的手段に訴える。かくして二重に良心に反する。良心を腐らす。塩漬けにする。良心は地では神に替わる見張り役である。にもかかわらずその良心を殺すことは神を殺すことである。これは自殺より罪は重い。自殺は自己を殺すことだが、良心を殺すとは自己よりはるかに大きい存在、神を殺すのと同じだから。さらに良心を殺しても人は世で生きる。ここが問題である。反良心的働きを世で行い神殺害の空気を撒き散らすから。そういう細菌をいわば空気感染させる。人は易きにつき易く細菌には弱くすぐ感染する。神は個に対して､民への奉仕に報いる。例えば召天の形で。あるいはある一定の歯止めをかける。例えばモーセがカナンの地に入れなかったように。神はこうしてその力を評価する。神選定の個でもキリストのように神の子ではない。そこで神から見て働きが十分と見えぬ場合もあるから。これは人が人たる限りいつでもどこでも欠きえぬ現実である。そういう鍛錬で神の僕たる技量をさらに発展させる。艱難、忍耐、練達の連鎖である。限りなく神に近い僕となっていく。こういう個は世でのことで煩うまい。煩いとは民の状況が神の意向に沿うかという心配である。これが唯一の気がかりである。それ以外はすべて放念される。そして一人静かに山上に座すとき心の中に天啓として指示が宿る。それを天啓として受け取りうる分だけ心は汚れを落とされ清い。自己についての疑問はない。自己—自己関係は消える。これは汚れの構造である。良心が現実の自己に対し別の自己として関わる。神がそういう自己を刈り取る。ひたすら神の声を聞くには不要だから。神の声を聞いても正しく聞けているかという余分の反省をする。人間的世界で人の次元のことを聞く場合はそれでよい。だが神の声の場合そういう反省は不要で支障をきたしかねない。直ちにそれを神の声として聞く。人間的反省など解釈は入れない。人間的潤色はしない。それは歪める結果を招く。これは禁断の木の実の場合と同様であろう。自己—自己関係が障害となり神の声は直に心底まで届かない。その関係が神の声の光を屈折させる。余分のプリズムである。底まで直に届いて初めて神の声として機能する。力を発揮する。届く前に力を失う。無力化される。神の声をそれとして聞きえない。神の声を人の声としてしか聞きえない。これは人々が神の前に出るとき断食したり、身体を洗って清めたりすることに反映する。こうして人は神の声を聞く心の準備をする。心の準備は体の準備を伴う。一般に個は神の前では個という自覚はなかろう。そうあってこそ真に特別の個である。その点個は全宇宙大に拡大される。個は一で全である。一とは二とか三とかに対しての一ではない。全という意味での一である。そうして初めて神と相対する個となる。神という全と先の意味での全との呼応である。全対全の呼応である。全全呼応である。一般人と神との呼応はいわば半全呼応であろう。人対人の対応は半半対応ともいえる。神の声をそれとして聞くことが特別の個を全にする。聞くと同時にそうなる。聞く前はまだまったき意味でそうではない。予備的意味ではそうだが。神の声は人の“世”的要素を除く力を持つ。神の声を聞こうとする心構えを与える。誤って聞いてはならない。そういう可能性を排除される。かくて誤りえない。誤るのは人の判断を差し挟むから。そうせぬので誤る可能性もない。

（二）

自我自体人格的性格を持つ。しかもそういう点が自我の頂点を形成する。だからそこにおいて上を行くものへは脱帽し軍門に下るほかない。自我一体の自己の人格性をはるかに超えたイエスのそれの前では自我は自己を貫きえない。自我がそうであることは人の自我ゆえ当然である。以上の信仰生起の状況からイエスの生と復活を比較しどっちが大切かは自ずから明らかであろう。復活せずともイエスを神の受肉と告白できはしないか。反対にどこかに復活者がいても、当人の教えた内容がイエスに比しレベルが低いと、神の受肉とは人は告白しえまい。教え同士の比較、復活の有無のうち前者が圧倒的に大切である。それゆえ人は人格的存在として神にも比せられうる。復活しても再び死す定めの下であれば、何の意味もない。だが人にはそれが神的生命への復活かそうでないか判断しえない。復活はそうでなくてはならぬ。教えのレベルが低いのに復活した場合は後者のそれだとすれば辻褄が合う。復活はこのように二種考えうるのでそれほど重きは置けまい。人が人格的存在たるを思うとき、教えが際立ちもせぬのに復活したと聞いても、人は反応せず無視されよう。この点自我は正しく反応する。これも自我自体の人格的性格を顕す。かくてイエスの生き方（教えも含めて）と復活のうち前者が重要である。反対に考え、復活を重要とするが、イエスが復活しなかったとしよう。それでも神の受肉と信じえたか。再び死す定めへの復活でなければ死体がそこにあっても何ら支障はない。むしろ死んだイエスが生き返ったのなら、再び死ぬ定めへの生き返りととり易かろう。そこで死体がそのままあっても真の復活信仰（再び死ぬことなき生命への復活）に支障はなかろう。それほどに復活への信仰は確固たることを要す。だが何のしるしも兆候もなく、真の復活を信じうるのか。つまりまったく人側での創意工夫としてそういう信じ方が可能か。人にそれほどの強さがあるか。ないという判断が妥当である。もし可能なら人は被造者ではなく創造者となろう。するとやはり真の復活の人への啓示が不可欠である。結果、どっちかではなく教え、復活双方ともとなる。ただ見方としては生き方から復活へとなろう。逆にすると、教えを含む生き方との出会い不十分の危険がある。結果を先取りしそこから見ていくのは人の悪い癖である。これも自我の働きの一部である。結果からは教えそれ自体の値打ちが正しく見られまい。かくて復活の正しい理解が不可欠となる。これは神、イエスにとって必要なのではない。第一次的には人の弱さに呼応してである。復活には種々意見があるが、惑わされず信じることが大切である。ここではイエスの生前の教えが意義を発揮する。それがあるので種々の意見があっても、それらを超越して神の受肉と信じうる。要は双方必要、ただ教え、生き方抜きの復活は問題外。その点前者中心。人の弱さに呼応して後者は必要。つまりそれ自体としての復活は不要でもある。それもそのはず。イエスは人であって同時に神でもある。とすれば元来生命そのものなので死はありえない。そこで復活とは形容矛盾となる。神の生命へのはき違えである。本来的意味では死はなく復活もない。ただ人に信仰へ関心を促す観点から教えを含む生き方が大切である。ここにこそ受肉たる内実があるから。だが教えが際立つにしろ当人を神の受肉と簡単に信じうるのか。人の決断までを考えるとき、イエスまでの宗教的、歴史的背景は考慮せずでよいのか。確かに信じられたらそれは超えられよう。決断の時点ではそういう付随的、二次的なことは吹っ飛ぶ。そういう事項にまだ現実性があるようではイエスは信じられていない。何かが絶対とか神となったときには他のすべては消える。歴史的なこともすべてそうなる。消えるもののうちにはいわゆる擬人観も入ろう。これは基準となる人になぞらえての神構想である。これも自我の働きの一部であろうから。イエスは生きている一人の人である。そういう目の前の人を神の受肉として受容する。ここでは人の思いは皆無である。イエスを信じてそれに応じた考え、生き方などが信者側に発生する。人のあり方に応じた神観ではない。逆である。イエスの在り方が人の中へ移る。擬人ではなく擬神である。人は一旦無に帰すから。人が生き続けている現象的次元に惑わされてはならない。目は肉の目ではなくて霊の目とならねばならない。肉から霊へと変わらねばならない。

人格的とは善悪選択的たることを指す。無に至ればこそそうありうる。善悪優先か生命優先かである。前者なら無へ至った後新たに創造されている。後者なら外見的に前者的に見えても内実は異なる。生命より善悪優先は殉教で明白となる。生命より善悪優先で一旦無に至ったことが顕になる。生命は当人では一度終わっているから。生命より重要として善悪が浮上する。人の罪の根幹は善悪より生命やそれの付随事項の優先にある。ここではかくて価値観が逆転する。換言すれば一度死んで蘇る。しかもこの生命はそれまでのものではない。かつてなかったからこそ新たに誕生する（ヨハネ 3,3）とされる。善悪優先ゆえ世で何か新しいものを打ち出して生きもできよう。「自分の十字架を担ってわたしに従わない者は、わたしにふさわしくない。」（マタイ 10,38）という生き方ではまず世への死を要す。つまり善悪優先の原則の確立を要す。生命優先の終わりが人の生命の終わり、死であり、そこからの善悪優先の確立が復活とも考えうる。現実でのそういう生が復活の生であり、それが文字通りの復活へと連なる。復活から復活へである。もっともこの過程の只中にあっても人は自然的生命でもあり、恐怖などのため予期せず罪に堕しもしよう。こういう事態も人が文字通り心身とも復活の状況に至るまでは生じよう。これは人として避けえまい。明確に善悪優先の方へ舵を切れば、そういう生の行く先にいわば永遠の生命が待つと信じうる。自ずからそういう生命観が生まれる。生命より善悪優先とは、宇宙という広大無辺の自然より優先してその根拠たる人格神を信仰受容することとも呼応する。結果、すべての面で自然より善悪、人格を優先する。神の下に自然があり、善悪の下に生命があるという構成である。逆転すると人はパンのみにて生きるものとなる。こういう生き方は正しくはない。むしろ人は霊のみにて生きるものではないというのがよい。これだと霊中心だがパンも食べなくてはと推測しうる。先のいい方ではパン中心だが、それだけではなくてとなろう。つまり霊が付随的になる。かくてそれは人々の心のあり方の第二義に落ちたそれである。善悪優先では心は地を離れいわば天にある。宇宙を自由に飛びまわる。地につながれず自由だが根なし草ではない。善悪優先の土壌で養分補給され尽きせぬ生命が生き続ける。本当にもはや死はない。これは善悪に死がないと同様である。このことが乗り移っている人の存在も死がなくても不思議はない。そういうものへ不死の善が変える。一回的に変えられその後少しずつ漸進的に変えられる。この人格の変転あればこそ宇宙の状況云々の次元は二次的として処理しうる。そういう状況などは自然的生命、すなわち善悪ではなくて生命の領域に属すから。そういう世界の中に人は本来生きる存在ではない。広大な宇宙など善悪に生きる人には無縁の世界である。だが人の生の領域が狭くなりはしない。広狭遠近などは本来異次元のことである。そういう問題は端から存しない。技術発達でより広い宇宙空間に生きられたらそうすればよい。どんなに広くなってもその全領域で生命より善悪優先で生きることは永遠に変わらない。その生き方が技術発達で人類の広がりとともに広がる。善悪による生こそ人たる生である。善悪に目が向く限り、それ以外へは向くまい。

かくて自然的世界がいくら広くても狭くても有意差はない。宇宙空間は人が人格的世界を展開するための混沌（創世記 1,2）であろう。神が混沌から世界を創造したように、人は宇宙空間から善悪中心の人格的世界をつくる。神が創造した宇宙空間の中に、神の意に沿ってそのような人格的世界をつくるのが人の使命である。「地に満ちて地を従わせよ。」（創世記 1,28）とある。今や宇宙へ向けて満ちよという意味合いとなろう。百年先、二百年先の時点で考えれば今よりもう少しこのことに現実味があるかもしれない。人類の地球上での生存は地球史全体からはほんの最近である。さらに宇宙史全体からは昨日のことでしかない。存在としては地球などは宇宙全体の中では無に等しい。だからこそ人格的善悪優先の生に意味を求めることは特別の意味を持つ。存在として無にも等しいのでそういう次元に意味をおく生は人にとって難しい。人は永遠を考えうるのでなおさらそうなろう。いずれ太陽系の消滅とともに地球も人類も消えよう。かくて存在という点が根拠では人は究極的意味では生きえず他の点に立脚点を求めるほかない。善悪はそれ自体存在ではない。そこでそこに根拠を置くことは非有限なことにそうすることである。それゆえその方にこそ普遍的意味を感得しつつ生きることが永遠思考の人間には可能であろう。精神的現実性は物体的存在のように死んだらそれで終わりではない。終わりも始まりもない。そこで逆に永遠的価値を持つ。だが精神的価値も人が感じることであり、人の存在の消滅とともにそれ自体も消滅しよう。だが善悪の観念は今の人類の感じることという制約下で受け取るだけではすむまい。もし五十億年前宇宙のどこかに高度知性的生物がいたら彼らも我々同様善悪の観念を有していたであろう。このことは五十億年先のどこかの宇宙の中の高等生物についてもいえる。善悪の観念は我々地球人にのみ制約されはしない。これはイエスでの啓示と一体である。つまり我々の存在より普遍的性格を持つ。だからこそそういう「理念」に則っての生は現在の我々の「存在」に制約して妥当する事柄に則っての生より大きい妥当性を持つ。かくて善悪は宇宙普遍的である。我々の存在は地球上に、広く見てもせいぜい太陽系内に制約される。善悪の方が比較を絶して広い妥当性を持つ。これは地球上の各民族にとり善悪問題は共通であることと平行する。宇宙共通である。善悪に則った生は復活の生にも比せられよう。ただしこれは単に誕生から死までの生という意味でのそれでなく、現在の生での善悪の生の展開という意味でのそれである。地球上に制約された自己の生に固執しての生より善悪という普遍的価値に則った生の大切さが示唆される。この生はキリスト信仰にも通じる。自分の十字架を負うことを意味するから。普遍的形態たるキリスト信仰である。受洗の機会がなく、また教会へ行かずとも、イエスの弟子である。イエス自身百人隊長につきこれほどの信仰は見たことがないという（マタイ8,10）。この言葉はそういう形がキリスト信仰のある特殊条件下での形態であることを示す。この当人もイエスによる復活に与ろう。イエスの意向に沿う行いをしている。神は人を分け隔てしない（ローマ2,11）から。その上、自分の道が人として最も正しいと確信できればどのような信仰よりも強力に当人を支える。自己以外のいかなる存在にも自己を依存させぬから。たとえ神、イエスを信じてもそこへ依存しては、先の百人隊長の自己にのみ依るのに比し弱い。かくて信仰はあくまで百パーセントの自己化を要す。一パーセントでも他へ依存してはならない。もっとも先の自己化は同時に百パーセント他己化とも解しうる。どちらから見ても百パーセント自己化イコール百パーセント他己化である。自我滅却ならこういう表現が妥当する。自己化とはいえその自己はもはや自我ではない。そこで自己化とは他己化でもある。ただこの際「化」は避けえない。化とは何かを自己のものにすることを意味する。そうせずに中空に浮いたままにしてはおけない。結果、人の生は歴史的にも場所的にも宇宙全体的規模である。

## 第三節　復活の神

### （一）

イエスが復活したと信じられるにしろ、どうして神となるのか。神とは絶対を意味する。単にユダヤ思想前提ではすまない。より内実的理由を要す。人が人格的存在なのでイエスの中に絶対の神を見ようとするのか。そういう心情が自ずから湧き出すのか。もしそうならそれは客観的に妥当するのか。人の良心の中へ絶対神への胚芽があるのか。あるいは外部から入ってくるのか。この場合受容する器官たる心の体制の整備を要す。絶対という観念が人の心にあり、人より上位のみではその対象へ十分敬意を払いえぬから絶対神たることを要すのか。もしそうなら人の持つ絶対観念への対応が第一である。それでは人間中心主義に堕さぬのか。必ずしもそうではない。なぜなら絶対観念を持つ人間自体を人間自身が創造したのではないから。人の創造は人に起因しない。人は絶対観念を含め全体として他から創造される。そういう神観で人は真の絶対神に関わることを許されると積極的に評価したい。ただしそういう神観自体が神自身たることを意味しない。人格神の存在が分かるのがせいぜいである。それ以上は分からぬ。もっともそういう観念があってもそれに呼応する存在の有無は分からぬ。ここに啓示の意味がある。単に観念ではなく存在を示す。観念があるだけでは人にとり何の意味もない。存在があって初めてすべてのものは意味を持つ。かくて啓示とはとりわけ存在の啓示である。旧約時代は歴史を導く神としてそういう存在でありえた。新約時代では簡単にそうはいえない。中世ぐらいまではともかく近世以降特にそうであろう。現代に近くなるほどそういう見方の維持は困難であろう。現代の真っ只中ではそういう神観維持は困難で歴史的啓示は不成立となり、イエスに立ち返るほかあるまい。そうならイエスと現代との間の期間の歴史を導く神という観念はどうなるのか。状況に応じて神理解の仕方も変わりうるのではないか。イエスにおける啓示こそ時々の状況に左右されぬ、時代を超えた啓示であろう。一連の生－死－復活が啓示である。各部分の軽重を考える必要があろう。三部分のうちどれか一つでは機能不全である。生のみではいかに聖でも神自身という信仰を得難い。死の付加は生のみと変わるまい。復活が加わっても神と信じぬ場合も生じよう。どのような生、死、復活を経ても当事者を絶対神と信じぬ可能性の方が高い。そう信じるにはまず自己がそのことが問題となる世界（観）へ巻き込まれている状況が不可欠である。つまり一つの場である。人は常に何らかの場において生きているから。

イエスを信じるにはまずユダヤ的信仰の場の中にあらねばならぬのではなく、人たること自体がそういう場である。しかも近代までと違い現代ではそれはイエスの啓示への立ち返りを意味する。生が聖なので生き返ったと考えればよい。良心の判断としても矛盾はない。だがその存在が必ずしも神とはならない。やはり罪の贖いという背景が必要である。こうして我々人間一般の生、死とイエスの生、死、復活との呼応はユダヤ的枠を超えた人類全体の視野に立ってのそれとなる。かつては歴史的地平で啓示と出会ったが、それに対し良心という地平で啓示と出会う。もっともかつて良心がまったく無関係だったのではないが、歴史的地平が表に出ていた。時代とともにそれの有意義性が下がる。平行して本来そうだった地平が表に出てきた。良心はいわば裸で啓示と相対することとなる。それにより相対する啓示もユダヤ的枠から外され裸で良心と相対しうる。裸と裸での啓示と良心との対決である。この状況でこそ真の対決が可能になる。付随的なものが消えるから。本体同士の対決となってこそ本来の対決である。結局そこへ至るほかなき対決となった。問いが本質的なところへ立ち至って、答えも本質的なものを出す必要に迫られる。良心的問題を抱えているとイエスへも関心を持ち易い。良心が種々方策を求め激動するから。そこで少なくとも何らの波動も心にない場合に比しイエスへ心が向く可能性も芽生えるから。だが無関係の波動がいかにしてイエスへ関係するのか。波動は波動を呼び、何度目かの波動がイエスへ達することとなろう。もとよりすべてがそうはなるまい。まったく別方向へ伝わるものもあろう。イエスの方へ向いてもそこまで届かぬうちの波動停止もあろう。生命の危険ある事故、病気でも喉元過ぎれば熱さを忘る場合が多い。そこでイエスへ関わるには事故だけでは駄目である。自己反省が不可欠である。事故から逃れたら、はいそれで終わりでは駄目だ。そういう生き方、あり方への反省が不可欠である。自己反省とは良心との関わりが不可欠である。そういう人格的観点からは平面的、二次元的生き方への失望が不可欠だ。人としてより立体的、三次元的生き方への転換が不可欠である。すなわち自己反省的生き方である。自分の生は有限で倫理的にも限界あることは仕方あるまい。かくて自己の生に制約を感じても直ちにイエスへ結びつかない。それには自己の生への直結から離れる一面が必要である。自己の現実から目を離しイエスを見、そこにある真実から自己を顧み制約を感じる。このように自己からイエスへ、イエスから自己へという順である。そのとき良心的観点からの自己反省は不可欠である。それなしでは自己の現実からイエスの現実を見る事態は起きず、後者は前者を通り過ぎ前者と無関係となるから。良心的とは自己反省の契機を含む。これがイエスを主と告白させる。二つの別個の現実をこの告白が一つに結合する。良心的自己反省よりの準罪意識の告白によってではなく、自己とそれに関連した可視的世界全般への思いを自己反省から断つと同時の白紙の心の中へのイエスのいわば入城によってである。エルサレム城へ入るかのごとく人の内心へと入城する。白紙の中へだから主となる。ただ白紙とはいえ人格的たること自体は消えはしない。消えたら人でなくなる。

つまり良心という契機は生きている。だが良心は自己のイニシアティブで自己を支配しようとはしない。主のイニシアティブ尊重へ機軸が転換されている。イエスから発想する。ほかに発想の基点はない。その点最も参照になるのは存命中での言動である。もとより我々がイエスから発想のすべてを行えはしないが。各々の仕方での随順が要請される。ここでは人格対人格の対応は決して部分対部分の形ではない。全体対全体の対応となる。部分的に何かをまねるのではない。そういうやり方は一般に相手への全面的信頼が前提ではない。"主とともに"（マルコ 16,20）という語でも自己は従である。従なので主の命にはすべて従う。生命も捧げる。主の命は絶対である。神が絶対なのでその代表者たる主の命がそうであっても不思議はない。

現代の民主主義の時代、社会の中に非民主主義的な信仰が息づいているのも不可思議ではある。神と人、絶対と相対との間での神絶対主義は人間や相対の中での民主主義と一体たるのがふさわしい。前者が後者を真に後者たらしめるから。相対的なものは絶対的次元へ位置付けられて初めて真の安定状況に至る。人は何をするにも絶対的次元へ関わらぬ限り不安定である。人は頭の中で絶対を考えうるので、そこまで考えないと不十分であり途中で留まりえぬから。この点からも人は神との関わりを欠きえない。人は究極的には自己で自己を律しえぬ。かくてこそ偶像崇拝も生じる。人がいかに絶対抜きでは生きえぬかはこの点だけでも分かる。なければ自分でつくろうともする。不可欠ゆえ一旦信じたら離れえない。過去宗教戦争が何度も生じたがさもありなん。真の信仰ではこういう面からも人の無が大前提である。ここで初めて人ではなく神側が主の信じ方ができる。人には無との一度の邂逅が不可欠である。さもないと人間的何かに基づき絶対をつくって信じよう。人が無のではなく無が人の主たらねばならない。しかもこの際主要な存在は人格的存在である。無は改めて人を人格的存在へとつくり上げる。人を自己と同じものへとつくる。同方向へ向いた、同性格の、だが同能力ではない存在へとつくる。人は同方向、異能力なので不可避的に自己の無能力を感得せざるをえぬ立場に置かれる。それこそ神が我々に求められるものである。それこそが神を賛美する気持ちを人に起こさせるから。神が絶対的なら神賛美を目的として神が種々の事柄を行使すると考えるのも理にかなう。かくて人に自由があっても、堕罪すれば反対に神賛美へ導かれることは予定のことであろう。すると神は自己中心的ともいえる。だが神は絶対的なのでそれでよい。人のように罪ある、中間的存在ではないから。すべての存在物が神を賛美する状況が最も平和な、義に満ちた世界である。そういう状況では悪は存しえぬから。神賛美の方向へすべてが向いていれば何か問題が生じても平和裏に解決しよう。向きが大切である。何があっても善を行っても、悪を行っても、常に主の方を向いていなくてはならない。顔を背けてはならない。これが基本中の基本である。向いてさえいればその顔、つまり心を通して神の思いは心へ入ってくる。人の心が無たることは何があっても常に顔、つまり心が神の方へ向いていることと一である。神の方を向いていればこそその心には何も入ってはいないし、入りえない。内部は空であり、無である。神がいつでも入って来うるよう用意されている。そうなればこそ常に神の方を向いている。これはどっちの方へも向いていないことでもある。特定の方向へ専一的に向いていてはそれ以外の方向へ向けなくなるから。神へ向くことが具体的にはある特定の方へ向くことを要請する場合、そちらへ向かざるをえまいから。すべての方向へ向く可能性がいつ、いかなる場合にも満たされるよう心の用意を要す。心があらゆる事柄から自由たることが心が神へ向くことの内実である。つまりどこへも向かぬことを意味する。心が可視的世界から自由なら心はどこへも向きえない。心を引きつける何をも見出しえぬから。向く場を具体的に見出しえない。心は自己以外どこへも赴くところを有しえまい。自己自身の内に安らぐほかない。同時に人格的である以上、心はそうありうる根拠を求めて自己を深く探求する。その過程の最先端で自己を超えたイエスという人格的存在へ出会う。人格なので人格に出会う。非人格的世界がいかに広大であっても特に意味はない。例えば望遠鏡で遠くの天体を見るときその天体は人にとり体験内在化される。だがそういう天体は当人の生きる体験には無関係である。そこで人格的体験ではそういう天体に意味はない。それに比し地球上の出来事は体験内のこととしてすべて意味を持つ。純粋に科学的観点から関心を持ち地球外、さらに太陽系外のことへ関わること自体が罪由来ではないが、そういう観点からの認識と信仰的観点からの見方との使い分けが必要であろう。新約時代から中世ぐらいまではそれは不必要であった。だが現代では使い分けが純粋な信仰的理解には不可避である。科学発達のためそういう手続きが不可避であろう。正しい信仰理解のためにである。しかも信仰は現実の世界の中、その中の出来事へ関わるので余計に複雑である。だが一方客観的には現代の宇宙観の中でイエスの出来事にしろ、伝道にしろなされる。そこで現代的宇宙観とイエスの出来事とを一体化して信仰の立場から考えることもそれなりの合理性を有しよう。否、むしろそうでなくてはなるまい。信仰とは現実界へ関わる。かくてそういう形になるほかあるまい。

（二）

今も健在な水戸黄門人気は日本人の心に潜在する義への心情を現す。それを顕在化させねばならない。これは同時にあらゆることの合理的判断を含む。良心上の観点、問題を最優先せねばならない。他はその次のことでしかない。世俗次元最優先は「人」のすることではない。損得勘定以上の原理を持たねばならない。「まず神の国と神の義とを求めなさい。」（マタイ 6,33）はこの点を示す。良心の扉は常にたたかれている。山羊なのか羊なのか。この問いはすべての人に妥当する。

だが良心の判断が宇宙の究極たる神と一と信じうるのか。また一としてそのこととイエス復活の啓示との同異はどうなるのか。無碍即良心の道とは、例えば十戒のような普遍的事項へはこだわっても、イエス復活のような特別の出来事には固執しないのが原則であろうからこれら二つの問いが生じる。

最初の問いについて。自分の生きる社会、世界の中での種々の問題によるそういう信じ方の乱れは無碍不徹底という一点に尽きる。徹底できればイエス復活自体もさらに心を無碍にするよう働く。そうでなくてはならない。世にある何か、永遠の生命などへの執着を生んではならない。だがそういう結果になる場合も多い。だがそういう信じ方はイエスの教えや生き方、死に方に呼応しない。イエスの教えは人に無碍を要求しよう。そういう前提なしではイエスの教えに応じた神信仰はできまい。例えば「見ないのに信じる人は、幸いである。」（ヨハネ 20,29）は可視的現象へこだわらぬ点をいう。ヨーロッパ的キリスト教とは異なる。信仰とは無碍への人格的真実の到来を現す。真実とは良心の判断に従うことに尽きる。「天の国に生まれる。」、「地を受け継ぐ。」、「神を見る。」などはそういう人側での行いに対する神側からの対応をいう。形の上でキリスト者であってもなくても、神側からの対応は同じであろう。公平に対応されよう。キリスト者も行いが適切でないと天国に生まれえまい。神は偏り見ることはしない。こう考えると、キリスト信仰か否かは消滅する。人としては良心という点に集約して考えて差し支えあるまい。かくて非キリスト者をもキリスト者同様に考えうる。百人隊長の話からも半端なユダヤ教徒であるより無関係の方がましである。半端な信仰は良心の判断に従う点でかえって妨げになる。教義内容への固執が生じるから。イエスの復活、自己自身の復活、来るべき国の存在などの肯定、否定の問いの前に人は立たされよう。それらへの反省を余儀なくされよう。肯定しさえすればよいのではない。そういう事情が良心の十全な判断を妨げては神信仰に反しよう。現実に教義への固執が大切となり、それが同一宗教内での争いを惹起させたことは宗教の歴史で珍しくない。本末転倒である。舞台装置の仕様への固執が一次的となり肝心なことが後回しである。舞台演出の内容が本来大切なのに舞台の板張りか畳敷きかで争う。その点でなく演出品目こそ大切である。すなわち良心による判断である。教義上の争いから反対派の迫害に及ぶなどは本末転倒の典型である。良心に則った言動はそれだけで立派なキリスト者の証である。教義への対応より良心的言動を優先すべきである。その点からはすべての人は潜在的キリスト者である。そこから現実にそうなり教義への固執が生じ、かえって良心的判断に背く事態になれば、キリスト者の程度は下がろう。

次に第二の問いへ。イエス復活を問題外としてはキリスト教は崩壊しよう。イエス復活の信仰は本来現象的世界や世での事柄への固執を捨てさすのが目的なのに、そのことの事実性の肯定の方向へと偏向しているのではないか。その点で無碍であればイエス復活の信仰が目指す点へ至ってはいよう。非キリスト教的キリスト者、あるいは逆にキリスト教的非キリスト者である。無碍にあれば復活の事実性は肯定、否定ともにしないという判断、立場もありえよう。復活へのこだわりはかえって自己の良心に背く、少なくともそういう可能性が芽生えはしないか。当時のユダヤ人信者がイエス復活を一連のこととして信じたのといわば同価値的対応として無碍に至ると同時に復活は肯定、否定ともにせぬという立場もありはしないか。あるいはもう少し復活肯定へ進むが、当時の信者のイエス復活信仰を伝えた文書への賛同表明なら無理なく復活肯定となろう。現代に生きる自分がイエス復活を直接肯定はせぬ信じ方が現代人として良心的にも問題ない対応ではないか。そもそも記述の裏側への立ち入りを求められてはいまい。「見ないのに信じる人は、幸いである。」（ヨハネ 20,29）という言葉からも推測しうる。福音書の表現の裏側へ問うのは“見てから”信じる態度であろう。これがイエスの意向に反することは明らかである。要は信仰に先立って可視的、客観的に確認して信じようとする態度へは批判的である。かくて当時の信者が復活を信じたという記事への賛同表明のみが問題である。今を生きる人としてのその記事への同心円的信頼の表明である。それを超えて、その実そこからの後退だと思うが、復活の事実自体への信仰は要求されない。後退とは、その場合福音書を離れイエス復活自体への信仰要求となるから。そういう要求はそれと正反対、イエス復活自体の否定とともに「中」に立ててないことを顕す。左右どちらかへの偏り、固執は無碍と一のキリスト信仰ではありえない。つまり自然科学的観点への固執が前提である。そういう人間主義自体の信仰による超越を要す。当時では復活信仰で人間主義を超えたが、現代では復活への固執はかえって科学主義へのそれの表明であり、人間主義への固執という当時とは逆の結果を生もう。では肯定、否定ともにしない「中」が最終的立場か。当時の信者の復活信仰は肯定し、無碍たることが他方にあるので、それにより初代信者の復活信仰へ間接的に参与する。すなわち自己自身の無碍でイエス復活を信仰する。復活否定の気持ちは少しもない。反対に復活を信じなくてはとの固執もない。現代ではこういう復活信仰こそふさわしい。良心的観点からはこうなろう。

## 第四節　イエスと良心

（一）

イエス－良心－絶対神というリンクの形成は単に聖書にイエス告白があるからだけではない。それでは十分自己実存的ではない。良心の要求に対しイエスの存在が応えており、彼を絶対神、その化身と信じうる良心を間に挟みイエスと絶対神とが向き合う。無碍一体の良心ゆえそう判断しうる。良心が自己側の無碍に照らしイエスの言動を見て彼を絶対神の化身と受容しうる。そうなら良心中に絶対神の化身の像があることとなる。そうなら良心は神により人の心の中へ置かれたものと認識しえよう。良心は善悪の判断はなしえよう。だがその点で絶対的次元まで上がりうるのか。良心はそうならざるをえない。良心はそれ自体が絶対ではないが絶対という存在を判断しうる能力を受けている。人の諸能力、体力も含めて絶対を判定しうる可能性を持つと推測させる器官は良心以外にない。絶対と判定した相手が真にそうか否かはいまだ分からない。より上位の第三者による判定なら別であろう。そういう可能性、危険性を押してもそうと判定する。無碍と一の良心ならばこそできる。妨げるものが何もないから。良心が判定能力を受けていると考えるほかない。さもないと人は絶対への関わりを持ちえない。これは人の生きるという事態とも関連する。人が生きるには絶対への関わりは外しえない。人として生きようとすれば不可避的にそういう状況へ至る。しかも人は身体をもつ存在なので絶対を観念的に考えるだけでは満足しえない。ぜひ具体的姿として思い描く必要があろう。人へ何を示すにしろ人を要す。かくて人の姿としての絶対が不可欠である。絶対の内容は如何。多少神々しいことをいう程度で当人を絶対的とは誰も考えまい。超人的言動がそういう考えを呼び起こすにしろ単に超人的では不十分である。ぜひ倫理的に見て超人的たることを要す。例えばその教えが一般倫理をはるか超えるとか。それだけならまだ絶対的とは判断すまい。

福音書では復活後人々に現れる、それ以前なら死の際神殿の幕が避けるとかのしるしで神の子と判断される。良心的判断重視ならそういう出来事は二重の意味で障害になろう。第一に特別の出来事に依存して判定する。第二にそれら出来事は良心的判断に無関係という点。出来事なので可視的事柄である。無碍でありえていないことにならぬのか。無碍、良心一の立場では別の判断もありはしないか。多くの人が特別の事柄に惹かれるのは分かる。特にユダヤ的発想では現実界での出来事は大切である。復活後弟子達へ現れたにしろ、当存在が生前のイエスの再来だという保障はない。どこまでもそう信じたのだ。その限り何かに基づいてそう判断した。釘のあとを見て信じた弟子もいた（ヨハネ20,11 以下）。だがたとえ手の平の釘のあとを見ても、それがイエスだという確認にはならない。マリアに現れた場合も復活後のイエスを見ている。しかし復活しつつある現場、最中を見た人はいない。復活後のイエスを見て、その人を復活したイエス（イエスの復活した姿）と信じたのである。そこでイエスその人について復活したのか否かについては人は厳密な意味では知りえない。かくて復活についてはその存否は人には不明である。信じるか否かだけの問題である。復活したと信じられた人は別人かもしれない。かくて復活したという保障はどこにもない。イエスの生前の活動状況などから復活したと信じたのである。そこでそう信じさせた何かがあろう。それは結局人の良心というところへ帰着しよう。各人により信じる根拠は異なってよい。もっとも十字架の釘のあとは外的出来事に属すが、主と判断させるのが内面的事象であっても構うまい。いかなる内面的事象がそうさせるのか。例えば山上の垂訓の内容も極めて良心的である。しかも当人は死に至るまで従順でそういう生き方を貫いた。ここに良心即無碍の生を見うる。かくて復活があろうとなかろうと、イエスを絶対者と認識しうる。復活は神側からの自由な賜物である。決して人が自分の何らかの意思に基づいて利用すべきものではない。神にのみ属す、神専属の事象である。そういうイエスを信じ従おうと思うときにイエスを主と仰ぐ。このように良心で"主と仰"いで一線を超える。復活は直接関係ない。決して否定はせぬが、少なくともそのことに固執してはならない。復活の生があると、かえってこの世の生がおろそかになりかねない。生がそれ自体として全的契機ではなくなるから。イエス自身死後蘇ったように我々もまず生を死に至るまで真摯に生きねばならない。それには復活は考えない方が好ましい。無碍即良心で考えればそうなる。やはり復活重視的発想は無碍ではなかろう。人として我々の復活は度外視でよい。無碍になれぬ人間は良心に則っては生きえない。そういう生への復活付与はない。復活はどこまでも無碍即良心の生実現への報い、神の自由な賜物として人に与えられるもの。先取りはできない。そういうことを少しでも考えたら多くの人々は賜れぬのが定めである。内実的には明らかにこうなる。内実的に以上のように信じるので外的出来事もそれに従うのか。復活のイエスが説教を始めても、たとえ神殿の幕が避けても、そこに復活のイエス臨在保障はないのに信じうるには、無碍即良心という内面的出来事の成就を要しよう。ユダヤ的世界では外的出来事に注意を払い、内面的出来事には相対的に少しの注意しか払われない。現代では外的、救済史的発想は難しい。かくて内面的次元へ今まで以上に注力せねばならない。その点無碍即良心の考え方は大変有益である。十字架の死という無と山上の垂訓とが一である。そこで人はこういう方向の徹底以外何をも求められない。褒美を先取りしようとしてはならない。褒美はどこまでも褒美である。生きている限り褒美受け取り拒否でなくてはならない。イエスは文字通り十字架についたのだから。そこまで従順だったのだから。そういうイエスを主と仰ぐ以上自分も同様であろう。イエス自身「自分の十字架を負って私に従え。」（マタイ 10,38）というように。褒美先取りでは十字架を負うことにはなるまい。この点でも良心が大切である。良心的判断で正しければ、多少とも世俗的不利益を蒙っても、それの実行が生じる。ここに十字架を負うことが起きる。良心と十字架とは関係する。褒美が先に入ると、十字架は色あせる。逆の順番だと人は真の救いに至りえまい。ただ外的救いに調子を合わすのが関の山であろう。良心のみの関与では人は結局救いに至りえまい。良心とはいえそこに神、絶対者が必ず出現はしない。一方の無碍が神、絶対へ向けて決断させる。無碍なしには心は何をも絶対と認めえまい。無碍が良心に対し何かの対象を絶対と認定するのを可能とする。こういう実存的背景あればこそ単に観念的に想定された絶対的存在よりはるかに人の心を動かしえよう。当人の良心の中に埋め込まれているとも、反対に人が無碍即良心において心の底を抜けいわば外の絶対的、神的存在に気付いたとも考えうる。聖書的には生ける神に出会いえた。生ける神は生かす神以外ではありえない。だが人をそのまま生かすのでは罪黙認のままの生となろう。神にはそれはできない。

罪との断絶が不可欠となる。それが今の場合自分の十字架を負うことだ。これなしに神との接近はありえない。結局、死のかなたにのみ栄光はある。イエス自身の場合と同じである。ただ違うのは我々はイエスという模範を有す点である。彼自身はそれなしに自力で使命達成した。それゆえかつてなかった栄光を賜った。その点は今後とも変わるまい。十字架を自ら負うことに比例して、その傍観に反比例して栄光が与えられる。我々はまず栄光へは眼を閉じねばならない。十字架の方へこそ目を向けねばならない。まず栄光の方へ目を向けさすのは罪の力である。これに順応してはならない。大いに抗わねばならない。イエスから時空的に離れるほどこの点により深く注意せねばならない。それだけ罪の影響力が強まろうから。

宗教改革と同じで原初への立ち返りを要す。だが当時の熱狂はさめている。かくて種々困難な問題も生じよう。だからこそそれら困難を克服しての原初への接近もかえって可能となろう。罪の力との争いは人側で積極的に行おうとせねば自然発生的には生じない。この点良心の働きが大切である。一方で無なので良心を絶対と判断しうるのか。無ゆえかえってなしうるのか。絶対の存在は単なる有ではなく無といわば共通的とも考えうる。絶対とは無を通じて良心は融通しあう。そこで十字架（無）を負った後での褒美（永遠の命）を与えられるのを急ぐ必要は感じない。無限に長くも待てる。というよりもはや待ってはいない。待って何かをいただく必要はもはやない。無の立場では何かを待つ事態はそもそも起こりえない。何かを期して生きることはあえて必要ではなく、生じもしないから。無では一瞬一瞬がいわば絶対といってよい。相対は存しない。相対あって初めて期待があったりする。反対に失望も生じよう。そういう各種の色合いはない。絶対という無色一色のみがある。二千年前を生きること、今現在を生きること、百年先を生きること、十億年先を生きること、まったく生きないこと、これらすべてが克服されて今を生きる。今を真に生きるとはそうでしかありえない。今という時と場との中に埋没した生では人としての生にはならない。単に生物種として生きたに過ぎまい。高度な生物種ほど時空の制約中にありつつ、それを同時に脱して生きる。かくて人はぜひそういう生き方へと努めねばならない。何ものにも依存しない生こそ何か新しい価値を生み出す。それが社会を改め新たに支える支柱となる。無があって初めて有もありうる。これは単なる有ではない。真の有の意である。在りさえすれば有なのではない。在っても有ではなく無である場合もある。この無は真の無ではない。有も無も真ではない。有無ともに真であるか、ともに偽であるかである。無の内実は何ものにも囚われなきことである。一方、良心は善という倫理的内容にこだわる。両者は両立するのか。無の中に良心は胚胎しうるのか。さもなくば双方は矛盾し両立しえまい。逆も考えうる。つまり良心の方が無を自己の場の中で生み出す、と。そうならば良心さえ妨げられず機能すれば無は自ずから生成される。世俗の雑多が良心の働きを邪魔する。これさえなければ良心は自己の法則に則って機能し力量通りに働く。邪魔物は個々がその都度働きを発揮するが、集団的に良心を攻めはしない。良心さえ機能すれば個々の邪魔物を除去し自己が十分機能するよう環境整備を行おう。それこそ良心の務めである。良心と無のうち前者こそ人格的内容の生きた存在であり、自己に合う無を生む。一方、無の方はそれ自体人格的内容ではなく、良心に比し積極的に何かを創造しはしない。もっとも倫理的に悪いものを廃する方へ赴く可能性はある。かくて良心中心に考えるほかあるまい。良心が自己の心、内を無の鏡に写すときそこに神、絶対が浮かぶ。遠くを見る必要はなく、自己の良心を深く見ればそこに神は居まし給う。絶対の神をそのように内面化してよいのか。旧約の常識では不可能であろう。神はあくまで人間的世界外から自己を啓示するから。それはそれとして是認しうる。他方先の考えも認めえよう。そもそも人側、人の心に絶対的、人格的神を受容の可能性なくば、そういう神観も形成されまい。地球規模では地域的偏りがあろう。ユダヤでは外的啓示重視、日本では無我重視であろう。だが真に人へ超越的神が機能するには双方不可欠である。二律背反に考えてはならない。相互支持あって初めて双方はその機能を十分発揮しえよう。地域的、国際的な考え方分離のため自己尊重の結果排他的になり易い。冷静に考えると、それは健全ではない。むしろ相互強化の方向へ考えなくてはならない。双方とも主体的な点は共通だが、実存的と歴史的という違いがある。真に一方が生きるには他方の影響もある方が好ましい。相互を刺激し合おう。内面と外面なのでそういう関係形成が可能である。内面と内面、あるいは外面と外面となら相互反発にもなろうが。自己自身で十分緊張などを維持しえぬときなど自ずから外からの刺激を要す。緊張の緩みかけ時ちょうど適切に入ってこよう。ただ具体的な神の名前などが異なると、現実にはそういう事態は起きにくい。だがそうでない場合も生じよう。ここぞとばかりに入ってくる可能性もあろう。それにより内面も強化されよう。内外一体化の芽も生まれよう。外の方から見ても同様である。外的体制動揺時には内面強化が必須である。こうすることで外的体制は自己を立て直せよう。

内外どちらから見ても相互を必要とする。補強し合える。それには留まらない。神の名称問題など片付けば真の一体化も可能である。こういう在り方が真のあるべき姿といえる。内外どちらか一方の偏重は正しくない。何事でも人には内外二面あり、神の件でもあるのが正常である。そうしてこそ人の心も正しく保たれる。内へ燃えても、外で燃えてもそれは禍の元である。内外は相互を抑制しあう一面を持つ。そこで双方とも大切である。一方のみにめり込んではならぬ。一方のみは往々にしてそうなる。外的神も真に人が信じていれば人は心の中でその神に対して熱くなろう。また心の中で熱くなったらその神を単に心の内で信じるだけで満足しえまい。人にとり外的世界ある限り、それと無関係に信じるだけでは十分納得できまい。もしそうできればその絶対、神は所詮世界と独立な、真に創造的で人格的な神とは無縁であろう。いわゆる神秘主義的体験に留まろう。その点外的形態の方がまだしも独立性があろう。内面においてのみなら人は事実いかに多種多様な体験を積むことか。内面性のみであればいかなることもあえて問題にしなくてもよい。所詮内面は内面である。それ自体として独立の意義を有しえない。やはり外からのものに対応するのが内の務めである。内が外からのものを捕らえ損なったり、間違ったものを捕らえたりすると大変だから。外からの啓示に応えるためにこそ自己を無にすることを要す。さもないと捕らえ損なう。先入観に基づく対応ではそうなってしまう。かくて人にまず必要なことは無の心になること。そこから後は人からは始まりえない。やはり人の内からのみでは真の絶対、神は始まりえまい。いかに良心があっても囚われなしのみでは自ら神的存在を生み出しえまい。無限は有限を生むが有限は無限を生まない。良心は構想はできよう。だが生み出しえない。

無限なる神をだけに限らない。有限存在たるものをも何一つ生みえない。かくて人の心が無となり良心構想の神概念に合致したものを歴史的啓示の内から取り上げる。そうして初めて理にかなった絶対神を信じうる。そうしない限り不十分な点が残ろう。ここで対象とする神に対し一定の神観を読み込む手続きなしには人は絶対性を有する神を信じえまい。さもないと当の神観は人側での創造であり、いつの間にか人為的な神が超人的な神の位置に上がってしまう。だがそれでは神は人に対し力を持ちえまい。元来超越的な神を信じようとしており、以上の手続きに関し人が主体という自覚はない。他者側に主体ありとしてなされる。各事項がいわば啓示となる。人の心が無であるとそういう心境になりうる。なりうるからこそそういう信じ方が可能となる。無の心の中に良心より浮かび上がることはそれが神の啓示と理解される。かくて無－良心－神は一連である。

心の中へ浮かび上がるものとて直ちに内からと受け止められない。外から内への示唆とされる。そのことが誤りとはいえない。外のものとて最後は人の内面へ示されるほかないから。心の内からではない点が分かる何かがあるのか。例えば出エジプト記において自然の出来事との関連でそういう理解が可能とされるように。この際そういう出来事は不可欠必須である。なしではそこでのような理解が成立しない。そこで紛らわしくなる一面が生じる。真偽の区別がし難くなる。この点はそれ以後の展開で判断するほかない。外の出来事は出エジプト記などにもあるが、イエスの出来事が最も決定的である。すべての人が神の啓示か否かにつき返答を迫られるから。人の良心へ問いかける。自己に対し誠実、真摯たる限り人は逃げえない。そうでない人間は端から相手にされない。そのときからすでに二千年経た。「一日は千年にまさる恵みです。」（詩編 84,11）である。時空的次元は超越される。このこととイエスへの人の帰一とは一である。

（二）

良心的観点が重要となるほど、自然的次元は背景へと退く。そして良心がイエス復活へ至ったときそういう次元は消える。ここでは良心の判断のみが生きる。逆に良心がイエス復活まで至りえぬとき良心はその意思を貫徹しえず挫折の可能性がある。良心は自身だけでその生命を全うしえない。これは人の生命が百年足らずなことと平行する。良心は人を自然的次元から引き離し神へ近づけるよう働く。自己内へ深く沈潜し自己を超えさせる。最も近くへの問いと最も遠くへのそれとが一である。人が自然的次元より良心的次元を優先せず、そうする必然性がないと人の社会は破壊されよう。その究極点としてイエス復活がある。人はこれのためなら死んでもよいと思うことの一つぐらい誰でも持っていよう。問題はそれがどういうものかだ。人によって大いに幅があろう。それにより当人の人となりが分かる。人の生きる目的である。ここでも世俗から良心的次元への段階的進化がある。人は死よりも大切なものを持ち合わせる。この点はしかし一般の動物でもそうである。次世代のためには自己の死をいとわない。人はそれだけでなく何か自己の務めのためにこそそう考える。この点が異なる。ここに人としての固有性が現れる。イエス信仰抜きでも人は自分の生命より大切なものを持ち合わせる。それによりすでに可視的世界を超える。かくて人の生は元来そういう世界へ閉じ込められてはいない。そこを超えて生きる定めにある。逆にいえばそのためなら死んでよい何かなしでは人として生きてはいない。そこで良心的判断のためなら死んでよいと思うのはそういう場合の一ケースである。だから幼少より良心大事を教えねばならない。その分良心的判断のためなら死んでよいと思う人が多くなろう。結果、その社会は義実現の可能性が高まる。元来人は自然的世界べったりでは生きえない。その点人は死ぬ前にすでに死んでいる。死の覚悟があって初めて人は生きえている。かくて教育とは人の死の覚悟を自然的次元から人格的次元へと格上げする作業である。人は自分の人生を目的を持って設計せねばならない。人生を生きるとはそういうことである。その目的さえ達成されたら死んでもよいということだ。ただ目的が余りに低次元だと当人自身が満足した生を生きえない。自分が自分に失望した人生しか生きえまい。そういう点でも教育が大切である。広い視野を持たせ、そういう次元で自己の生を設計する道を用意するから。かくてイエス信仰で良心的判断を貫くこともそういう場合の一ケースと考えうる。それほど特異なことでもない。イエスは良心的判断が永遠の価値を持つことの証として復活した。死んで終わりならそうはなるまい。だからこそ良心的判断は宇宙の究極的真実に属す。しかもこれは人の判断には無関係である。人が了承しようがすまいが、復活は良心的判断が究極的価値を持つことを証明するためである。だからこそそれは絶対的である。人の判断依存では絶対性を欠く。すべての人の人生を照らす灯として輝く。良心的判断は先の人生の具体的目的とは異次元ともいえる。なぜならそれ自体が目的にはなるまいから。むしろ目的を考え、その追求の過程で不可避的に出くわす事柄である。ゆえにすべての目的追求に当たり不可避的に伴う事柄である。しかも良心的判断に背いて目的達成しても本当に死んでよいと人には思わせない。具体的目的は人の置かれた立場、性格などで異なる。だが達成には良心的判断に合う方法が不可欠である。その点後者は万人普遍的である。かくて良心的判断は人の目的達成に伴い、達成の監視者ともいえる。その点からは良心は元来人より上の存在に属す。その存在より人へ目的が付与される。元来、人より独立であり人を人たらしめる。また各人の良心には当人の氏名が記されている。A という名の人の良心とB という名の人の良心とは別物である。決して同一物ではありえない。鋭いのもあれば鈍いのもあろう。千差万別である。具体的資質による側面をも含めて本当に付与されている。かくて人が生きるとは良心が生きることといい換えうる。人からは他者より付与の他者的存在である。そこで人には最も自己的なものこそ最も他者的性格となろう。こういう逆説がここには支配する。かくて人という存在は徹頭徹尾他者的性格である。にもかかわらず人は自己は自己に属すと思い込んでいる。自他の区別のつかぬことこそ罪の発現である。自己にしろ、自然界にしろその内に自己のものなどありはしない。この点が分かれば自己の命が長くても、短くても、また宇宙の広大さなど一切が意味を一挙に失う。与えられた時の間、与えられた良心により生きるのみである。自分の生ではなく宇宙の生の一部を生きる。その限り宇宙を生きる。つまり宇宙大の生を生きる。たとえ一瞬でも生きれば宇宙全体を生きている。これと無碍とが一である。無碍の内容として前者がある。こうあってこそ他の天体にいた、いるかもしれぬ、いるであろう知的、良心的存在ともいわば兄弟関係となろう。イエス復活を信じて良心もいわば一度死んで復活する。この世に対して死んだ。だからこそ世に対して良心的判断を下しうる。死んでなくてはそうはいかない。世への死とは世を支配する種々のものの考え方、価値観への死を意味する。だからこそそれらから自由であり、自由な判断をなしうる。良心的に直な考えに立ちうる。しかもこれはイエスの出来事からの自由さえ含む。つまりイエスの下にあるのではなく、イエスのいわば兄弟となる。イエスは我々の良心を捕らえて我々を我々自身からは自由にする。弟分として神へ連なる位置へと高める。良心はかくて万人、万国共通する。その点個性的ではない。個性発揮は各々の状況の中でである。判断の原則は同じでも状況が異なれば各々の良心も異なる。共通なのは原則がである。各々の状況の中で働く各々の良心は各々個性的である。良心が各人に生まれた状況は決して一様ではありえない。共通な原則を各々の状況で適用するのが各々の良心の役割である。

良心の本来的順位は神、イエス、各良心と第三位である。だが機能は他の二者より先を行く。第一位にある。良心、イエス、神と逆である。可視的、不可視的両世界の上に立つ。その点良心は「神」をさえも上回る。神がすべてを創造したように、良心がすべてを生む。良心が「神」を生まぬ限り、そういう存在を信じえない。良心がすべてを生み動かす。良心こそ創造者である。人には何かが物理的にあってもそれでは存在することとはならない。良心の立場から積極的に人との関わりへ組み込まれ初めてそうなる。「積極」的とは単にあるのみではない。そういう組入れを築くには良心はまず世から出ることを要す。さもないと良心は世に捕らえられており、世の方へ組み込まれている。関わりの逆転が必要である。ここで良心は宇宙の外へ出る。そこから内へ眼差しを向ける。だから宇宙内、地球内での価値観で眼差しは汚されない。同時に内で新たな価値を生み出す。だからこそ世界、宇宙内の物のあり様などで感動もしうる。そういう余裕が生じる。宇宙の中への埋没ではそういう心境は生じえまい。一般的に人が何かに感動するのはその対象への自由あればこそである。自由なしでは対象物を正当に評価しえぬから。自己と対象物の二者がどっちが上にしろ上下関係となり相手を色眼鏡で見ようから。自分の方が下なら良心は十分に機能すまい。良心が宇宙の上、外にあるには良心と一の身体が宇宙の外にあることを要す。これは無碍により可能となる。キリストは復活して世界を出る。

そう信じて我々の良心も同様に世界を出る。それが神が我々の良心が世を出るために備えた道である。それ以外道はない。何事にもふさわしい道がありそれによらずばそこへは至りえない。良心はイエス復活、すなわち一般的には罪なき者は不死の理念を生み出す。そういう資質を持つ。ただそういう資質の可能性を発揮しそれに呼応したものを手にするには他者たる神側からの働きが不可欠である。可能性を現実性へ転換する働きである。だがその働きも客観的に確認はしえない。その点神側が一方的に変えたとはいえない。やはり信じるという良心の働きが大切である。人の力量では届きえない、超ええぬ一線を超える。

## 第五節　心安きに至る

### (一)

心の清さからは神へどう繋がるのか。前節の場合と違って共通的契機を感じうる。だが自己反省ですぐ分かるが自己の清さが神のそれと共通とは思うまい。神の清さ、救いへ目を向け、自己の清さからは目を離そう。神の清さを通して自己の清さを見る結果そうなる。「通して」が大切な契機である。即ちそのとき人たる自己は神の許にあるから。自己の生命が神に託され、救われている。心に律法が書かれており良心も生まれる。良心なしでは自己がそれに聞いているか否か判定者が欠ける。良心は心の律法から二次的に生まれる。心は良心を生み、意思やその行いを監督する。図形を利用しよう。上のものが下を監

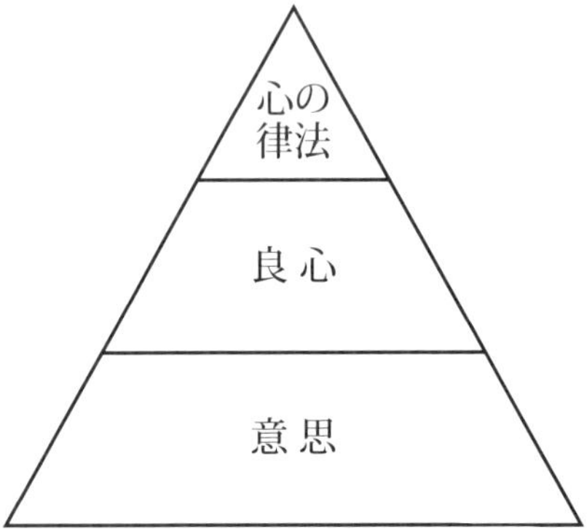


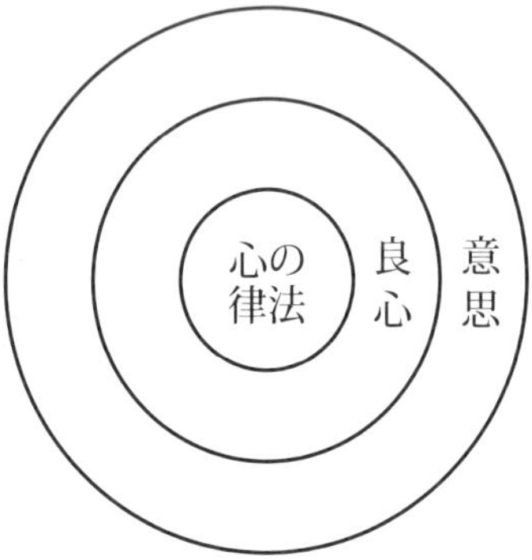

督する。だがさらに左頁下の右図のようにも示しうる。心の中の働きの一部として良心、意思を受け取れよう。心は良心に、良心は意思にいう。いかなる場合にも心に書かれた律法に従うように、と。左図は横から見た次元のもので、それを上からの次元で表せば右図のようになろう。中心のものが周辺を導く。

このように解すると良心、意思とも心の働きの一部だが、半独立的位置を占める。三者の働きは心―良心―意思という方向だけではない。これは何か倫理的内容伝達の場合である。だが逆方向もあろう。意思が何かするときよいか否か判断のときである。このとき順序が逆となろう。意思は良心へある行いをしてよいか訊く。良心は心の律法に従い判定する。三者の働きは双方向的といえよう。そうなればこそ以前の経験が次の判断の際に生きる。双方向のうち前者が根本的であろう。それあればこそ後者もありうるから。伝えられた律法に基づいて判断する。良心はいつも心とその律法と一である。だが意思はそうとは限らない。これは心、良心から離れて独り歩きの可能性がある。だからこそ種々の道徳、倫理上の問題が生じる。意思は心、良心からの指示で生活の場で種々の場合に判断しようとする。その際良心の声より他の声、社会的損得とか肉体的欲求とかを優先すると妙なこととなる。意思は良心の判断から外れる。由々しい事態である。これは際限なく進行はせず自ずから歯止めがかかる。人に心の律法ある限り無限に進行はしない。どこまで行くかは各人の心、良心のあり方で異なろう。際限ない進行を想定すればそこにはもはや人格はありえぬ状況となる。つまりどこまでも良心は意思に伴いゆくことを意味する。これは人が地の果てまで逃げても神の目からは逃げえぬことと平行する。良心はこのようにいわばビルトイン・スタビライザーとして働く。連れ戻し役を果たす。律法は養育係である（ガラテア 3,24）が、良心もそれに類似の役を行う。

「心の清い人々は、・・・神を見る。」（マタイ 5,8）のごとく、イエスを人格神の受肉と信じて真に心安きである。世への受肉だけでは無意味である。当人に無関係だから。つまり当人の良心の内に受肉しなくてはならない。良心以外にそういう問題に対し反応する心の器官はないから。倫理的、道義的次元が問題だから。あのように生きた人が十字架につけられてかえって良心は不安になり、そういう迷いの中で良心は鍛えられ、自らの進むべき道へ目覚める。不安、迷いを克服して自己の本質へと蘇っていく。同時に受肉のイエスは人格神へ高められる。良心の良心としての生き返りと受肉のイエスが人格神となることとは一である。一方のみの実現はありえない。二つの事態は二即一だから。同時に人の心には安き心の誕生がある。神が神となり、主が主となり、人が人となる—三者一は何の不思議もない。神によって世界、その中の人は創造され、その救い主がイエスなのだから。この一事柄実現は宇宙創造に匹敵する。否、それ以上である。そこで初めて人格神に対応して人が人格的存在として真に生き始めるから。それには自己の生き方に不安などあってはならない。不安克服が不可欠だ。そもそも不安は自己が自己のあり方、将来について感じるもの。ここで人は人へ関わる。これの続く限り不安克復はない。不安と一に生きるほかない。こういう自我のあり方克服が不可欠だ。これを良心が実現する。良心が良心として真に生まれることと一である。良心はイエス受肉を信じて自己克服済みである。たとえそれが間違いでも、悔いはない。ここで良心は良心自体を超える。より高い位置へ上がる。ここで人を超える。天高く飛翔する。そこから地上を眺める余裕が生じる。もとより自己の生をも超える。「死よ、お前の勝利はどこにあるのか。」（1 コリント 15,55）という言葉が妥当する。こうして不安を感じていた存在が消える。残っているともいえようが、性格を変えていよう。つまりそれが人を不安、さらに疑念へと貶めていたが、以後は不安がかえってそれまでとは逆の方向へ作用する。良心をさらに強める方向へ働く。不安があることがむしろ喜びの源泉とさえなる。受肉の当体を神と信じるのはそれ以下の存在でしかないのなら、人の不安などを解消さす力を持ちえぬから。ぜひとも最高存在でなくてはならない。これは創造者の「力」という点でだけではない。人格的存在としても最高であることを要す。さもないと人格的存在たる人の神とはなりえぬから。義と愛を含みさらに最高とは愛は義より大ということ。その愛により宇宙を創造した。また愛がより大なので十字架となった。義を犠牲にはしない。それなら十字架は不要である。ただ十字架の前提として人の堕罪が不可欠である。これにはアダムの神話での過去の一回的なことか我々一人ひとりの今現在での堕罪かどちらかしかない。後者の場合堕罪しない可能性を要す。これをどこに求むか問題となろう。集団的生のためその中で自己の生を少しでも強くしようと各自が考える結果堕罪が不可避的にしろ、反対となる可能性がまったくないわけではなかろう。だが今現在の我々一人ひとりにそういう可能性ありとは信じ難い。遠い過去においてそうであったのなら分からないではないが。しかもその状態は自然発生的に現実だったのではなく、神の特別の恩恵としての可能性であったとせざるをえまい。その上、今現在の自己を反省すると罪なき可能性が人生のどこかの時点にあったとは思い難い。罪を厳密に考えるほどそう判断しよう。だがこれはそれ自体独立ではなく、あくまでイエスの啓示の一部分として有意義である。それは創造から終末までのすべてを含む。たとえ堕罪物語はイエス以前に旧約にあっても、イエスから新たにその意味を与えられる。真実のものが現れその影たることが顕になり過去の比ゆはその力を失う。かくてイエスの啓示前の過去のものは一旦すべて消滅する。アダムの堕罪の話もすべて消える。イエスを神の受肉と信じよといわれる。アダムにおいて堕罪したと信じよと今我々にいわれはしない。あれはあくまでイエス以前のユダヤ民族に対してであった。過去は過去とせねばならない。あの神話はそういう事実が過去にあったといおうとしているとは限らない。人の罪をいおうとする。記述通りに人が堕罪したとせねばならぬことはない。当時のユダヤ民族の往時、現在の罪をいう。罪はどこまでも現在のこととして問題になるから。その点からは新約到来で旧約はその価値を失う。新約だけで十分である。旧約により人はかえって考えさせられ、イエス受肉の真実から心をそらされる危険がある。旧約はどこまでも新約までの妥当性である。

イエスは人に対し罪の根源を考えよとはいわない。「わたしを見た者は、父を見たのだ。」（ヨハネ 14,9）という。かくてこれ以上人は見、知ることを要すものは何一つない。旧約など忘れればよい。旧約－新約を平面的に、立体的にでなく読むのでややこしくなる。イエスを見て先人の堕罪への問い、不安、疑問などもすべて消えれば、イエスの先の言葉を直ちに信じられよう。これらは信仰自体に関するので、他の人生一般の問題とは次元が異なるから。少なくとも堕罪の問題だけはイエスの受肉と一体で取り上げざるをえないが、今現在の人の心、目には罪の根源が分からぬほど罪の中に人は堕している。かくてこそアダムの神話の形で知らせるほかなかった。罪がないとは神と等しいことだから。たとえそういう可能性が過去にあっても、それを直に現したり理解したりできない。その点は旧約時代のユダヤ人も今現在の人々も立場は同じ。神理解に対し閉ざされていると同時に罪理解へもそうである。両者一体である。罪は神と対角線的に反対の事象であり、人はどちらへも直接的理解可能性を持たない。イエスの啓示への接触のみそれら双方への理解可能性を与える。神は畏れ多く近寄り難いが、罪はその反対なので人にも近づきうると安易に考えてはならない。それでは罪の重大さを見誤る。罪は人に死をもたらすほどである(創世記 3,19)。罪理解への安易さは裏返せば神理解への安易さ以外ではない。罪理解にはまず罪の世界の外へ出ることを要す。しかるに人は自力ではなしえない。かくてアダムの神話へ他の事柄同様に対応し、今現在の知性で理解しきろうとしてはならない。神からの急ぐなとの示唆とも解しうる。罪や悪の支配なき世界出現を人は期待し、待ちうる。待ちの態度は人の希望からだ。希望あるゆえ待ちうる。やはり希望が先である。良心ある限り自分の現状反省から不可避的に希望がわく。この反省も良心の関わりから来る。自分の現在からは簡単に来るとは思われぬのに、そのことを希望しうるのは良心の強い働きからである。かくてこそ人は人である。人は良心として生きる。堕罪という契機も良心で受容される。人には堕罪後のことしか分からぬので、良心が堕罪したとも判断はできない。

罪自体は今現在の人には理解が届かぬとする方が理にかなう。自己反省の能力は残っていても、罪なき状況へ心は届かない。イエスを信じる仕方でのみ届きうる。これが唯一の道だ。ただ罪なきことへ思いが届いても、それを全面的に自己の実存中に実現しえない。残念ながら終末まで待つほかない。かくて信じることと待つこととが基本である。この際の堕罪とは不安があるような中途半端な罪への堕ち方ではない。基本的には不安がないところまで堕ちなくては止まりえない。一度堕ちだすと安定する点までいくほかない。善悪とも、特に悪は一定までいかぬと、精神的次元のことは止まりえない。そもそも人が死ぬ運命にある限りその根本は罪と一であり、死も罪もない世界など夢である。こういう状況は逆説的に日々我々が罪のなさを捨て続けているという事態と無関係ではない。事ある毎に生命を捨てても義につくことを完全に実行できれば死もないかもしれない。死のあることが死のない結果、死のないことが死のある結果を招く。つまり今からでも死の覚悟で罪のなさを貫けばイエス同様我々一般人も神の判断でそうせられる可能性は否定しえない。だが残念ながら神から見てそう認識しうる個体は存しえない。人類全体としては堕罪したことは否みえない。だが個々では堕罪しない可能性を全面的には否定しえない。人に良心があり、それが生きている限りそうである。もし可能性がまったくなければ良心の働きが制約されよう。ただ現実にはそのことの実現は容易ではない。というよりほとんど実現可能性はない。これはイエスの「わたしに従いなさい。」（マルコ 8,34）とも呼応する。端からそういう可能性なしならそういう勧めはしなかったであろう。そういう可能性も皆無ではないと考えてこそ人として努力もしよう。良心をそのように働かす心も芽生えよう。やはり人の心は無限を思いうる以上、どこまでも可能性のあることが前提でないと努力する心になれまい。そうあってこそ人に責任も生じよう。もとより無限なところまでいかずとも無責任なのではない。各人のあり方に応じた責任があろう。例えば学力であれ、運動であれいかに尽力しても世界一になりうる可能性がなく、一定以上はまったく可能性なしではそこでは本気で努力すまい。ここから反省しても、人は道義的にはどこまでも進行しうるという可能性を前提せねばならない。イエス自身そういう前提で人に対応していよう。倫理的に現実には無限に進み得ずとも、当人がそういう可能性を目の前に思い描きうればそれでよい。ただ罪の謎へも、罪からのまったき自由へも今現在の人は届きえない。たとえそうでもどこかに堕罪の歴史的区切りが必要であろう。歴史上それがあれば、それ以後の個人はそれ以前と区別せねばなるまい。もしそうなら以前の人々は堕罪していない。そこでいまだに生きていることとなろう。それは事実に反する。そこでアダムのように最初の人の堕罪となろう。だがそれでは十分主体的とはいえない。主体的ならアダムとは自分のことであろう。そこで各人が主体的なら過去のことなど問題外となろう。どこまでも自分が罪を犯す。さもないと人の独立性は消えよう。そうとはいえ人類として一つの集団であることも事実である。そこでその中で生きる限り罪を回避しきれない。かくてイエスのように罪を徹底して避ければ、「わたしの母とはだれか。」（マタイ 12,48）となろう。そこで個人として罪をできるだけ避ければ「わたしに従いなさい。」（マルコ 8,34）となろう。人は自分としては最大限その方向で努力しよう。イエスの指示なのでなおさらであろう。確かに人が良心に従うのは個人としてである。集団としてではない。人が良心に完全に従うのなら最初のイエスの言葉のようになろう。かくて一般には集団の中にありつつ集団から外れることも覚悟してできる限り良心に従う生き方が適切である。ところで歴史的区切りだが、最初に集団として罪から自由であるか集団として堕罪したかである。事実は後者であった。それがいつかは今では分からぬが、単に自然発生的に誕生の状態としてそうだったのではなく―それでは人側に罪の責任はない―最初に罪を犯さぬ可能性を神より付与されたことを要す。ただそれがいつでどこであったかは分からない。こう考えると何だか架空話のようである。だがイエスの出来事からはイエス自身が特別の存在であるのと同様にそう考えるほかない。かくてイエスは彼単独ではなく人の堕罪、終末などと一体で信じられるほかない。そういう面をも含めての啓示と受容せねばなるまい。明確でなかった堕罪、アダムの神話もイエスが受肉して人に対し現れて明らかにされることとなろう。その点イエスの啓示は堕罪の啓示でもあった。かくてイエスの啓示は罪、死、救い、生命、神などあらゆる事柄の啓示である。イエスの存在こそそれ本来の意味での啓示といえる。やはり人に対して何かを伝えるには当人自身も人である、人になることが不可欠だった。同次元に立たねばならない。上からでも下からでも伝ええない。同次元に立たぬ限り対話不成立だから。また相手の話を真剣に解しようという心境にならぬから。異なる立場にあるのだから何とでもいえるよとなってしまう。もっとも同次元に立ちさえすればよいのではない。立ちつつも相手と同次元に立とうとしないこともしばしばであろう。かくて心の内実が究極的には問題となる。

（二）

　イエスの受肉を信じて心安きに至るとはいえ、イエスを神の受肉と信じ神と判断しうるのか。「心の清い人々は、幸いである。その人たちは神を見る。」（マタイ 5,8）とある。これは人の良心の働きとも無関係ではない。良心とて自らを脱皮し自己内でなく外に絶対者を措定しえぬし、許されもしない。神に無限に近い存在としてイエスを信じえよう。だがいかにしてそこを超えるのか。単に復活したからであってはならぬ。内実的理由を要す。そこで初めて前者も意義を持つ。その教えが山上の垂訓が示すように際立つからなら世界中探せば他にもいよう。いてもいなくても、そう信じる何かがあろう。それが何かだ。十字架のとき「本当に、この人は神の子だった。」（マタイ 27,54）とされた。死に至るまで自己の信仰的、良心的判断に従いきったが、その「きる」ことの難しさである。九十九パーセント従うことは一般人にも可能かもしれない。だが残りの一パーセントが困難である。人里に暮らしつつ、しかも人とはかけ離れた神の意に従いきるのだから。十字架ゆえなら犯罪人もそうされた。だが神の意にイエスが従い切ったと人が判断すること自体問題である。その点はイエス自身にしか分からない。人が絶対的存在への関わりを要し、欲するからならイエスは偶像となる。真の神の受肉ではなくなる。かくてここでは人側の条件などすべての破棄を要す。それ以外立つ瀬なしまで追い込まれたら、人に不可思議な力が湧き、通常はできなくとも、自己側にある、あるかもと予想しうるものさえ捨てうると思われる。人格的要因をも捨てるほかなく捨てたのに、再びイエスという人格的存在を信じる。類似物を信じたのに同じ状況へ逆戻りするとは感じない。感じても、それ以上の何かが信じる方へ行かせる。それでもそれは新たな偶像とはならない。イエスを真の神の受肉と信じる。単に人の切羽詰った状況に呼応してだけではあるまい。新たな要因の追加がある。すなわち真に絶対者たる神側からの働きである。イエスをそうと信じることへである。人側での事象が真に終わって初めてその信じ方が可能である。現実には人のイエスへの関わりがすべてそういう仕方での実現ではない。この点の深い反省を要す。かくてここでは真にそういう事態実現の場合につき反省せねばならない。人側で万策尽きることが大前提である。いかにそういう状況にあっても人が人格的存在たること自体は変わらない。これはイエスの十字架を見て人々が去った（ルカ 23,48）ことにも見うる。人格たることの持続あればこそ「胸を打ちながら」帰って行った。復活のイエスを信じないと再び人格として生きえなかったであろう。自己自身の力で人格的であり続けえぬが、イエス信仰がそうあるよう促す。ここで初めてイエスの生命力が人の心の中へ移り来る。これの正しい実行のためにも人側での現実性の断念を要す。だが入来の新たな力は、「木の良し悪しは、その結ぶ実で分かる。」（マタイ 12,33）といえるが、一方で他者から由来と明確に確認できないままそういう一面があるので、人としての生き方に限界がある。そこで他からはもとより自己反省としても自分を限界ありと感じるのが正常な感覚の持ち主であろう。かくてイエスを自己の内に宿る実体と感じるのは難しい。“実感”としてではなく、聖書がそう考えるので、自己をイエスの子と自覚するのか。だが実感抜きでは人の心は満たされまい。人生の持つすべての面での義実行の後、そのことを実感とはいくまい。だが人には各々「生きる」分野があろう。かくてそこで各人が新しい生命を体して生きうる。そういう仕方でそれまでと異なる新しい生を感じえよう。それまではこのことさえ不可能だった。自己の存在を自己で全体として担わねばならず荷が勝っていたから。いわば自己に適した特定分野に特化しても「世の光」でありえなかった。自己の存在が全体としては自己管理下を離れてそのことが可能となった。意識するしないにかかわらず全体が当人にとり問題となるほかない以上、できなかった。だが特化分野ではできてもそれ以外ではできないこともある。これは止むをえない。人が全存在としてイエスと同じあり方になれば可能となろう。現時点ではそう信じて待つ以外ない。そうありたいのは山々なので忍耐が不可欠という状況である。

追い詰められ自己を全体として手放す事態をより細かく考えよう。人は生きていれば何かの点で問題を感じよう。そこでいつも自己について不安、疑念などの要因を心の中に抱えていよう。そういう自己をどこかで改めなくてはならない。さもないと真の自己の生は始まりえぬから。こういう心境の袋小路で飛躍を期し自己へ向いていた注意の目を自己から離し他者へ向けることが生じる。いわゆる回心である。ここで初めて回心への前段落としての状況が生じる。ただ一回的回心が生じにくい場合もある。一度そういう心境を自覚しても再び自己へ目が自ずから向く事態が生じるから。これは自己への断念の不徹底による。徹底欠如では新たな生命への移行も半端に終わる。改めてその時期の到来を待たねばなるまい。必ず到来すると信じることが大切である。そう信じてこそ待てるから。待つことは忍耐を要す。待つ時期こそ最も大切だ。最も苦しい時期だから。端から到来を考えぬのならそれもよい。また反対に既に徹底成就ならそれは結構である。だがどちらでもない中間は待つもの来たらずなので大変辛い。耐え続けねばならない。待つのを止めれば逆戻りである。これは最悪である。だが待つ間もただ待つのみで無為で過ごしてもよくない。それでは待ち時間が長くなろう。自己についての不安、疑念などの反省を常に怠ってはならない。その中からいわば彼岸への飛躍が生まれるから。深く問うほど自己への断念という契機へも目が開かれようから。徹底成就の状態の方が待つより現実的には楽である。待つ苦しい状況に耐えれば、人間的にも高貴な場合もあり、それ自体は人間的には大変好ましい事態である。かくて徹底成就がよいとばかりはいえない。どこまでも耐え続けるのが高貴で最も価値が高いという判断もあろう。判断としてのみでなく人自身の現実がそうである場合もあろう。かくて徹底成就にも条件のあることが分かる。真に突き詰められることが不可欠だ。例えば受験勉強なら自分の能力、体力の限界一杯にやるのと同じである。その過程の中で当人の限界へ来れば自ずから異なる方向へ道が開かれよう。それが新しい道である。これは本人の認識とは別個である。本人が気付かぬままそこへ至れば自ずからそうなろう。本人はいつかを事前には知りえない。まさに人の支配する「点」ではなく、神の支配するそれである。否、点はすべて神の支配下にある。

ただそういう特別の点が神の支配下にあることは人生の中で突如顕になる。そこで人は新たに生まれ出る。そこから一度生まれたらその後は新しい生である。これは今までとは異なる。こういう生はその点の持続である。点が点の形を崩して横へ拡大する。点自体の生命力による変形である。もっとも一瞬一瞬を新たな誕生と考えれば無数の点の集合である。これら二種の考え方は二者択一でなく双方同時と考える方が実際と合致しよう。点の横への拡大だから各一瞬が新たな一瞬として新たな生命を宿す。こういう状況が一度実現すればもはや崩れない。これは単に人による実現ではなく、人をはるか超える力が背後で働き守っているから。点の連続と考えればその点の面積は順次拡大する。その生き方が当人の生の広い範囲へ次第に適用されるから。無限拡大の可能性があろう。当人の生拡大とともに拡大されようから。ただ拡大とはいえ、可能性は無限でも、現実には難しい。人には罪の契機が介在し邪魔しようから。ここには極めて厳しい戦いがある。回心の一点からの過去方向への反省も有益である。回心前のものがなくなり、なかったものがあることになるのだから。最大の相違は自己中心を廃し、他者中心的となることである。だが以前の方向でも文字通り自己中心ばかりでは生きえない。自己と同等という意味では他者をも考えに入れよう。ただ絶対他者は蚊帳の外である。つまり自己化した領域の中で生き、それ以外の領域は別扱いである。そこでは生きていない。その点生きる世界が極めて狭い。否、自ら狭くしている。これの拡大には自己化の働きの破れ以外にない。広大な世界が目前にあるのにごく狭い領域でしか生きぬとはまったく残念だ。自己化領域の拡大はできようが、いかに拡大しても自己化の線引きは消えまい。一方、自己化消滅の場合、拡大する自己領域に限界はない。ある一定範囲内での具体的活動は行われよう。だがそこを超えていて、可能性ある領域に制約は見い出されていない。もっとも今すぐそういう領域へ立ち入ってはいない。こういう拡大は神の無限と呼応する。無限には無限がふさわしい。有限には有限である。その点、人は回心で有限者から無限者へと住所を変えた。本来いるべきところへ帰った。人は本来そこにいた、いるべきだった。こういう考えとイエスへの信仰、回心とは一体である。二者択一はない。回心の時点から過去へ向けて反省し神話的アダムに至り、そこから改めて回心へと向かう。こういう線の上り下りとして両方向は成立する。表裏として上下一体である。だがこの過去への上りの領域は当人が今からそこを生きる領域ではない。そこで回心から先へ向けてのように領域拡大のような事態は生じない。仮に人がそこに生きるにしろ現実的領域ではなく精神的領域であり、人の心の中でのそれである。回心前の場はそういう性格である。回心後とはまったく異質である。後者では精神的領域がその中へ回心後の現実的領域を受け入れうる。もっとも逆も生じる。相互受容する。それもそのはず。仮に一方が他方を受容せぬなら両立はすまい。だが人が生きるのはどこまでも現実的場である。そこで現実性を持つものをまず生かす。次いでそれと呼応したものが受容される順になる。かくて精神的領域はそれ独自の現実性を持ちえぬ事態が付きまとう。つまり真の現実性を欠くことを顕にする。かくてイエス受容の仕方が真の問題である。そうとはいえ一万人がイエスを信じるとき全員が同じ仕方で信じはしない。信仰は実存的であり各人の具体相は異なる。人は各々異なった感覚を持つ。そこで人がイエスについて感銘を受ける部分も異なる。人各々の仕方でイエスを信じる。イエスはそれを許容する。全員が完全無欠には信じえぬから。多様性が信仰には不可欠だ。だが信仰が誤った方へいくのを許容はしない。信仰の最初はそういう形が不可避でもいつまでもそれでよくはない。本来の信仰への収斂を要す。すなわち自己化の廃棄、自己中心性の脱却、徹底成就などで表される事態の実現である。ここまで至らぬ場合一旦信じた心境になっても、ゆり戻しなどの不安定は避け難い。そういう事態を繰り返して徹底した事態に至ろう。そういう過程の中でこそ真に試練に会う。そういう過程への関わりを以て試練の始まりである。関わりさえなければそういう試練はなかったのだから。一般人の立場からは余分ごとを抱え込んだようなものである。たとえそうでも人生を積極的に生きようとすると不可欠な思いであろう。何事にも積極性には相応の重荷が伴う。試練を経てより強い信仰へ導かれる。

## 第六節　心安きへの至り方

(一)

　復活を度外視しても自己の良心的判断でイエスを主と仰ぐ。むしろ十字架の死に至るまで神への信仰に殉じたので主となりうる。その点復活はおまけである。だからこそイエスは「自分の十字架を担ってわたしに従わない者は、わたしにふさわしくない。」(マタイ 10,38) という。これがまず第一である。復活はその次である。かくて復活は本来からは人々一般には隠しておくべきである。そこでイエスの復活を肯定も否定もしえぬことは大いに結構である。復活へ先に目を向け易いがそれは基本的には誤りである。復活はどこまでも神側からの自由な恵みである。我々はまずイエスの十字架の道へ関心を集中せねばならない。復活は人には隠された出来事でしかない。当時の人々が復活によって集められたにしろ、それはあくまでイエス伝道のための神側からの特別の時での出来事である。決して復活を一般的事象として十字架より優先して宣伝してはならない。十字架優先が必要である。本末転倒は不可である。人は往々にして好都合なことに関心を持つ。都合が悪いことは後回しとするから。イエス自身同様に自分自身の十字架を負うことが最優先事項である。かくて十字架を質量ともに負うほど復活へ接近する。これは良心による判断重視と内実的に一である。

復活に心を奪われては復活へは至りえまい。その点イエス復活を人が証明しえぬことは結構である。そうでなくてはならない。十字架、復活を一体に考えてはならない。人にとっては異質である。十字架は明確に見えるが、復活はぼんやりとしか見えない。それに人は依拠しえない。罪のためそうなる。そこで人は自己の工夫でイエス復活を少しでも明確にと願う。これこそ誤った方策である。イエス復活はどこまでも人の良心的判断に呼応して描かれるイメージである。それ以外ではありえない。各自が自己の十字架を負う点からは復活への先回り不可能は大いに結構である。可能なら十字架を負うこととはなるまい。こういう考えは現代の自然科学的自然観とも矛盾しない。イエス復活を唯一の例外扱いとするような事態は生じぬから。復活はどこまでも異次元のことでしかない。神の一存による。人が云々すべきことではない。まったく神の意思に属す。そういう領域に人は立ち入りを許されない。イエスに限らない。すべての人々の復活についても同様。世界の創造にも匹敵、否それ以上であろうから。なおさら神の一存による。人は微塵も復活へ関わりえない。許されるのはイエス復活を信じることのみ。だがこれとても人には客観的確証はない。そこでそういう可能性は大いに信じても確信は難しい。良心的判断からそういう可能性を信じるのが最大限なしうることである。冷静になるほどそう考えざるをえない。イエス復活は出来事としては小さくても宇宙創造をはるかに超えた出来事である。人格的観点から判断する限りどれほど広大でも単なる物体的自然に特に意味があるとも思われない。そういう外的事象に心を奪われてはならない。外的なことより内的なことの重視が必要である。信仰自体が基本的にそうである。イエス復活を宇宙の中での出来事と考えてはならない。宇宙創造とはまったく別の事柄で、異次元的に上位である。神に属すことを自己化しようとは罪の働きである。その点人はイエス復活を自己化しえず、自己の権能域の内へ収めえない。また収めてはならない。そういう仕方で収められたものは真の意味でのイエス復活ではない。不明確、不安なしではありえない。そうであって初めて人を超えた、上位にあるところの存在となりうる。これは良心の判断に従っての人側での自我克服を含む。逆にいえば後者実現、すなわち良心に従っての自我克服には、不明確、不安克服の上でのイエス信仰以外ありえない。こういう信仰であって初めてそれへの褒美として復活を賜りうる。

人の現在の処理能力の範囲内へ十字架、復活を収めようとの試みは断念を要す。イエス信仰はそういう試みとは二律背反である。信仰は第二の創造でイエスが第一の創造である。これは聖書の中でイエスがまず神の許で神の子として創造されることにも反映する。記述がそうでも、それを自己の現在の状況の中で理解し、受容するのは容易ではない。人の罪への囚われが今現在に現れるから。結果、聖書の記述があってもそれはそれだけで終わる。記述を今現在の自己に即して自己と一体的に受容しえない。単に過去の出来事として頭で理解するに留まる。それでは信仰の一部として生きていない。死んだ生命の欠けたお題目に堕す。当時の人々には決してそうではなかった。まさに彼らの信仰自体の表明であった。信仰箇条はあくまで現在の信仰のそれであることを要す。それには信仰自体を現時点で生み出す必要がある。単に過去の箇条に依存した状況ではいけない。それらを今自己化し新たな装いを与えねばならない。同価値的たることを要す。信仰に関わることはすべて「現在」でなくてはならない。二千年前に存したものの現在化より、今から始まるものの方が人として取り組みが容易である。すべてが現在ゆえ過去の現在化の手続きは不要だから。過去の時代のものはその状況、用語、世界観などすべて異なる中で書かれ、それらをそのまま今現在へ移しえず、現在へ翻訳せねばならない。それが可能になるには当時の信仰と同価値的な信仰が今現在で生きている必要があるから。これが簡単ではない。過去の記述への依存は不可である。ただイエス信仰およびそれに関連したことは今からいえば二千年、あるいはそれ以上以前に書かれたことなので、現在化が容易ではない。過去の具体的言表から解放されつつそれと一の信仰を自己内で生み出す必要があるから。言表の克服が不可欠である。それなしに「信仰」はありえない。ここに至っては自己が信仰を生むのでなく信仰が人の自己を生む。こういう主客逆転を要す。こうして初めて過去の記述に固執しない信仰が可能となる。だがこれはそれの無視ではない。あくまで当時の人々が自分たちの信仰をそう表現したのと同価値的信仰が今現在の人に芽生え、生きていることである。

　福音書などはそれまでのユダヤ思想、文書前提である。だが現在の信仰からはそれらに基づきつつより広い視野で考えてもよい。つまり神と人類との関わりの観点からである。かくてイエスをその働きもろとも神の啓示として受け、宇宙創造とは別格の事象として認識してよい。今現在では宇宙の構造も当時に比し大いに分明だから。その一切を超えた神の意思表明だから。当時のように宇宙の中へいわば収まる出来事と認識しては現代人にはかえって受容し難い。宇宙超越次元のこととしてイエスが人へ示されるとの理解が現代の知的状況にはふさわしい。またイエス復活も人のあり方を超えるには何らかの仕方での確認を要す。この出来事は人のあり方を超えていなくてはならない。その受容は人側での自我克服を求める。これは同時にその出来事が宇宙全体の創造を超えているとの理解を要しよう。宇宙がいかに広大でもものの世界創造自体に意味はない。当時、人の生を何らかの仕方で永生と考えても不思議はない。当時多くの他民族も同様に思ったのだから。現代の信仰はイエス復活を確証なしでも信じうる。結果自我を超える。だが我々の復活は神に任せる。無碍の契機はそういう信仰を生む。イエスの出来事は宇宙創造の一切を超え神自身に直結する。超自然的復活に確証のあるはずもない。あってはならない。仮にあれば現実に属す事柄へと堕す。そこを超え信じての自我克服、超主体的主体性の確立である。ここではイエスと自己とのみが生きる。他のものは一切介在しない。他は見えるが見えていない。見たくなるほどそこへ注意が向きえない。自己がイエスに出会いイエスの許まで引き寄せられ、自己の良心的判断に従い自己を自己の十字架を負う存在とする。無碍と一のイエス信仰はこういう形となる。イエスと自己以外神もこの世界もともに意識外に退く。かくて世界中で何が起こっても心底までその刺激は届かない。

（二）

人が世に有する最大のもの、生命を失うとき、最大のもの、永遠の命とされる、何物にも換え難い、人格神、復活のイエスへの信仰を得る。失うものが大きいほど得るものも大きい。もっともただ失いさえすればよいのではない。良心的判断の貫徹が不可欠である。さもないと世俗のものを失っても何をも失なってはいない。すなわち得るものは何もない。そこで失得は一体である。現代の民主主義では日常生活で良心的理由で生命を失う状況に立たされることはまれであろう。そこで復活のイエスや人格神への信仰へ直結する心の中での展開には至り難い。ローマ帝国時のように迫害ある時代にはその分そういう展開に至り易かった。人として生きるに当たりそういう時代が幸せとはいえぬが、信仰的観点からはかえって好都合であろう。人が自ら望んでそういう状況はつくりえぬから。そういう時代は神の、神からの、神による時とでもいえよう。かくて現代の日本ではいわば失得一如の先の状況はなく、天の命という体験に至りえぬことは不思議でない。だがそういう体験を得たくて種々策を凝らしてはならない。人は自分の今現在の状況下で良心の判断を実践するのがその勤めである。功を得ようと焦ってはならない。たとえ生涯めぼしい功に至りえずとも。良心的判断こそ大切である。それ以上は罪由来である。良心的判断に背く。「誘惑に遭わせず、悪い者から救ってください。」（マタイ 6,13）という祈りはその点を反映する。良心的判断貫徹を要す状況とは試みの中にあることである。そういう状況をあえて求めるのは誤りだ。決して自ら進んで求むべきではない。それが神の意思である。求めずともその必要があれば状況の方が自ずからそうなる。そのときまで心の備えをして待つ。遠くへ目を注ぐのでなく身近なことでの良心的決断につき反省すべきである。悪い意味で求心力ばかり働いて遠心力が働かないのも困るが、反対によい意味で求心力が働かず遠心力ばかり働くのも困る。遠くを見ずとも身近に注意必要のことがあろう。イエスはそういう注意を促す。そういう点への良心的対応が神、イエスへの信仰にも直結する。日常を大切にすることと永遠、無限のそれとは一である。前者なくば後者なし、反対もまたしかり。日常的次元にこそ隠された宝があるが、心清くないと良心的判断が抜け落ち、見出しえない。しかも日常的事柄で良心的に対応しても、これという特別のことはありそうではない。そこでおろそかになる。そこに落とし穴がある。目を見開いていなくてはならない。注意し過ぎはなく、しなさ過ぎが通例である。それほど人は罪深い。焦って失得一如へ至りたいと思わぬことは無碍と一体である。その点無碍はイエス復活への信仰の一部を構成する不可欠的契機である。信仰を成立させる必然的、内実的契機である。決して外から付け加わったのではない。あれば便利だがなくても何とかなるのではない。それなしでは信仰自体の屋台骨がぐらつく。無碍あればこそ人は今すぐ失得一如の心境になくても、そのときには対応しうるよう心を備えつつ日常生活の中で良心的判断を生きうる。かくてあえて失得一如へ至ろうとすることは通例の意味での幸せを自ら捨てることを意味する。あえてそういう冒険的な企てをせずとも良心に従う生活は時至れば不可避的にそういう状況を生む。かくてすべてで良心に従う生が大切である。これこそ世にあるイエス信仰の姿である。後者が世では前者の衣を着ている。一つの事柄が各々の世界の中で各々異なる衣、良心なり信仰なりで現れる。かくてそういう心境に今至ろうとせず良心に従って生きれば、また無碍を意識せずとも、十分キリスト者といえる。無碍を意識したらかえって無碍でなくなる。

だが一方では「求めなさい、そうすれば、与えられる。」（ルカ 11,9）ともいう。この場合、良心的判断に従って求めることを要す。さもないとイエス復活への信仰へは至りえない。必ずしも良心の判断に従ってでない場合、例えば神秘主義的体験へ至ってもそういう信仰へは至るまい。求め方に応じた到達地がある。先の信仰は体験主義的性格ではない。人側から求めてそこへ至る人間中心主義的事象とは異なる。良心的に求むとは例えば貧しい者に自分の持ちものを施すことを意味しよう。そういう行いは迫害の際のように命を失うわけではない。だが世俗のもの喪失を意味する。その分天に宝を持つ。だが持ち物を全部捨てて真に失得一如の心境に至りうるのか。必ずしもそうはなるまい。確かに気楽にはなろう。現実社会から遊離するのだから。無一物にあることは責任からも遊離する。誰もそういう人に対して何をも求めまい。関わり自体から解かれる。自由といえば自由である。そのように人間社会の制約から解放され自由だと、たとえ当人が人間社会の中にあっても既に人の社会から出たのと同じである。求めもせず求められもしない。それでは人として生きてはいない。死人同然であろう。かくてただ捨てるのではなく、貧しい人々のため自己の所有物を役立てる何かを社会の中で行う形での「捨てる」ことが必要である。この場合人々との関わりはその後も続く。そこで求めたり求められたりの人間関係は持続する。そういう関係の中でこそ信仰的契機も生きよう。前者なしでは後者もまた消えよう。各人に最適な前者の中でこそ各人に最適な後者もまた生きる。かくてイエスの貧者に施せとの言葉は当人が特に豊かでそれへの固執を見抜いたからであろう。人間社会の中への踏み止まりは必要である。外すと人は人ではなくなる。「人」の字が暗示するが、人は少なくとも二人は必要である。一人では互の支えがなく倒れる。これはアダムとエバの話とも呼応する。ところで全財産を施せば知れ渡り、多くの人々から一目置かれ社会から出て行くのではなく、大いに社会の中に留まることとなる。だがそれも当分の間のことであろう。一定期間を過ぎると忘れられよう。つまり社会から外れる。金品をもらった人々が使い切る頃には人々はそのことを忘れようから。かくて持続的に社会の中へ留まるにはやはり慈善事業などで効果が続くことを要す。かくてイエスの先の言葉は神の立場からの話と受け止めるのがよい。人の立場ではこの段落でのようになる。その点イエス信仰は人間社会の中での出来事と考え、受け取られている。人間社会から出て行く可能性を内蔵する宗教とは根本的に異質である。人間臭がぷんぷんである。その臭さこそが超越的世界への跳躍台である。良心上での清さとそういう臭さとが好一対である。

神と人とは無限と有限の相違だけでも異質なことはすぐ分かる。そこで人的要因皆無で初めて神的要因充満と察しうる。逆も真である。相互に排除しあう。神秘主義的方向はそれら双方へともに無関係の世界への移行である。良心の場での失得一如の完全実現は人が命を失うときであろう。さもないと人は命を完全喪失はしないから。つまり人が世に生きる限りそういう事態は生じえない。イエスは「わたしのために命を失う者は、かえってそれを得るのである。」(マタイ 10,39) という。人が世に生きる限り夢である。無限に近づくのが人としての限界である。だが人はそれでは満足できまい。人間的世界の中での事象であれば先の段落での状況のようだが、今の件は元来そういう世界の中で完結しうる事象ではなく、失得一如という到達の仕方が不可欠であろう。だが元来そういう性格ゆえにそのことは望みえない。ここに根源的矛盾がある。これの解消は地上へ天国が降ってくるか、反対に人が天国に召されるかの二つの場合以外ありえない。人が世にある限りどちらも実現はしない。たとえそうでも人は生きなくてはならない。そういう宿命の下に良心はある。その宿命を死しか変ええない。だが加齢とともに人の感覚も鈍くなり身体的にも精神的にも辻褄が合う状況になる一面はあろう。だがそのことは全面的真実か。確かに耳が遠くなるように身体的感覚は鈍ろう。だが良心の働きもそうなのか。悪事を働いても何とも感じないのか。仮にそうなら人間社会は収拾がつかなくなる。加齢とともに身体的感覚は鈍るがそれと反比例的に精神的感覚は鋭くなりはしないのか。「夢は枯野を駆け巡る」という具合に身体が不自由なら、かえってその分、心は活動的になりはしないか。そのことは当然良心の働きをも活発化させよう。そうなら人は最後まで先の根源的矛盾を解消しえまい。それに耐えた生こそ人に求められよう。換言すれば良心に従う生へも特に何も報われはすまい。だからこそ良心に従う生の価値がある。報いがあれば誰でもそうしよう。それなら良心に従う生を唱道しなくてよい。放置では不可なので唱道を要す。報いを当てにせぬ良心尊重こそイエスの十字架に連動した生である。報いはそういう生の後でであろう。先にそれを確かとしては知りえない。可能性としてのみであろう。当てにはできまい。それだけやりがいがある。たとえそうでも本当にやりうるのかが問題だ。一方にある無碍が良心に従う生を可能にする。そういう契機が人を人として生かす。そういう認識で臨んで人は対応に自信を持てる。人ゆえそういう明確な認識が不可欠である。その点イエス信仰は禅的人間理解を必要とする。必然的契機である。

## （三）

良心的判断はそれ自体大切である。永遠の生命と関連させて考えてはならない。もとより想定した独自な霊的世界との関連で信じられればそれもよかろう。それが人間社会を安定させ、その重石として重要なためにそれは尊重を要す。何かの付随物であってはならない。もしそうならその何かが大切であり、そのことが不安定化要因となろうから。本末転倒はいけない。良心的判断自体の意義こそ強調が必要である。結果、それが普遍的価値を持つ。本質と舞台装置を混同してはならない。その点イエス復活さえ装置の一部となる。たとえそれが客観的事実でもそれへの依存ではきわめて不十分である。還相の観点から考えると特にそうなる。そのとき初めてイエス復活は意義を完全発揮する。復活に依拠しなくて初めて良心的判断の大切さは認識される。何にも依存しない。依存は許されない。他の何にも依存せずそれ自体大切で初めてその大切さが認識される。かくて一切の他の諸条件を外してその大切さをいう必要がある。さもないと良心自体の大切さが二次的となる。ぜひそれ自体一次的に大切であることを要す。キリスト教に限定するとイエス復活も舞台装置の一部なのでそれ自体の重要性は二次的である。イエス自身もそのことを許容されよう。自ら十字架についた事実がその点を示唆する。かくてイエス信仰から離れて初めてそれはその力を発揮する。イエス信仰べったりでは、結果的にサタン実在をも信じそれに付随の領域も広く種々問題が生じよう。事実過去がそうだった。この問題は人の自律と一である。イエス信仰もそれの一契機にはなろう。それ自体が目的との見方もできる。種々の観点から見うる。各観点は固有であり、他の観点と混同してはならない。混同さえなくば複数の観点は大いに結構であろう。何事もある一観点からのみではことの真相が見えぬから。心の豊かさは見方の豊かさとも比例しよう。単一な見方は褒められない。複数あってこそ真の価値が認識される。それらの中から人にとり真に有意義なものが浮上する。各見方は対象物の一定評価と一である。一般の事柄同様イエス復活でもそうだ。信じる方向へ心が向いて見方が生じる。最初は種々あっても人が真にイエス復活を信じようとすれば一定の見方へ収斂しないか。必ずしもそうでないから困る。イエス復活でも複数の見方がある。しかもこれらはすべて信じようとしてのものだ。この点信仰とはそもそも何のためかへ立ち返ると、良心的判断の裏づけ、保障としてのイエス復活という考えが妥当である。良心という表現はともかく「心清き」という言い回しがよく見られる。義の尊重でもある。ここでは神の存在が清き心の背景にある。だからこそ神を見るのだから。そういう心のあり方がまずある。そのとき神を見る。まず神があり、次に心が清くなるのではない。順序が逆である。心のそういうあり方が先である。神を見る、見ないにかかわらず心は清い。たとえ神を見ずともそういう心のあり方は変わるまい。心はそういうあり方以外ない。当人には固有なあり方である。清い心が神を映す鏡であり、宿す。問題は心に映る神がいかにして永遠の価値を持つかである。清き心とは良心である。清いとはそこであらゆる宗教、信仰の共通的真実を感得しうるから。良心は人格的存在にとって究極的価値である。心清き者は神を見るとはそれのユダヤ的表現である。良心の価値それ自体が人へ何かを与えたり、奪ったりはしない。泰然自若である。人が生の観点から見てのことではない。人格的存在にはそれ自体として価値がある。他の何かとの関連での価値発揮ではない。このことは心清きゆえ人が何か決断するとき、そのこと自体が人の心を満たすことと呼応する。それが「神を見る。」（マタイ 5,8）であろう。被迫害者へ「天の国はその人たちのものである。」（マタイ 5,10）という。これも清き心の真実を証しする。たとえ世で命を落としても幸いであり、天の国がその人々のものとされる。天の国とは地上のそれではない。いわば心の中の国である。迫害は心が清いからだ。世でどう扱われても心は豊かで何一つ不自由はない。禅の境地と共通的である。世のことへ無碍である。すべてのことにそれ自体として対応し、無関係のことと結合せぬことは心の清さの現われである。そういう良心的判断を貫くと、世にある心の落ち着きとは異次元のそれに至ろう。

こういう心のあり方こそ天の国である。こういう仕方で心は永遠的あり方になっている。心は晴れている。それで十全に心は天にある。周囲には悪行にいそしむ人々もいる。しかもそういう人々の方が暮らし向きもよい。それでも心は天にある。人の心はそこまで自律的でありうる。禅寺にこもるような生き方をすれば別だが、可視的世界のあり方を一切度外視せねばならない。だが反対にさもないと神を信じても心安きでないのも事実である。かくて神を信じても信じなくても先の「自律的」あり方でない限り心の安きはない。自己自身が先の心清きあり方を積極的に選び取ったので不遇な状況でも安きなのか。確かに自らその方向を選び取ったのは事実である。だがそれだけで不遇打ち消しの効果があろうか。ここで考えるべきはそういう人格的あり方は宇宙普遍的だということ。それだけの広がりを持つ。全宇宙的次元の、全宇宙を貫く真実だ。決して地球上に制約されない。宇宙の果てまで届く真実だ。全宇宙大の真実に与る。それとともに生き、それとともに死ぬ。一方、そういう生に反した、世を目的のあり方は地球上の一部で役立つのみに過ぎない。地球大でしかない。広がりの次元が異なる。人格的内容が異なるとはいえ、広がりの相違だけで人は納得できるのか。神により納得なのか否かは人には分からない。しかしその分からぬことでは人は自己の生を律しえない。だが自己の良心的判断は現に自己自身で実現している。そこで宇宙大と受容しつつそれによって自己の生を律しうる。人格的内容の何らかの究極的次元の事柄を信じうれば人はそれで良心的判断に従う生き方を全うしえよう。啓示された神信仰もそのことの一形態であろう。

心に埋め込まれている律法に反する言動は他の人々からの期待を裏切ることであり、反省が必要である。自己自身を裏切り、他人を裏切り、人類全体を裏切る。心の律法は本人が消去しようと思ってもそうはできない次元に属す。人が人であるとはそういうことである。消去は叶わぬ夢である。人はイマゴ・デイだから。そういう律法に耳を傾けるか否かは人にとり永遠のテーマである。なぜならそれは人が人であるか否かの本質に属すから。

## 背景的状況　(a) 信仰による救い

福音を信じれば救われ、反対は救われぬのは人間中心的にも映る。だがこれは人格尊重という神の意思反映である。人間中心的ではなく、人格中心的である。これは神中心的と一である。人間とはいわば「半」人格である。「全」人格ではないから。神中心的とは神が人格的存在なので人格中心的であるほかない。人が神へ届くのはイエスの啓示信仰の道によってのみである。他に道はない。理、知性のような人の中にある資質では届きえない。理、知性は可視的世界の範囲内のものにしか適用されない。一方、信じることは不可視的世界のものに適用される唯一の方法である。だが信じた内容、神の存在、イエスの啓示の意味と、自己の存在、内的資質によって認識しうることとの間には差異がある。この事実が人に自分が神から離れ、一体的ではありえぬと実感させる。人が神を直接知り自己の内的資質で神を神と認識しうるのは終末においてである。それまでは人にはその問題は解決しない。かくてそういう乖離感に堪えるのも信仰の一部である。耐ええなくては信仰維持は難しい。そういう感覚の大きさは客観的には一定である。だが個人ではその都度の気持ちで大小が生じるのは不可避である。だが消滅はしない。またそうあってはならぬ。神秘主義はそういう消滅を表すので除外。そういう乖離感が一旦信じたら強く信じる契機ともなる。人の努力は信じた後のことなら意識すると否とを問わずこういう乖離感を消すのが目的である。たとえ自己自身の十字架を負うことでも。倫理的に立派な行為でも、人の行為たる以上、意識の隠れた層でそういう要因が働いても不思議はない。人は倫理的に立派だと傲慢の罪に陥りもする。そうなればこそイエスは断食は人に見られるためにでなくせよ（マタイ 6,16 以下）という。だから人は行いでは義とせられない。さらにたとえ信じてもそれで一切の問題が解決はしない。人にとり究極的位置付けができたに過ぎない。しかもたとえ何をしても、その“過ぎない”という点を過ぎてどこかへ達するのではない。もはやないとまだないとの間の状況は永遠に解決不能である。行いでは義とされぬので信じた後での行いを問うても余り意味はない。大切なのは義とされる信仰である。自己自身がそれに参与して初めて明らかとなる。

信じ方は単純でもなく興味本位でもなく隠れた形なので行いも隠れた形になる。他へ伝えようにも相手が可視的なものしか信じぬのなら伝えられまい。この点での因果関係は決められない。神信仰の際、自我克服により主体、客体はない。新しい主体、蘇った人が神を信じる。人が人格的存在たることが根底にある。人格的次元を自然的存在の方向へ考えれば神信仰の方へはいかない。だが人格的方向へ考えても必ずしも信仰の方へはいかない。人格的方向を自力で貫きえぬ弱さゆえ。だがこの弱さとは絶対的次元での話ではない。人格的次元を貫こうとする生命力との関連においてである。その生命力が余りなければ人格的方向を貫こうとする弱さも問題にはなるまい。やはりその生命力の強さゆえそういう弱さが問題となる。その生命力が人の中に人格的弱さを発見する、いわばつくり出す。人に自覚さす。そういう生命力こそ先在的問題だ。だがその人格的弱さは生命力との関係で初めて自覚され、それなしには認識されない。仮にあっても認識されず、気付かれぬままである。元来そういう弱さは当然のこととして明らかなのではない。ないといえばないもの。だから生命力が人の心の中へつくったものだ。だがそういう弱さはただ弱いのではない。強大な強さへ転化される素材である。転化のときその弱さの本質が顕になる。転化しても弱さを完全脱却はせず、弱いほど強さが出てくるので、転化されるほど後から弱さが補充される。だから脱却だが、弱さ転化の強さは再び次の弱さを生み出す。かくて弱さが強さを媒介にして新たな弱さを生み出す。

信じたらもはや信仰などはない。ただないのではなく、あってしかもない。信仰という自己の実存外のものが自己を規定する事態はない。だから自己内にあるときには外にはなく、逆に自己内にないときには外にある。だが内にも外にもない場合もある。これは信仰から完全遊離で問題外である。内になく外にある場合はそのものの影が内にある。内へ陰影を落とす。それが心全体を把握するとそれは脱自して単なる陰影の域を脱し光となる。自我を克服して信じれば神への恐れはない。そのとき初めて光となろう。克服前のものが形を変えて存続はしない。克服前では神への恐れとは自我が自己に煩わされ神の裁きを恐れることである。克服後は同じ内容の恐れは続くまい。恐れは畏れへ変化する。恐れの状況ではまだ神は真に自己を人に啓示していない。それは真の神ではなく人の自我により受容された、自我の色合いを着せられた神の姿である。このかぶせが除かれ神が人に自己を顕示する。このとき神を畏怖はしても恐れはしない。こうして神は人と隔絶しつつ人へ積極的関わりを持つ。この畏怖は神への愛と一である。神へは畏怖なしに愛なく、愛なしに畏怖なしである。神への人の態度は畏愛一如である。畏入りの愛なので、この愛は人同士のそれと異なり、エロス的ではない。だがアガペー的でもあるまい。どちらでもあるがどちらでもない。そういう区別が出てくる源泉として畏愛一如がある。この畏は自己への囚われは持たない。その分恐れは純化される。そういう囚われがあると神への畏れは不純となり、恐れとなる。これは真に神へ目、心を向けえず神へ目を向けつつ実は自己へ向けて生じる。神へ目を向けることと自己へのそれとは二律背反である。後者の否定なしに前者は生じえない。自己へ目が向く限り畏もなく愛もない。畏愛一如のとき神への注視と自己へのそれとは一となる。ここではかくてある意味では神自己一如である。神への注視は自己への囚われから自由ですべてを公平に見うる。それは無へ目を向けることである。有形のものへ目を向けていても実はその奥の無を見ている。何も見てはいない。目が形あるもので遮られない。いわば永遠を見る。形のなさを見る。さらにもはや見てはいない。何も見るものはそこにはないから。だから見ようとする目はあってもないと同じである。見る目もなく見られるものもない。目といえばすべてが目である。目でないものは一つもない。物といえばすべてが物だ。だがそういうものはもはやどこにもない。かくて神への畏あるときは畏だけがあるのでもはや畏もない。畏の中に恐れのような要因が少しでもあればそこでは畏のみではない。そこで畏がないとはいえない。畏は畏としてその有形な形をとっているままである。愛についても同様である。神への愛の中に人への愛、自己への愛の混入があると神への愛のみとはいえず、したがってそれがもはやないとはいえない。愛のみのとき愛はないとは愛する主体と客体との分化がないことである。分化すると愛が“ある”こととなろう。愛と畏という内容の異なるものの一がいいうるのも根本には主客対立のないことがある。畏はそれ自体すでに神への愛である。畏と愛との間に橋渡しする第三項を持ってくる必要はない。こういう無区別は畏と愛とを区別する何ものもないことを意味する。だがたとえそうでも畏は畏、愛は愛に変わりはない。ただ神へのそれらなので両者一になりうる。つまりそれ自体の中にではなく、対象たる神の中に無区別の根拠がある。確かにこれは一面の理である。例えば神への愛、神への感謝は一である。現世の具体的なことへの愛、畏、感謝などは各々別物であり、いかなる意味でも一ではない。一といえるのは神がそれだけすべてを包む包括的存在で自体はそれら合計を超えた、それら以上の存在、それらの元になるもの、それらの価値を奪うものを生み出すごとき、自体は無なる存在なので、それに対して初めてそれらが一になりえよう。神は畏、愛、感謝の対象でありつつも、しかも無なる存在である。だからこそこれらはいわば三位一体でありうる。もしそれらを合計しただけの存在ならそれは有の諸形を持つのみでそれら相互を無化しえない。だから畏の対象になるときには真にそれに徹しもできまい。愛の対象になるときにも同様であろう。かくて先の三者いずれの対象にも真にはなれまい。愛の対象になるときには他のことの対象になるのを断念せねばならぬのだから。そこで例えば単なる愛の対象たるをまず超えていなくてはこういうことはできない。愛の対象を超えるとは不愛の対象にもなりうることだ。だからこそ神は自己への人の罪を長い間忍んだ。畏と愛との一の背景には神の無があると同時に人の無がある。さらに人の神への態度が無ということがあろう。無が無に対して無の態度を採るところに畏愛一の根拠がある。これは何ものも何ものに対しても何らの態度もとっていないことである。これは何らかの形の態度ではないが、実はそれが最高、最善の態度である。かくて人があるとき神に対し畏を、またあるとき愛を感じる差異は無なる人側のみに理由があるとは思われない。双方無の両者間に無の心の交流として畏や愛があるのだから、これは決して具体的な、例えば人の何か善悪の行為に依存はしない。そういうことには基本的に無関係だ。有の持つ形に囚われぬ自由から生まれるものである。無と自由とが関係する。

神も無、人も無なので無が無を畏れる。だから畏自体の中にも無の要素がある。無が無を畏れるのにそういう関係のみが端的に有なら、有の相皆無でなくなろう。畏自体無化された畏である。だからこそそれは恐れではない。しかし無化された畏とはそれには尽きない。それは現実の種々のものを無化する。人にとっての価値を無化して人を囚われなくする。無化されたものは今度は自分が主体となり無化を生み出す。無化が無化を生み、無化の輪は広がる。一切のものの無化まで止まらない。そして無化終結時に一切が一転して有化される。無化が有化へ転化する。無が有へ逆転する。こういう無化は神にその始原を有する。さもないと一切の無化までは進まない、進めない。途中挫折する。神でない限り、それ以上現実性あるものが現れると、それからの無化の方が強力だから。かくて無化と無化との戦いである。価値を巡る争いは結局他のものをどこまで無化しうるかという無化力の争いである。それが大きいほど価値も高く人心を無化し捕らえる。神ほどに無化の力の大きいものはない。だから神が光あれといったらそうなった（創世記 1,3）。あの光はすべてを無化する力である。神の光ですべて焼きつくされ無化され無に帰し、そういう無の土壌の上に神は生命を創造する。神の光は創造のみではなく、一切を無に帰す働きもする。もろ刃の剣である。神の言葉もそうである。創造すると同時に滅ぼす。だからこそ「持っている人は更に与えられて豊かになるが、持っていない人は持っているものまでも取り上げられる。」（マタイ 13,12）ことにもなる。神のような存在へは他のものの無化力が及ばない。価値を奪おうとしても奪いえない。神は元来無であり、無化は元来神の働きだから。他のものの無化力は神に属す元来の無を無化はしえない。無化力は厳密には神にのみ属す。他のものの無化力は本来その名に値しない。無はそもそも神にのみふさわしい。被造物はそれ自体真の無でも真の有でもない。有とも無ともいえない。真の有にして初めて真の無である。畏は無化するが愛はこれに対して有化の働きであろう。畏、愛ともに無化と同時に有化の働きも持つが相対的にはそうである。畏はいわば退ける、愛は抱擁する働きが強いから。畏は退けて無化し、愛は抱擁して無化する。無化の仕方が異なる。だがそうでも真に無化が成立すればその無化の相には差異はない。もしあればそれは真に無化されていないからである。畏は無化によって有化し、愛は逆に有化して無化する。前者はまず自己に触れるものの自性を奪い無化する。そして新たな生命を注入し、有化する。後者は自性を真に自性たらしめてまず有化する。その過程で同時に自性にあらざるものを無化する。自性が自性に徹して不自性を脱することは自性が不純なものを除いてそれ自体、自身に目覚めることだ。真の自性は神を信じる限り単なる自性を超える。さもないとそこには無化も有化もない。禅などでは一切の無化はあっても一切の有化はありえまい。もっともそれ自体で見ればあるとしても、神信仰からはそういう有化は有化とはいえない。この相違はどうなるのか。一般に有化とはあらしめることだ。宗教ではそれは材料を形造るとの意でもなく、まったくの無から創造することでもない。有たらしめるとは人格的に有らしめることだ。それには相対するものが必要である。さもないと対話がなく人格的存在は成立しない。人格にとって自己、自己内だけでの対話はありえない。かくて神が人の対話者となり、人を人格的有たらしめる。そうして初めて人は罪なきあり方を希求する。

人は神を明確に認識して信じてはいない。人知では到底知りえない。かくて神は人には相対する関係でいえば無なる存在である。広大すぎて知りえない。我々は神の真っ只中にいるので神を知りえぬゆえ神を有としてより無としての方が信じ易い。有って有り余って無になった。真に有なるものは人には無である。この無なる存在を信じて人は自らも無なる存在へ転換する。小規模の無の存在である。神自体は有だが人には無ゆえ、相対する人はその神の無を自己へ写し取り神があたかも無のごとき有であるように自己を同様とせられる。無なる神信仰とは特定の形あるものは何も信じぬことだ。神は一切の形あるものを有らしめるゆえ自身は形を持たない。何をも信じぬとは自己を信じることで無相の自己を信じる。この自己に特定の形はなく神の御心の内に隠れている。もはや自己でないごとき自己である。自己を超えた自己だ。自己の根源としての自己だ。かくて自己を信じるとはいえ無を信じるのと同じである。自己も無も同じだから。無なる自己が無なる神を信じる。無が無を信じる。さらには無が無を無とする。無なる自己の具体的働きが何であれ、無の相で根本的にはなされるのだから、かくて信じることも無的性格である。だから無のみある。有はどこにも見えない。自分が有だと有が目につく。自分が無だと有は見えない。かくて神を信じる場合有の相においてではない。イエス信仰も地に密着した形で信じはせぬことと呼応する。

神を信じたとはいえ人に知りうる限りでの神を信じたのである。神自身はどこまでも知りえず信じえない。人にとっての神を信じたに過ぎない。それ以上は進めない。有限で罪ある存在が無限で罪なき存在を信じるのは元来無理である。だから人が人に知られる限りでの神を信じてもそれは実は真の神自身とは無関係である。人は神とは無関係の世界に生きねばならない。イエスはあくまで地に現れた方であり、それが神だとは信じるほかない。そうという保証はない。人はある暗示に基づいてそうと決めて生きる。だから神とはいわば無関係とは人側からのことであり、神からはイエスを信じればそれ相応に認める。だがそのことを人は今は知る由もない。かくてそれには無関係に生きるほかない。ただこれはまったくの無関係ではなく真には大いなる関係なのかもしれない。人は知りえぬ以上無関係というまでである。今は無関係だが次第に関係へと変化するのではない。最初から人としては完全な関係があるのかも知れない。

ただ隠されている。そこでその関係に基づいて何かの判断や行動をなしえない。それをすでに現在成立と受け止め、頼っての言動ができない。現実的に神自体へは関係しえてないゆえ。罪ゆえの当然の報いである。これは信仰していると信仰することとも関わる。前者の信仰が真の関係をいうのなら後者の信仰はそういう関係ありと信じることを意味する。人からの意味での無関係こそ信仰を支え強化する。もし仮にこの無関係が関係として顕になれば信仰強化の要因はその分減衰する。それはもはや信仰とはいえぬものへ変質する。信仰の崩壊である。そこで神が無とも有ともいえぬことを考えると、人がたとえ信じてもその関係は無（関係）だとはまことにふさわしい。

信仰とは託すことだが、実はそうするものなどどこにもない。そうするものある限り託せてはいない。託す､託さぬが問題外となって初めて託せている。自己を託すのは自己に現実性がないから。かくて託す行為もそれのなさは不変なのでその行為は何か積極的な意義を持ちえない。託すとはいえ一般的なそれと異なる。信仰では行為者と託される相手とは別である。現実性なき自己を同じくそうである自己が託す。無が無を託す。託そうにも託す相手は存しない。相手があるとすればそれは律法による義を求めること。そうする人も無にはなれまい。託す人の無と託される者の無とは関連する。一方が無で他方が有ということはない。有では信仰は成立しない。無が無を託すとは託す者も託す行為もないことである。無なる人の心の中に神に自己を託す心は生まれまい。だがこれは自己の内心でのこと。現実的には何かを託そうにもそうすべき相手は存しない。このように託す行為のなくなったとき初めて託しえている。だが反対にそういう行為がなくなっただけではいけない。託そうと種々試みた後それを止めた場合でも託す心自体の消滅はない。もっともそうしようとの意思はもはや働きはしない。結果的に託している。託そうとの心の消滅が自ずから託すこと。人が人たる限りそういう気持ちがまったくなくなりはしない。たとえ託しえてもそうである。人は元来自己で自己を負うようにできていない。旧約の創造物語にあるアダムの助け手たるエバもこの点を示す。人に限らず存在者はすべて依存し合う。人ではその点が顕著である。自己の本性を自覚してそうなる。

直接知りえぬ神に自己を託すとは、託される自己も託す自己も存しないことだから何者にも託さぬことだ。後者のことが神信仰によって可能なので後者が前者である。託す、託さぬ気持ちの間を人の心は揺れ動く。双方で感じる自由は異なる。前者のは文字通りのそれ、内実をいえばイエスにより拘束された自由であり自由が失われているそれである。ただそうされるほど自由である。こういうことが可能なのは前者の自由の内にはまだ自由でない不（非）自由的要因が残っているから。つまり人がまったく自由たりえてもそれはまだ真には自由でないから。人がそれ自身として自由なら文字通り自由でありえよう。人は有限であり、まったくの自由はかえって非自由になりかねない。これはしかし不自由との意ではない。何事にも不自由を感じはしない。非自由と不自由とを分けて考えねばなるまい。自由と不自由とは反対概念だが自由と非自由とはそうではない。他者によって贈与された自由即非自由が人には自由を意味する点に人の人たるゆえんがある。何者にも託さねば人格的要因は生まれず、自由は自由たりえない。非自由が自由という状況でなくて自由が自由になるのは終末で霊の体を受けるときである。自由、不自由の対立の止揚に非自由即自由がある。不から非への転換は人が神の方へ向くことを意味する。そうならねば人はいつまでも罪に留まる。だが非自由即自由ではもはや単に自己が自由なのではない。自由なのはイエスである。かくて自由なのではなくてイエス由なのである。自はどこにもない。自由の自は元来自己の自ではない。

イエスの啓示から神を信じても何らの覆いもなしの神自身が信じられはしない。神がそういう神の信じ方を人に対し認定したのだ。それがなくなるとそういう信じ方は無価値となる。かくて信じる内容、仕方ともに神の特別の恵みによる。そこで人は逆立ちしても神まで届かない。神と顔と顔を合わせて見ることなど世に生きる限りありえない。人の信じる神は実は神ではなく、神により人が信じる神と認定されたものである。かくて信仰によってさえ神の許までは届かない。神自身でないものをいわば神と信じているのでこれも一種の偶像崇拝でもあろう。ただ神自身により認定された点が他とは違う。だがそれが神自身ではない点何ら差はない。かくてイエスで啓示の神を神と信じるのは神自身公認の唯一の偶像崇拝でもある。人がイエスの啓示から神をどうイメージしようとそれが現実の神自身に合致することなどありえない。神はどこまでも人にはインコグニト（不知）である。人には残念ながら偶像崇拝が欠かせない。その点イエス信仰とは人間の救いのための宗教とはいえない。もとより信じれば救われるが、仮に生身の人間の救いに役立たずとも止むをえない。人の救いばかり気にするのは神のことより人のことを思うことだ。人間界から離され神の方へ引き寄せられるとそう感じよう。世を脱して本来の場へ帰るゆえいわば「脱帰」である。過去の記憶の内容が例えば“私の身体には別の法則がある”(ローマ7）というような場合それは自我であろう。記憶された自己に何らの道徳的問題もなければ対自的存在となっても自我は芽生えまい。このことは霊と心と体が一体という点からも悪いとは思われない。人側での現実性の衰滅とともに他者側のそれが浮かぶ。可視の物が見えている間は不可視のものは見えない。

現代に近づくほど技術発達もあり人自身の力で何事もやれるとの気持ちも強くなる。人は希望的観測の方へと心が動きそういう結果になる。すると人は自己で自己の無の根底を支えうるかの幻想を持つ。そこで旧約でのように神により人の存在が支えられているとの感覚は希薄となる。だが人の存在には死が不可避である。人は自己のつくり上げた種々の装置で守られ旧約時代と異なることが人に人中心的発想をさせる。技術的にも社会制度としても種々の保障で人は保護され人が自己の虚無性の認識に至るのを妨げる。一種の逆安全弁である。要は神の存在がその分人に響きにくくなる。子供が事故でなくなったり、大人が若死にすると人は悲しむ。だが一方、通常の死に方ではさほど悲しむまい。その分神の方へ心は向き難い。古い時代ほど子供の死亡率も高く大人の寿命も短い。その分心が神へ向き易い。世界が神により創造されたとも理解し易い。人にとり自己存在の根拠がいつでも抜け落ちる常在の危機と隣り合わせで生きていた。神への信仰を抜いて人は自己が安全だとは思ってもみなかった。つまり命は神から賜ったと率直に信じえた。

## 背景的状況　(b) 霊肉の争い

霊肉の争いは霊は何のために世にあるのかへ帰着する。神に直結する真実をあるとき受容できずとも次にはできもしよう。その間に良心的反省が深まった。このように人の対応には変化が見られる。同じことへ異なる反応をする。人の世界はまだら模様である。イエスが主たりうるのは良心的判断の先達たるとともに実行の模範だから。死に至るまで判断、実行を貫いた。良心的に理想の姿を見て、死に至るまで理想を追求した人は他にもいよう。復活が決定的に重要にしろ復活したとの確証はない。信仰があって初めて復活もある。だから復活が主たることの根拠ではありえない。復活を含めての信仰成立で初めて主も存する。これには良心的判断の重視と自己に囚われぬ無碍の心とが必要である。前者尊重となっても後者不十分では自己への囚われが残りイエスが主とはなれまい。もっとも前者重視が大きくなるほど後者も大きくなる。さもないと前者も大きくなれまいから。ここではまだら模様となろう。以上はイエスと信じようとする個人との間でのこと。そういう個人同士の間でもそれに類した事態は生じよう。後のものが先になり先のものが後になるという状況である。霊での前進は二歩前進、一歩後退という状況を避けえない。良心的先達として人の自己への囚われを打破し、主よという復活信仰が成立した可能性はある。結果、「主」として復活信仰を生みつつ人の心の中へ入ってきた。これら二つ、入ることと生むこととは切り離し難い。生まなくては入って来えないし、逆もいえる。前後は決められず同時である。真実の信仰はこうだが、現実には人によりその対応は種々ある。入るのが先もあれば、生むのが先もあろう。だがこういう場合は両者ともその未完成ぶりを露呈しよう。修正を余儀なくされよう。ここでもまだら模様が生まれよう。各所でのまだら模様は人にとり信じることが簡単でないから。同一人でもあるときは信じえても状況次第で信じ難くなろう。良心的先達―復活―主となるというトライアングルで三者のうち一つ消えると三者とも消えよう。三重である。三一、一三である。良心的先達とはまず人側の事情が直接関係する。復活はまったくイエス側でのこと。両者は主となるとの信仰で結合する。主となることは双方に関係する。良心という場で後二者は生起する。復活して主となる。良心がそこで生きる場が同時に神人に共通した場である。何か共通の場がないと一定の和解へは至り難い。元来人は神の創造物なので共通的要素があっても不思議はない。神が人格的存在なので人もそうである。そういう存在の共通的、具体的内容として良心がある。そう解すると良心は神に直結しそれだけ重みを持つ契機となる。良心という場で復活し主となる。例えば山上の垂訓のように教えた以上、一般人同様死んで終わりではなく復活が当然である。良心がそう決断させる。良心が人の人たるゆえんである。汚れを除かれた清純な良心の判断はそういう決断へ通じる。それ以外へは通じない。たとえ直ちに通じずともそうあるほかない定めにある。さもないとそういう決断はまったくの偶然で何の必然性もない。それでは人格は成立しない。人格的世界にはそもそも偶然的、ラッキイセブン的要因はありえない。仮にそうなら神の世界にも偶然的要因が介在しよう。これでは義は成立しない。神、人格、義では必然的法則が厳然と支配する。偶然などは全面的に排除される。さもないと究極的には神の存在さえ偶然となる。神と偶然とは二律背反である。人には偶然ということは必ずしも矛盾しない。神は常に必然と一体である。罪なきとはそうであるほかない。かくてイエス復活は必然であり、偶然ではありえない。神の意思は必然的にそういう事態を要求する。必然的なればこそ復活は重要な意味を持つ。宇宙全体を貫くほどの意味である。自然科学的次元、世界での復活であるかのように人間的手段で復活を扱うのは根本的に対応を誤っている。そこで我々がイエス復活を信じれば我々自身も神敷設の必然的軌道に乗る。それ以後神による定めの軌道上を歩む。今現在の我々の眼にそれと見えなくとも、そうだとの事実に何の変更もない。人側でのあらゆる不安、心配、懸念、判断などを神の必然は貫通する。この神側の必然へは人が無碍たるほど近づき易い。人側での障害がその分少なく神の必然が心に入って来易いから。そもそも神にとり偶然はない。かくて神の約束は必然的で偶然ではない。信者の復活もそうである。どういう約束もそうである。約束の反故はない。一方、人では善悪ともに偶然だらけである。同じ状況でも同一人が別行動をとる可能性がある。その都度の事柄である。見通しが立たない。こういう事態と対比し神はすべてに明確な見通しを持ちそれに則って発言、行動する。偶然を当てにはしない。だからこそ人は神を信頼しうる。そういう神の必然性にもかかわらず人は神の意思に沿わず堕罪した。その分罪は重い。神の必然への挑戦という意味をも持つから。

自然界は偶然という要素が大きいが、偶然という必然という考え方もありはせぬか。人に偶然と見えても神の目にはそういう必然ではあるまいか。神の目は人の目と同次元ではない。人はものの表面の有様に気を取られがちで、一方神はそういう次元を超えより深く見る。そういう事態も先の考え方と合致する。つまり神にはすべてが必然で偶然はない。これは神の言葉、預言などは必ず実現するという信仰とも一致する。かくて人間は良きにつけ悪しきにつけ神の定めた軌道上を歩む。そこで初めて人は自己存在をゆるぎなく位置付けうる。自分でそうするのでなく、そうである自分を発見する、気付くのだから。仮に自分がするのなら自分が何かでぐらつくたびに自己存在全体がガタガタとなる。結局そういう仕方では位置付けえまい。人格的存在にはゆるぎない位置付けが不可欠である。さもないと自分の進む方向さえ明確でないから。位置付けても人は自由を失わない。良心に則って決断すればよい。それこそが神の目には必然である。かくて人の世界では良心という要因が必然性という要因と関係する。良心的とはある一定の方向を示唆するから。必然的とは価値的に高いことと結合する。何かが実現するのはそれが必然的であるから。偶然的ならそうなるとは限らない。そうあってこそ神による世界創造である。良心(人の側)と復活、主(神の側)との呼応を良心に則って判断せぬ限り、イエスの復活が心底よりは分からずイエスは当人にとり主とはなりえない。イエスが主とは当人がイエスの指示に従うことを意味する。これは良心によって同じ場にあることを示唆する。

良心に従うとは当人の生き方の積極性を示す。こういう契機あってこそイエスが復活したと信じえ、そこからまた当人の“主”となりうる。ここで主とは封建時代の主従関係とは次元が異なる。その時代では主従逆転が起こりうるから。イエスと人とではそれはありえない。逆転は主従関係が良心に則った形成でないことを反映する。良心の反映なきものは全般に永続性がない。神と良心とは不可避的に結合する。イエスが死んだままというより復活した方が良心から判断しても受容し易い。あのように言動した人が死んだままでは良心的判断は維持されない。その判断に呼応するようにイエスは復活した。その判断は決して人の推測ではない。良心合致なので人の生の中の最根源的次元と合致する。そこで非常に重い意味を持つ。良心という重みが付加される。

釘のあとを見て信じた者に「見ないのに信じる人は、幸いである。」とイエスはいった（ヨハネ 20,29）。これは良心の判断に一致する。あのように生き、死んだ人がそのままでは神信仰も良心的判断も覆ろう。そこで良心からもイエスは復活したと信じるほかない。だが事実そうだったとは簡単にはいえない。こういう事情は当人が時代的制約の中に、というよりそれを脱し普遍的知性の場にあることを表す。そこで、その場をイエスの十字架、傷が突破させる。これもイエスの助けである。十字架の現場に立ち会えばその場面が余りにも生々しく心に残り、十字架および復活への信仰はなおさら容易でなくなったであろう。復活後のイエスは霊の体へ蘇ったのだから十字架以前の体とは異なる。時空制約のない身体へだった。かくてイエスの生、死、復活は一面宇宙史の中のエア・ポケットのようだが、良心の判断重視という人格的側面尊重という点からはそういう一面が生じよう。たとえそうでも自力で人は人格は永遠という次元へ到達しえない。どれほど人のそういう願望が強くてもそれを実現しえない。ここでは他者の助けを要す。何よりの証は弟子たちが一旦は失望し去っていき散ってしまったという事実だ。願望は所詮願望である。それ自体は何の力もない。まったく無力である。一度消えた心の火に再点火したのは人の力ではない。他者からの力だ。この事実がイエス復活を確証する。弟子が再度集まり復活宣伝を始めた事実が証である。人側での自然的事実としての判断を捨てている。人が死んで復活するなどないのだから、当人は別世界へ生まれる。もはや従来の世界に生きてはいない。たとえ今はまだ以前の世界に現実には生きていても、そこでまったく新しい世界に生きつつ古い世界になお留まっている。身体は古い世界にあるが、心はまったく新たに生まれ変わって生きる。古い身体はすでに脱ぎ捨てた。見よ、すべてが新しくなった。たとえ古い世界が今まで通りあろうと、それは無関係である。そういう可視的状況に囚われない。この大勢はイエスの出来事を単にエア・ポケット的ピンポイントと受け取るのとは異なる。ここでは世界の状況は不変でこれが基本たることが前提である。それに対し「新しい天と新しい地を見た。」（黙示録 21,1）ではそれを境に古い世界は古いままで新しくなった。古いままでありつつ全面改新である。古いものの去就が生じる。さもないと新しいものの到来はないから。つまり人の目は新しくされる。

その目ですべてを見る。かくてイエスの出来事へのピン・ポイント的見方は当人が古い世界に生き心も古いままであることに呼応する。イエスの出来事を単に異常なことと見ているに過ぎぬから。古い世界に身体はありつつも心は新しい世界に生きうるのかとの疑問では無碍即個つまり良心の大道という際の無碍が有効となる。世にあっての無碍が新しい世界に生きる前提を提供する。無碍は単に消極的ではなく人格的内容と一体であり、積極的原理の一部をなす。古い世界への無碍を可能とする。古い世界へ心置きなく新しい世界に生きる。その点イエス信仰と無碍とは共通する。かくて後者により前者受容の地ならしを神がして下さったとの理解も神信仰の立場からは可能である。

欺かれてもという契機は人に対し無碍と人格的に良心に従うという二重の事態を求める。一方にのみ関心があるとイエスの扉を押し開く方向へは向かわない。欺かれてもという信仰では信仰にまつわるあらゆる不安、疑問などが克服される。そこで真にイエスのところに至る。つまりその点既に殉教である。心の中でイエスが生きる。かくて自己の考えること、発信することがすべてまさにイエスのそれと理解しうる。イエスの受肉である。信仰への疑問などがそこから発する根が断たれている。そういう契機があるとはそうする以外ないからであり、切羽詰った状況にある。それにより押し出される。自分から好き好んでではない。その点信仰の道は必然の道である。その背後には神、イエスの存在がある。一旦そこへ出たら大変強い。不安が心に浮かんでも信仰がぐらつきはせぬから。逆に強化さえされよう。通例ならぐらつかす要因が逆に強化をもたらす。サタンの立場からはまさに逆効果である。反対の方へ行かそうとしても、強化という効果をもたらすのだから。サタンにはどうしようもない。あきらめるほかない。これぐらい心強いことはない。最も神に遠い存在から見放されたのだから。サタンがあきらめて初めて神は活動を始める。先にサタンに手を下すことを許す余裕がある。人は最後の最後に神に出会う。それ以前ではそれは叶わない。それもそのはず。人には罪が付きまとっているから。そこでそういう結果になる。罪的性格のものを一つまた一つと脱ぎ去らねばならない。そういうものを身にまとったままでは神の方がそっぽを向く。人が脱いだと思ってもまだ十分ではない。そこは神は忍耐し見逃す。神が自己の基準を人に当てはめたら耐えうる人は一人だにいまい。だからこそイエスは十字架上で血を流し罪を贖わねばならなかった。

人は生へ執着する。だがそれは健全でバリバリ仕事ができている状況での話である。年老いて身体も十分機能しないと自ずからそうではなくなる。確かに死にたいとは思うまい。だが反対に生きたいとも思わないのが本音であろう。ここではそういう執着はもはやなかろう。善悪へのこだわりも同時になくなりはせぬか。イエス自身十字架のとき若かった。老齢になると心身ともに動きが鈍くなる。その分よいことも悪いこともでき難くなる。これでは人でなくなろう。停止が文字通りの死であろう。善悪と生死双方が結びつくのは人が生きている状況からである。完全な、欠陥なき生き方をしたいからまったき生をイメージする。自ずから永生を同時に思い描きもしよう。良心的判断を貫ければ善と生の結合を通り越し善と死が逆に結合しよう。善を行えば死の運命が来るのではない。善の遂行の徹底は十字架を負うことを求められ死へ赴くのを避けえない。ここでの生とは真の意味での生だ。単に世に生きるのではない。内実を伴う。十字架即生である。単なる死ではない。こういう十字架の生では単に良心に従うだけより以上である。

無碍たるよう努力しても義の点で不足なら真の無碍とはいい難い。義を十全に人の身に実現するのは難しい。それより無碍の実現の方がまだしも可能性があろう。そこで無碍、義双方伴なうあり方の実現は可能性はあっても実現はほぼ不可能に近い。生きようとすればこそこういう問題を考える。そこで身体の死が近づくとこういうことを問題とする度合いも下がる。無碍と義の一体からも、たとえ欺かれることになっても、イエスこそは復活したであろうと信じるほかない。自分の十字架を負うことの内にその点での不安の克服も含む。

復活は真に異次元へなので、いかなる方策によってもそれを人にとり不安なく確かとして信じうるものにはできない。その不安を欺かれてもとの良心的判断により超える。ただし不安が消えはしない。だからこそ信仰は生きている。不安と信仰の生命とは一である。前者なくば後者もない。キリスト信仰がキリスト「教」自体からの自由をも同時に生むことは人が信仰において無碍である点と平行する。

# 第三章　特に自然科学的宇宙観をめぐって

## 第一節　宇宙と良心

（一）

終末では罪も死もない世界を神が創造するという信仰は人格重視の信仰と内的に結合する。現在のいわば「半」人格的存在など居住の宇宙が神にどれほど意味を持つのか。他天体にも生息可能性あるそういう存在の普遍化で、人が可死なのは自己自身の罪によるとは信じ難いのか。だからその代わり人が最初から可死だったと信じるのか。つまり神との霊的交流喪失で可死が結果したのか。神がその鼻から命の息を吹き入れる（創世記 2,7）前に戻った。可死的状況は本来ではないが、本来の状況でもある。復活の復は神自身と同じ永遠の命への復を意味する。だが人の目は目の前にイエスを見た。そこでそういう地上的姿へ復する仕方で理解する可能性が高くなる。遺体が見当たらなくなり（ルカ 24,3）もする。だが神と同じとは地上的、被造的次元とはまったく異質の、真に別次元的世界への復活である。霊が可視的世界を自由に変えうる、反対に変えずともよいのだが、とは直線的時間観と循環的時間観との二律背反の克服をも含む。直線的であれ循環的であれそういう可視的世界のあり方を超えた場に霊は存するから。可視界へのこだわりから解放され、主の復活もそこでの出来事である以上、これへのこだわりも消える。これも現象である以上客観的次元のことである。こういう次元は既に超越している。一方、倫理的に生きるとの人格的次元、十戒が浮上する。

仮に宇宙の構造が隅々まで解明されても、人はなぜそれがそこにあるのか解しえない。また自己存在を根拠付けえぬから、不可避的に懐疑主義、ニヒリズムなどに陥る。啓示信仰による以外救われぬ。今現在科学はそこまでは進んでおらず、まだしもごまかしが効く。進むほど人は何かを信じる方へ差し向けられる。

色即是空という言葉も広義の意味での自然的世界からの自由を意味しよう。

同様の契機が人格への集中という経過を経ても生じる。人格的とは罪の自覚をいう。これなしでは人でなくなる。パウロもローマ７で告白する。人の良心的生き方により、その分宇宙がそういう性格になる。人格と物体との価値の相違を考えると、一人の人の良心的生き方の選択は宇宙の性格を大きく変える。たとえそれが本人には明確に認識されずとも。物がそこにあること自体は何の意味も持ちはしない。何もないと同然である。「地は混沌であって」（創世記1,2）という混沌に何の意味もないのと同様である。たとえ宇宙がどれほど広大でもその点は同じである。広いほど無意味ぶりが際立つ。

人は死を事前に自覚して現世から既に離れる。この意味では死は人心を神へ向けさす。かくて死は神の福音の先駆けである。死は福音の隠された姿である。ネガティブな福音である。これとポジティブな福音とで神は人を挟み撃ちにする。結果、人は神の方へ向かうほかない。この意味では死は愛すべきである。それ自体をではないが、自身とは別個の永遠なものを差し示す点でそうである。否、死に限らず愛されえぬものが人自身以上を差し示すと愛される。罪から死が入ってきたゆえ死は罪を媒介に自己以上のものを示す。罪も死もそれ本来の働きは神を指し示すにある。それらの自体的あり方は本来のものではない。罪、死への非本来的見方しかできぬのは当人がそういうあり方に留まっているからである。本来的あり方にあればそれらを本来的あり方において見うる。それらを本来的あり方で見る限りそこには死などない。死がただ自然的次元で見られるのみなら自然的過程として見られるのみ。ここでは死は太陽が東から西へ動くのと同じ自然的事実とされる。たとえそれを死と呼ぶにしろ死の死たるゆえんは脱落である。そこでは言葉はあえて必要もなくあまり意味もない。言葉はやはり人が人格的存在であって初めて意味を持つ。自然的過程の中にありつつそこを抜けることが不要なら言葉など要らない。この点からも不立文字を考えうる。人が言葉を持つのは自然過程中に収まっては生きえぬから。だから人の言葉はいるかが音波で通信し合うのとは異次元である。単なる通信ではない。人独自の人格的世界がある。たとえ人が言葉を使うともその世界欠如ではその言葉には本来の意味がない。単なる通信手段でしかない。人格的世界こそ言葉を言葉として生かす。言葉はそういう世界が初めて生みうる。

無碍により可視的世界に囚われぬ契機が生じ不可視的世界受容を可能にする。同時に良心に生きる力を付与する。世事が良心を妨げなくなるから。義が宇宙の究極的真実に属せばキリスト復活も不可思議ではない。こういう観点からのこの判断は自然科学的観点から死人復活可能性を考えるのとはまったく異次元である。前者は人格的、後者は科学的次元である。キリスト復活も義が宇宙の究極たることを背景、根拠とする。もし仮に第二のキリストともいえる存在が現れれば当人も復活しよう。さもないと宇宙の究極が成立しえない。このように当時と現代との科学水準の相違にもかかわらず聖書当時と同様にも考えうる。もっともその背景の一つに無碍の契機がある。かくてキリスト復活は宇宙の究極が良心たることの象徴的出来事である。良心という背景でその復活もその分信じ易くなる。人が真に無碍なら善悪を知るという事態は生じまい。人としてそういう生き方も可能だったであろう。イエス自身そうだったように。そういう可能性ありつつも反対へ行った。これはホモ・サピエンスがアフリカで発生し世界へ広がった事実とも矛盾はしない。ネアンデルタール人まではそういう可能性なしとも考えうる。前者ほど知的に高度でないから。行くべき方へ行っているとすれば死を意識しなかったかも。善悪の区別と死の意識とは関係する。良い意味で前者なくば物理的に死はあっても人格的死はない。そこで死の苦しみもない。この点イエス信仰は罪から由来の死の世界からの脱却との意味を持つ。イエスは「わたしを信じる者は、死んでも生きる。」（ヨハネ11,25以下）という。ここで死の事実は認められる。同時に死なぬ、即ち死で煩わされぬことをいう。物理的な生の持続如何とは別次元である。イエスは最初から周囲と異なっており、周囲とは反対へ生きたことを意味する。だから「わたしについて来なさい。」（マルコ1,17）という。彼以外にもそういう生き方をした人はいたであろう。そういう人々も死を問題外としていたであろう。だが人格的内容と一体でそうありえていたかは疑問である。ここは我々が決めえない。復活がその証明ではないか。イエス復活は自然科学的意味でなく人格的意味であるとは現実での復活を問題外とする意である。なぜなら前者の意味では肯定、否定ともに決める手段を人は持たない。だからたとえ欺かれてもの覚悟でイエスに従う。死後も生き続けるという永世への囚われは、かえってそれとは別の信仰的、道義的問題とその背後にある死の意識とが一体となった生き方を示唆しよう。そういう生き方の断念こそ真の永世へ連なろう。イエスの死、復活はそのことを意味する。もしイエス同様無碍と人格的内実とをともに実現した生き方をしたなら当然その人も復活したであろう。しかも彼も大多数の罪ある生き方に反対しただろうから、「十字架につけろ」（マタイ 27,22）と叫ばれたであろう。

旧約関連でいえば、善悪知らずと生命有限を知らずとが一たることを無碍即人格は示す。一方のみの実現で他方は未実現では本人にそういう自覚がなくとも、前者も不完全にしか実現していない。これは洋の東西で一方中心のため双方とも機能不全たることに呼応する。善悪と生死とはどう関係するか考えねばならない。悪を知るのは自己が悪行をするから。さもなくば自分の行為を悪いとは考えまい。自己と悪とが別なので前者を後者と知りうる。悪を悪としての認識は反対の善を善としての認識をも意味する。悪を悪と知ることは必然的に善を善と認識することを含む。逆もまた真である。つまり善を善と知りつつ悪を悪と知らぬことはない。双方知るか双方知らぬかである。こういう善悪の関係は同時に生死についてもいえる。各々がそういう関係である善悪と生死の相互は無関係ではないことが人格的存在には不可欠な要件である。そうであれば善と生、悪と死が各々連関あるのが自然で理にかなう。仮に反対なら世は混乱必至である。たとえそうでも善を善と意識しながらではその善は十全ではない。真の善では善と人の自己とが一のためそれを善とは意識しない。つまり善というもの、ことを知ることは生じない。別物なればこそそれをそれと知りうる。また自己を自己と知ることは善を善と知ることと一である。後者なくば前者もなかったであろう。その点善悪、生死、自己意識三者一体である。善と死、悪と生という逆の結びつきを考ええぬのか。ただ単なる組み合わせなら可能だが、善生一如との思い自体が善への特別の配慮を現す。人は生を望むから。その生と結合して考えるものに特別の思いを抱くのは明白である。その分人は人格的存在たることを示す。殺人のような悪が生と結びつくと矛盾する。結びつきえない。殺すのと生かすこととは正反対だから。悪と生は結びつきえない。そこで双方を無限大に拡大すると永世と人格的完全との結合となる。理念として可能となる。だがそういう仕方の延長では善への固執が生へのそれと一であり、そういう善は善といえない。やはり善は生への執着克服を要す。つまり死と一であることを要す。そこで死の克服、超越を要す。かくて永世という契機が現れてもそれは死を経ていなくてはならない。イエスのように十字架後たることを要す。死のかなたにしか真の善はありえない。差し当たり善は生とでなく死と結びつく。生と結びつくのはいわば裏の事実である。

良心は自己自身の判断基準に基づきイエスを神の化身と判定する。復活のみでそうなってはいない。より本来的、本質的理由がある。山上の垂訓だけでは稀有な教えだで終わりである。復活もそれだけならそれが神に関わる存在の証とはなるまい。科学的意味で奇跡が生じてもそれが人格的、良心的にどういう意味を持つかが大切である。あの教え―十字架―復活という一連の出来事が初めてイエスを神の化身と信じる可能性を生む。どれか一つだけの取り上げは無意味であろう。復活の意味も良心がベースでる。ここで先の三事象が演じられる。決して中立的、無記的な場においてではない。その点神信仰へのある種の非中立性はある。良心ベースなればこそ教えに共感し、十字架には悲しみ、復活にはさもありなんと感じうる。ただ復活には人たる自己側に可視的確証あってではない。だが良心的にそうだと信じうる。こういう人が蘇ったとしても不思議はない。当人がそうでないのなら他にそういう人は永遠に出まい。それほどに良心をキリストが占める。復活をあえて問題にする心は生じない。キリスト自身に任せる。このことと無碍とは一である。キリストはその点へどうとも対応しうるから。神自身の意思へ従うのが同時に自己の意思なのだから。人が自己のイニシアティブであれこれ対応すべきでない。ただ静観しうるのみである。聖書に信じよとあるのだが、復活したと信じることさえ出過ぎかもしれない。復活は結局宇宙創造と同次元と解すればよい。被造的世界の中での諸法則に則り同一基準を当てはめ考えようとすること自体を発想転換せねばならない。それなしに適切対応にはなるまい。我々は日常的に科学教育を受けその教え、考え方に馴染んだため異質事態には慌てふためく。復活は基準外として見なくてはならぬ。良心的基準からもそうである。何かの条件を満たせば永世たりうる条件を良心は知ってはいない。良心も永世は単なる理念であり現実に可能とは考えぬであろうから。良心とてもイエスの復活、永世には無縁である。仮に我々の復活ありともイエスのそれは我々のとは次元が異なる。イエスのは宇宙創造に匹敵するから。我々のは罪欠如からの結果のそれではない。一方、キリスト復活はそういう状況からの必然的結果である。そうでしかありえない。ここには根本的相違がある。罪の有無なのでこれ以上の相違はない。創造者と被造者との相違である。人間は後者であり、被造的世界の中でうごめいているに過ぎない。すべてを元へ戻して考え直すとイエスの出来事はきわめて特異である。我々が今この世界の中での事柄に慣れすぎのため他のものに対し余りにも異常な印象を受ける。イエスの出来事だけが世界の中へいわば一つのモザイク模様としてはめ込まれている。他の事柄と同じ目で見ようとするので問題が生じる。異なる目で見れば奇跡も奇跡でなくなる。奇跡でないものでも奇跡である。永世でないものでも永世であるし、永世とされるものでも永世でなくなろう。見方、考え方、生き方すべての逆転も生じる。しかもこういうものは一度生じればそれで終わりではない。何度も起こりうる。結果、永生、長生、短生などを問題にしなくてよい。あえて関心を寄せなくてよい。すべてが流動的になる。イエスのにしろ、我々のにしろ復活にこだわることもなくなる。イエスなら「一日は千年にまさる恵み」（詩編 84,11）ならば何千年先で復活させられてもよかろう。逆に我々の内で神の意に沿う人が死後直ぐ復活させられても支障はない。元来時空を超えた世界に生かされているのだから。こうしてイエスの復活、その後の行いなどを記す記事をそれほど重大視しなくてよい。信仰は文字への囚われからの自由をも含む以上こういう要因は一面大いに有意義である。主の霊のあるところには自由がある（2 コリント 3,17）とここで初めていえる。あらゆる制約などは外される。人を自由にすると思われる条件さえも消える。自由が生きているのは制約がまだ生きているから。ここではすべてが一旦消える。良心さえも。

　ここから良心のみがいわば復活する。だが良心は死にもせず復活もしない。良心にそういう手続きは不要である。罪という要因が絡むと人には死とか復活が不可避であろう。だが良心自体は元来そういう要因から自由なので死、復活などありえない。人が人であるのは良心においてである。その点人としては身体全体が復活せずとも良心さえ復活すれば十分である。可視的姿に囚われぬのなら良心のみの復活も大いに考えてよい。まったく自由な発想が可能となる。形あるものへの囚われはなくなる。可視的なものをもはや見てはいない。仮にイエス復活が事実でなかったと証明されたとしよう。たとえそうでも千年先、二千年先で復活しても一向に支障はない。十字架直後の復活にこだわっても仕方ない。復活はいつでもよい。時空を引き伸ばせばそういうことがあっても別段不思議はない。時は迫っている（1コリント7,29）という言葉もあるが、時は伸縮する。宇宙も時も生きているから。神が真に生きていると信じるのならその管轄下のすべてのものも生きている。神から生を受けているから。生物ばかりでない。無生物もそうだ。万物が神の栄光を称えるとき文字通りの万物である。例外はない。創造主礼賛で各々が覇を競うときすべてはその全力を発揮しよう。力発揮でこれ以上の機会なしだから。こういう状況下でキリストがその対象とされもしよう。全被造物が創造者やその同等者を礼賛する。かくて科学的観点からの自然観とはおよそかけ離れた見方が可能となる。後者では宇宙は生命なき冷たい死んだ存在である。もっともそれ自体としては別の見方もできる。だが今の場合あくまで信仰的な自然の見方との対比で見ているから。もっとも先の後者はそれ自体としての宇宙についてなので、ただ宇宙がどういう状況にあるかの説明である。たとえそれを知っても知らなくてもそれは人の生きる次元へ特に関係しない。かくて如何に生きるかからは無視もできよう。だが一方いかに生きるかの世界では反科学的法則などが生じる。例えばキリストの復活だ。これを一人の人としてそういう法則との関係でも見ざるをえない。そこで問いが生じる。本当に復活したのか。あくまで「霊の体」（1コリント15,44）へである。そうなら霊体という語もあるよう科学発達の今日からも特異ではあってもそれほど奇異な事態ではあるまい。そういう仕方で本当に復活させられた。復活という言葉もよくない。復とは元へ戻るを示唆する。そうではない。まったく新しい霊の体へ生き返った。返ったという表現もよくない。元へ返ったという像が湧くから。復活とは新しい存在としていわば生まれ変わったのが真実である。死者との繋がりを大切にしたくとも、その点を考えすぎてはならない。霊体なら現代人の目にもそれほど奇異というイメージは湧かない。あのように教え、十字架についた人が霊の体へ生まれ変わったにしろ良心的判断として特に不思議ではない。イエスの霊の体が永世か否かなどは人として今ここであえて論じることもあるまい。肉の体があるのなら「霊の体」もあろう。双方あって何の不思議もない。イエスが霊の体第一号である。我々が霊の体とは比ゆである。霊の体に比較的奇異観がないのはそれが現実のあり方を反転させた性格をも持つからである。そういうものはかえって人にリアリティを感じさす。人は現実に満足していない。そこで反転させたものはリアリティを感じる結果になろう。現実は反転物とは逆でリアリティを欠く。ここにはリアリティの有無と満足の有無との逆対応が支配する。こうして一体を成す。一体なので中の一部の取り出し、吟味は不要である。霊の体は肉の体と一体的に受け取れる。元のもの、逆転物どっちでもないものは中途半端な性格である。そこでそれは実際にどういうものか見当つけにくい。結果、受け入れ難い。ただ観念的イメージだけになるから。しかもそのイメージが湧き難いのが事実である。生命の永遠にしても今ここでいつまでも続く持続をイメージせずともよい。特定イメージ不要である。信仰の世界は時空を超えた世界だから。時空超えの契機と肉の体から霊の体へ生まれる（霊）肉超えの契機とが呼応する。肉は時空の世界の中にこそありうるから。両契機はともに不可視的世界に属す点で共通である。前者は自然的観念であり、後者は人間的観念であり両者は一対一で呼応する。時空の世界の展開はどのようでもありうる。問題は人がいかなる世界を展開しているかだから。どういう自然的世界の上にも人は自己の世界をつくりうるから。神は混沌の上に世界を創造した（創世記 1,2）が、同様我々が自然的世界の上に人の世界をつくる。かくて自然的世界がどんなものであれあえて問題とせずともよい。両世界はどう異なるのか。自然的世界がいかに整然でもやはり混沌である。人がそこへ良心の法則に則った世界をつくる。そういう世界は自然的世界と異なる。混沌でなくなる。人間界と自然界とは各々良心法則と自然法則とで支配されるという相違がある。これらはまた各々霊と肉とに呼応する。だが今の現実では人間界も後者へ堕ちている。一方、キリストでは前者が全的に顕にされた。こういう相違がある。

（二）

イエス復活を我々は今現在有する概念の内で理解したがる。だが霊と肉とが対立するように復活は今とまったく異次元へである。かくてまったくの理解不能が最初で第一次的な事態である。理解の試み自体を止めねばならない。それがすべてだ。福音書の記述もすべて第二義に落とした話である。これは信仰と無碍との一体とも呼応する。理解しようと試みるので、例えば復活して墓の中にはいない（マタイ 28,2 以下）ことになる。仮にそれが事実としても我々はそういう表現に依存してイエス復活を信じてはならない。それでは真の信仰ではない。本末転倒である。そういう理解へ引き込まれたら既に霊を肉へ転化して信じている。本来的あり方といえない。非本来的あり方への転落である。真に天に属すものは我々の現在の地的世界の中では理解し切れない。現在の我々の知的理解一切を超えた仕方で信じるしかない。ここにはそれこそ真の断絶が支配する。我々の現在の全理解能力を超える。これは罪の理解能力超えとも関連する。罪も人の理解を超える。罪の中にある人に対してそのあり方の外からの理解は否定される。罪も信じる以外基本的にはそこへ届きえない。復活も罪も真に異次元なので信じるほかないのなら理、知性との関係が改めて問われる。人の世界の罪深き現実と良心的立場からの反省、これら二つが先の超理論的信じ方を可能とする。

黙示文学的世界観がキリスト復活信仰の舞台装置としては消えた今、真のキリスト復活信仰が問題となる。道は三つ。ともに否定、ともに肯定、もう一つは黙示は否定しつつ復活は信じるである。最後で工夫するほかない。良心が宇宙の究極的真実に属すことから判断すれば、十戒での真実が永遠的価値を持つ。それと一にキリスト復活を肯定できる。同時に黙示文学的世界観の有無にかかわらず十戒の真実は生きる。かくて十戒、良心、キリスト復活の三者は良心を間に挟んで三一である。良心が中心にあって左右両者を繋ぐ。良心は人側、左右は神側に属す。黙示文学的世界観は舞台装置というのみで、以上の事実を促進はさせようが生み出しはしない。生むものが何かが大切である。促進要因は補助的側面でしかない。もし生むものが促進要因へ格下げなら真に良心が復活のキリストと出会っている信じ方ではない。良心が基盤の信じ方では黙示文学的背景は文字通りの背景となり表舞台からは退場する。ここでキリスト復活という契機が真に信仰として良心に受容される。しかもこういう信じ方は時代の新旧は問わない。さらに東西文化の相違をも問わない。また地球人ばかりでなく宇宙の人々へも妥当しよう。舞台装置と一体ではまだキリスト復活が真に信じられていない。それがまだ顕な形で人に対し現れていないから。顕な現れとは他の一切条件を撥無してそうなることを意味する。そうあって初めて神が神として現れる。良心とキリスト復活が向き合い初めて絶対的関係である。絶対的とは他の一切条件の排除をいう。こういう解釈では過去から現在へではなく逆に現在から過去へ見ていく順になる。これは信仰は今に生きるものなので当然である。

良心からの言動は自己目的、無目的であることはそれの無からの発出に呼応する。これは神の創造が無からであることに対応する。真に創造的なものは無からしか発しえない。無でないとは何かが既にあり創造とはいえない。だが一概にそうともいえない。「地は混沌であって」（創世記 1,2）というような場合である。それ自体は無意味な、材料のようなものがあった場合である。こういう場合は人による創造と合致する。人は文字通り無から創造はせぬから。材料はあってそれを良心的判断で形作るのだから。神の創造では材料自体を創造する。同時に形作りも。人の創造はかくて神の無からのそれに対応した類比的創造との意味を持つ。人は無だからこそ湧き出てくる。人格的存在たる無なのでそこから人格的に有意味なものを材料に対して生み出す。無即人格、人格即無という関わりの中から生み出す。無と人格とは異次元なので両立する。神自身についてもそうである。神は無と同時に人格である。神にしろ人にしろ人格たることは何ら物的性格は持たない。両者を同時にこのようにいえる。存在と機能とも見うる。無、人格が各々前、後者に呼応する。一方、欺かれてもという契機は人が自己を超えることを指す。ここには自己内での葛藤の克服との契機が介在する。ここがエネルギーの源泉である。自己保存、保持という誘惑を超える。自己の力でその一線を超え新しい世界にある。自己保持という罪を克服した。これ自体のため力を要す。これはこれだけで終わらない。消極的な自己保存契機超越なのでそういう自己制約要因が消えた。そこからいわば無限ともいえる力が湧きだす。涸れることなき無限の力の泉である。自己保存契機は一回超えて完全終了とはいかず最終的に超えて初めて力が湧くが、いつが最後かは結果から分かる。他人が証明はできない。冷暖自知である。自己で感じるほかない。真に最後の壁が打倒されていれば、そこから尽きせぬ力の泉が湧き続けよう。逆は逆を顕にするが、倒されたのが非、反人格的罪の事態を意味する以上、沸き出ずる力は人格的世界構築へ向かう。もともとそうありたくて壁を倒し続けてきたのだから。だが力自体に方向性はない。なのになぜそちらへ行くのか。力に方向を与えるのは人格自身である。そこで人格としては自己の思う方へ生きたいのに罪の壁で阻まれていた。その前歴ゆえ一気に力が壁を超えあふれる。待ちに待ったそのときが来たから。その点前歴の重みがあるほどその後の力の爆発もより大きい。だがこういう力も人の生きようとの力と無関係ではない。その力が減衰すれば、たとえ壁が倒れても湧く力は大きくはあるまい。否、そうともいえない。たとえ減衰してもそれに比し大きな力の場合も生じよう。たとえ絶対量としては小さくても残りの生への力に比し相対的に大きければそういう力は周囲へ大きいインパクトを与えよう。そこの人々の自己変革を促す可能性があろう。その点絶対量としてより相対的度合いとしての方がより重要である。周囲が受ける感銘はどちらが大きいか簡単にはいえぬから。むしろ後者のほうが大きいのなら絶対量より相対度の方が大切であろう。これも人が人格的存在たることと無関係ではない。人ゆえ価値観があればこそである。さもなくばより大きいものの方により大きい反応となろう。受ける側への客観的度合いが決定的要因である。だが単なる大小への反応でないことは人がただ物質的世界に生きてはいないことに呼応する。宇宙の広大さなど大切でない。地上での生き方が重要である。これは宇宙の果てで仮に例えば 20 億年前に高度知性を持つ生命体が生きていたが我々の生と無関係たることとも呼応する。今、ここを人格として良心に則って生きるよう求められている。そう生きることが結果的に宇宙全体を宇宙とする。そういう気概で良心に従う生を追求せねばならない。宇宙の広大さに幻惑無用である。神の宇宙創造よろしく我々はそう生きてそれへ手を貸すのだという心構えで実行せねばならない。そういう気持ちになりきれぬのは宇宙の広大さなど外的次元へ心が引っかかっているから。

この心の状態は罪的といえる。可視的世界に基づき判断や計画をするほど非人格的、いわば動物的世界へ近づく。その分人格的次元から離れる。双方の次元は相互排除が基本である。これは人が人格としてより身体として生きることに呼応する。人格的に価値あるより、身体的に有意義たる方への傾斜と対応する。そちらへ向かうことは宇宙の広大さなど自然的次元へ心を向けることに応じる。良心の判断に従うよりむしろ人の自然的あり方に有意義な方へ向かうことになる。これは混沌の地（創世記 1,2）から神が人を創造したことに逆対応する。今現在の宇宙の状況を混沌としよう。するとそこから我々が良心に従う生き方をすれば混沌から人を創造する神の働きに応じた生き方である。我々が地球上で良心に則って生きればそれは宇宙史上に明確に刻まれ永遠に残る。この点を忘れず励みたい。これは地球上の歴史的出来事が地球史上に残るのと同様である。地球史は宇宙史の中で主要部分の一部を占める。だからこそ我々の一挙手一投足を疎かにしてはならない。人が功績が歴史に残るのを期すとはいえ永遠の意ではなかろう。太陽が白色矮星になり爆発すればすべて消える。ここでは評価自体がなくなるので功績が残っても無意味である。この点から、評価前提なので地球存続限りでの宇宙史が人に永遠を意味する。そこで人からの評価が人を育てる。評価を外すと主体も欠落する。ここからも人の生活圏外の世界がいくら広くともそれはまったく無関係の世界である。単なる物理的世界はないと同然である。そこからも永遠という概念も物理的意味ではなく、人格的なそれでなくてはならぬ。人が人格的たることを前提とすればそう考えるほかない。これはキリスト復活が自然科学的事実ではなく人格的事実たることに応じる。両種の事実を一応このように区別しうる。だがキリスト復活はどうか。四つの組み合わせを考えうる。前、後者の事実に各々肯定、否定があるから。双方肯定、双方否定の場合問題はない。だが一方のみ肯定で他方否定の場合どうなるのか。物理的事実として肯定、人格的には否定とその逆の場合である。後者が特に問題である。即ち人格的に肯定されても物理的に否定される場合である。ここでこそ欺かれてもという契機が重要である。物理的には特定死者の復活では肯定、否定ともにできぬから。一般的、蓋然的にしか科学は取り扱わぬから。例外的事象は本来対象にはなりえない。イエスという特定人物の復活には科学はそもそも発言できる立場にない。例外的事象につきたとえ欺かれてもという対応は一種の合理性を持つ。例外と欺かれてもという契機の呼応がある。例外克服には欺かれてもという覚悟は不可欠である。これは人格的事実であり、世界が物理的事実なので、世界を上回ることを示唆する。人格には当然である。仮に逆なら人は基本的に人格でなく動物的次元へ格下げとなろう。かくてイエスの復活否定は彼の我々と同次元への格下げを意味する。人格的に例外たることの否定である。つまり啓示たることの否定である。無碍と人格の徹底との双方具備という例外の否定を意味する。逆で例外として認めることは復活肯定を結果する。だがこういう例外を簡単には承認しえまい。何十億分の一の確立となるから。だからこそ例外中の例外となろう。先の二種具備は奇跡ともいいうる事態であろう。

人には神、キリスト、永遠の生命などばかりでなく宇宙の果ても分からぬ。人格的、自然科学的両次元で人には極めつくせぬ部分がある。しかも宇宙の端は光より早く遠ざかっているとされ永久に分からぬのではないか。同様宇宙の（人格的）創造者も分からない。両次元呼応である。だが宇宙に果てのあることを誰も疑うまい。一方、神を信じる人は少ない。不可視な点は双方共通なのにこういう不釣合いがある。宇宙の端は先のようだといわれればそうだと信じうる。一方、神の啓示だといわれてもちょっと待ってくれとなる。直ぐに信じることは人が生きるに当たり不可欠ではないから。宇宙の端についても同様であろう。知的興味という点でも同様。知らずとも何の不便もない。だが日常生活では宇宙の端より生自体が人格的次元のことなので、神、キリストの方が前面に出てこよう。人として誠実に生きようとするほどそうなろう。一方、宇宙の端に興味があるのは、もとよりそれ自体が悪いのではないが、人格として真剣に生きていないからではないか。真剣なら悪、罪とかへ気持ちが向こう。その分宇宙の端などは視界から消えよう。無碍という契機はこういう仕方で現成する。ここでは二者択一なのか。あるいは双方へ中立的たるところへ人は進むのか。人格として生きるとはどういうことか。可視的世界無視をも含むのか。

そういう世界は何のためにあるのか。神創造によるのならなおさら。やはり十戒に従う、良心の判断重視とかは人類生存に有益だからである。与えられた有限な生を最大限有意義に生きることが全生命体に課された責務である。良心に従う生は宇宙の究極を生きることを意味する。これはそれ自体の価値ゆえである。人の生に関する問いの究極的答えである。これ以上には問わない。人の持つそういう問いをここで断ち切る。そうできぬのはひとえに可視的世界、人間世界の中のある特定のことなどへの心の囚われが原因であろう。それは良心に則って生きるのに好ましくはない。早急な解消を要す。自然的世界、人間的世界ともに自己の関心事の世界から消える。後には良心しか残らない。人が生きるという事実は残り続ける。そこで人が人格として生きることも続く。結果、良心に従う生も残り続ける。先の両世界脱落の過程で良心に反対の悪い心も同時脱落する。そこで双方脱落の後悪い心が残りはしない。後には良心しか残らない。かくて良心は世へは既に死んでいる。だからこそ世にあって世にない新しいものをつくり出しうる。いわば「良心王国」である。これは天から降ってきたもの。天国の中身はこれである。かくてこの天国は各種の地上王国と不可避的に抗う。かくて良心とは天地双方に共存する。天地をつなぐ。天に生まれ、天に生きるための種子であろう。これを種子のまま終わらせてはいけない。成長させねばならない。人格的存在たる人の務めである。こういう良心はすべてが生まれる源泉である。神にも相当する。自然界、人間界すべて脱落した以上無、ゼロ地点へ還る。そういう無から自己の良心が人を生み出す。自己は死んだらどうなるとかどこから来たのかなどの疑問も消える。さもないと先の両界すべてが消えてはいない。もはやどこへ行くこともなくどこから来たこともない。来もせず行きもしない。だからこそ絶対主体といえる。死んだら天国へ行くというのも不十分である。死後行くのではない。今既にそこにある。どこへも行かぬとはそういうことである。世で何かを生み出すものが死後どこかへ行くとかどこかから来たとかはない。またそうであってはならぬ。どこかから来たものは必ずまたどこかへ行く。どこかから来たのでもないもののみがどこへも行かない。たとえどこかへ行くことがあってもそれはそうではない。良心には自己の今現在の場が主体的な場であり、その時点ではその場がすべてで他の場は一切存しない。これは一瞬一瞬の坐断とも呼応する。良心は死なぬ。その場その場を全的存在として生きる。各人の固有な良心として。これは宇宙の大きさを考えるとき特に不思議はない。広大な宇宙でどれほどの星がつくり変えられているか。同様に各人の良心はそのあり方を変えて生きていても特に不思議はない。生き続ける良心ということに比し天の名簿への自己の名の刻印の方が受容し易い。キリストは復活後直ぐ生き続けるが一般信者は天の名簿に名が記され後の適切な時期に生き返るとするがよい。キリスト復活を信じる以上、それに応じて我々の身に生じるのが天の名簿への名の記載である。そう信じることは宇宙の広大さとも呼応する。天の名簿への記載が良心に生きることの大切さのキリスト教的表現である。

（三）

知性は無限大を思考しうる資質を有す。そこでそれ以下では何かにつけ留まりえない。人格的次元を考え出すと、人格的欠陥のない存在として無限人格者たる神を考えずには済まない。かくてこのことは元来自然科学的次元とは無関係である。だが人はこの可視的世界に生きる。そこでそれとの関わりは生じる。ここからキリストの復活が出てくる。つまり無限大、人格、可視的世界の三契機が関わり一体化する。無限大を大切にするのならキリストの復活をも自分が直に信じざるをえまい。さもないとキリストの無限大という点が欠けようから。信じるほかない。人格的次元と科学的次元とを切り離しえぬから。人がこの世界の中に生きる限りそうなろう。人格的無限者は同時に自然科学的無限者でもある。一般人は双方有限である。だがイエスが人格的無限者たることはどこに由来するのか。少なくとも人はそう判断しえない。いかにそれに近いと感じてもそうとは決めえない。決めうるのは無限者自身以外にない。即ち神以外にない。神がそう認識して当人がそうと認められる。復活がそのしるしである。認定証である。人格的無限大が科学的なそれを意味するには有限生命の突破が不可避であろう。有限なままでは人格的にも有限となってしまうから。復活は人格的次元が科学的次元を上回ることを示す。科学的法則は突破されるが、その法則自体元来絶対的ではなかろう。蓋然性の契機があろう。かくて復活自体は科学的次元とは別個の事柄と判断しうる。そういう判断も可能である。だが復活自体を科学的次元から切り離して考えてはいけない。たとえそういう次元から跡付けえても十分ではない。基本的に異次元のことだから。そうだからイエスは死んだままでもよい。心、人格、そういう次元で復活していればよい。元来イエスの肉体は死んでもその人格は死んでいない。かくて復活したのではない。生き続けている。肉体的復活は二次的である。人格的次元はそういう科学的次元とは独立である。そうあって初めて科学的次元を上回る。人格的次元優位なら下位の科学的次元での復活の証の必要あるは不可解である。科学的次元のことはすべて無視もしうることを要す。これは神は自然的世界の中に埋没した存在でないことと呼応する。自然を創造した以上、自然の上に位置する。それと類比的に考えるとそうあるほかない。かくてイエスの肉体的復活の真偽の議論自体が的外れである。結果、魂独自の世界があっても少しもおかしくない。物的世界があると同様であろう。精神的世界が独自にあっても不思議はない。我々人間は物的世界に生き、慣れてきたため精神的世界の独立的存在など考え難い状況にある。この点死後イエスの棺おけが空だったとは第二義に落とした話となろう。我々一般人の誰でもこれさえ貫けば死んでよい何かを持ってはいまいか。つまり身体は死すとも精神は反対に生きている。ましてイエスではなおさら。精神は生き続けている。死などおよそ考ええない。身体の生死と別次元のことである。イエス同様精神、魂は身体が死んでも永遠に生きる。ただそういう生を時間的世界との類比で考えてはならない。それはかえって自己への囚われを現す。やはりイエスの十字架上での言葉「わたしの霊を御手にゆだねます。」（ルカ 23,46）が人としては究極点である。神へ全幅の信頼だからこれしかない。これ以上進むのはかえって前進でなく後戻りとなろう。人として良心に則って考え生きる。最後はすべてを神へ委ねる。これしかない。ここでは自己のその後の運命が分かりそうするのではない。分からぬのにそうする。ただ神は信じている。神への信仰が根幹をなす。これがすべてだ。かくてイエスやキリストへより神への信仰をいかに現成させるかである。旧約でも創世記が最初に書かれたのではない。やはり絶対的なものへの信仰、信頼など人側での要因があってのことであろう。これと良心による判断に従うこととが呼応し、最初に神の存在らしきものへのひらめきのごときがある。ここがやはり根源である。これは人の無限大思考に応じる。ただユダヤ教では人格的内容の強い方向へ進んだのであろう。ここが他宗教、仏教、イスラム教、天理教などと異なっていた。そういう方向の極点がイエスの出来事だった。かくてイエスを信じるにはそういう方向の原点への立ち返りを要す。

神信仰がまずある。キリストを信じるとき単独ではなく聖書全体としての信仰が不可欠である。人格主義的傾向が最鮮明に現れたとして信じる。だが自己自身が宗教の教祖並みに神などに敏感でない場合、本当に旧約的世界に参入しうるのか。各宗教を創造した当人以外間接的たるほかない。ただ無碍たる心境にあれば永遠実感の体験に至ろう。つまり自己の心中に宿る究極的な人格的真実の自覚に至ろう。日常的なすべてにおいて神の臨在を実感できよう。心中にある人格的絶対への思いが可視的世界の中へ映し出される事態をここに見うる。外が内へではなく、内が外へ表出される。この点でも外でなく内の方がより根源的である。これは神が世界を創造したことに応じる。そう実感しえぬのは自己の心がまだ無碍に至っていないから。そこで可視的世界は人の心が無碍に至り世界を神の御業と見るために存する。広大宇宙はそれ自体で有意味世界ではなくそういう特別観点からの意味を持つ。この点納得できよう。物的世界がただそこにあっても自体が有意味とは思えぬから。やはり物的世界に意味付与するのは人格的観点である。その点人格的次元が物的次元の上にある。物的世界自体に意味なきことは旧約で創造前に混沌があった（創世記 1,2）という言葉に現れる。たとえ秩序があってもそこ自体に意味はない。やはり外からの付与しかない。その点それを創造といえる。意味―人格という結合は切り離しえない。人格的存在者はかくて同時に創造者でもある。人格こそ物の世界に意味を付与するから。何事にも神の臨在を感じるとはいえ犯罪の場などは別である。心の内の人格的真実に呼応しうる場に対してであろう。例えば夕日など大変美しい。心の内の清さを映すと解しうる。そこで神の臨在を感じうる。自然的美しさ、人間世界での奇跡的事象などへ感じよう。犯罪場面などはその分、心の内の真実に背く。これを覆い隠す。そこで心はその分曇らされる。結果、美しい場面に出会っても犯罪の場面もあるので神臨在を感じ難い心境にされる。人間的世界は特にそうなり易い。それに比し自然界の美しさはどこまでもそうだ。自然界は犯罪など醜い場面は少なく全体として神臨在を感じるには好条件である。自然界は神創造によるが、人間界は人の創造によるからであろう。そこで結果がそうなる。だが自然界の美しさでは必ずしも人格神へは思い及ぶまい。自然界統括の神的存在への思いが限界であろう。そこでイエスの啓示が現れる。ここにこそ人格神存在を予感させる要因がある。あのように生き、教え、死に、蘇った存在において人格神存在を人は感じうる。それ以外ない。イエスをそう信じて自己の良心に従って生きる重みが生まれる。かくて彼をそういう存在と信じることを要す。信じるとは自己のすべてをそこへ賭けることを意味する。欺かれているのならそれもよい。そうなるまいとの心ある間は信じ切れまい。可視的にそうと確認しえぬ存在を信じて一切を託すにはそういう覚悟を要す。そうなって初めて自我を離れた。イエスと命運を共にする。火の中、水の中いずこをもイエスに従うことを意味する。そうあってこその主である。欺かれたくないとの気持ちある限りイエスを信じえまい。信じる以外ないところで初めて欺かれてもという転回が生まれる。自然科学的観点から死後復活の可能性を検討などは欺かれまいとの心情あっての企てであろう。そういうことをいくら追求しても信仰へは通じない。もっともそのことを納得いくまでやりこれは不可という認識に至れば次の過程へ入れよう。欺かれてもという思いこそ信仰世界への扉である。これを押し開かねばならない。さもないとその世界は無関係のままである。そういう思いを超えて信じてこそその後良心的生き方が可能となる。たとえ損があっても良心に従う生き方ができる。自己存在よりも自己の良心を大切にする。損得超えの象徴が欺かれてもとの思いである。イエスを信じての生き方以外すべて否定される。そういう大前提なしにイエスを信じえまい。欺かれてもという契機で主客逆転した。人が主から客へ代わった。イエスが客から主へ代わった。仮にイエスという存在が明確ならこういう逆転は生じえまい。人が主であり続けよう。そこでイエスがキリストたるにつき不明確さは絶対必要条件である。そういう気持あってこそそういう心は自己が留めつけられる場を見出した。その気持ちさえあれば信仰への不明確、不確かさなどあっても差し支えない。それらをすべて凌駕して信仰は健全でありうる。

自己が捨てられているので信仰のため生きるのが可能となる。自己の生命への思い、執着も放擲しているから。

(四)

イエス復活当時の弟子たちの信仰を経由せず直に関わると現代からのこととなり、不可避的にその事実性が問題になる。だが復活へのそういう関わりは本来的ではない。キリスト信仰の一部たる復活への信仰であらねばならぬから。かくてそういう経由なしの復活信仰は正しくない。弟子の信仰経由なしのイエス復活への信仰はありえない。経由なし信仰は事実としての復活信仰となり、これは自我克服の契機を欠く。反対に自我の下にイエス復活を収めてしまう。かくて事実信仰か自我克服を含む正統信仰かの二者択一である。前者は既に信仰ではない。単なる自然科学的次元での問題への格下げである。復活はあくまで信仰的次元での問題である。弟子経由ではそれが人へ自己側に属すものの放棄を求める。一方、非経由では人が自己側のものをそのままにイエス復活に対応を試みる。その限り後者では不可避的に人中心となる。経由で初めて信仰が主で人は従となる。その点弟子の信仰への参与という形の信仰を要す。聖書自体人を通じ宣べ伝えるをよしとした(ルカ 24,47 以下)。人を通じてなので人が人に服することを求むこととなる。だからこそ人は自己側のものを捨てねば近寄れない。そういう仕方で神は人へ自己を捨てることを求める。神がもし荘厳な姿で現れれば誰でも信じよう。それでは信仰にはならない。良心と一の信仰にはならない。外的華やかさで圧倒され信じているに過ぎない。だがそれでは華やかさで圧倒されているに過ぎない。良心的納得を欠く。もはや信仰ではない。外的華やかさは可視的であり自然科学的次元への引き下げである。かくて弟子経由とは可視的仕方ではないことを意味する。これは良心という内面と呼応する。良心で初めて真に受容されることにおいて、逆に、イエス復活は良心自体の永遠性を示唆する。永遠性は自体永遠的性格を持つものによってのみ認められる。人の心の内の最先端たる良心で人は永遠性と結合する。そこでの永遠性とは一瞬の内に永遠が存する意味でのそれであろう。ただ時間的に続くだけなら横への時の流れを意味し被造的世界の中でのこととなろう。それでは永遠ではない。やはり横を断ち切った縦の関係であらねばならぬ。そうあってこそ非被造的世界という意味での永遠である。これこそ神的世界へ連なる。こうして良心で人が永遠に連なることはただ単に精神において抽象的にではなく、具体的、行為的につまり主体的に把握される。ここでこそ人は人として解される。抽象的では人は観念であって真に生きた人と受け取られていない。光あれといって世界創造した（創世記 1,3）神に対応する生きた人とは生きている人以外ではありえない。そういう人には永遠は人が生きる場で把握されるもの以外ではありえない。良心的判断を貫くことで人は永遠的世界へ突入する。当人自身が復活して生きている。これは何か既にある世界へただ参加するのではない。そのようにして復活の世界を創造する。そうなればこそイエス復活をも信じうる。良心と復活は相互依存の関係にある。この状況では良心とイエス復活との関わりは絶対的となる。他の事柄をすべて排除する。ここで時間的世界などは双方の関係からは基本的に消える。この際一方での無碍という契機の貢献あることを忘れてはならない。

良心が宇宙の究極に属す確証はない。人はそう信ずほかない。仮にあればいわば強制的にそうさせられる。それでは良心の機能は撥無される。自己自身で考えなくてよいのだから。結論は出ており、そこから遡って人の今現在の行動が規制を受ける。そういうレールの上を走るだけである。人たる生きがいを欠く。それなら人は下等動物同様規定どおりに動く。そこから少しも外れえない。神がいてもいなくても人は人であるほかない。かくて人としては宇宙の究極を明確には知らぬことこそ大切な契機である。そうだと信じることが人としての重要な契機を構成する。見ることはできず信じることしか許されない。見たら人は自由を失うから。不安という要因が信じるという契機にはついて回る。両契機は二即一である。一方なしなら他方もない。不安あってこその人である。信じて克服するしかない。信じても不安は不安として留まる。これなしでは信じることも機能しない。不安信頼（信仰）一如である。そういう生き方が自由を有する。人として不可避である。その点自由と何かを信じることとは不可避的に結びつく。自由なら自分の進む方向を決めなくてはならない。それには何かを信じるという契機を要す。これを外すには自由に関わるすべての状況、条件などを明確にせねばならない。だがそれをやると不安は消えるが自由も消える。人間廃業となろう。そこで人が人たる限り良心が宇宙の究極に直結と信じて言動する以外生きる道はない。確かにアメーバに自由がないのと宇宙の究極を知ることからの自由のなさとは同じではあるまい。現実には、双方とも自由があろう。また原子でもどっちへ行くかは百パーセント決められてはいない。だが原子の反応に不確定要素のあることと人の言動に自由があるのとは同じなのか。ただ人は高度に知的で自由なので不安がついてまわる。そういう相違がある。自覚の有無が異なる。あるので不安が生じる。かくて不安こそ人たるゆえんである。こういう自覚が人の特質である。信じるという契機も同時に生まれる。自由の自覚と不安とが一である。不安なしの自由もあろう。これが人以外の生物一般の状況であろう。自由の自覚と自己反省が一である。ここで良心も生まれる。自己反省から罪、罪の意識からキリスト信仰の芽生えの過程が生じる。かくて良心の内に、内から信仰は生まれる。良心の内へキリストは受肉する。その分、良心の内に芽生える不安を克服できよう。キリストの中に神という究極的存在を見てそうなる。だが信じてもキリストが神の子と確証されない。なのにどうして人はその分不安を減らせるのか。ここではやはり「見る」という契機が関係しよう。確かに神を直には見ない。だがあのように生き、死んだ人を知るとは超人的なものを見ていることは確かである。神的ともいえる何かを見る。不安の全面解除ではないが、そういうイエスを神の受肉と信じる可能性はある。良心さえ十全に機能すればそういう信じ方が可能である。そこでイエスの前では究極的存在に関する疑問などをすべて人は捨てうる。彼自身があの生き、死に様でその本性を現し人にそういう決断をさせる。さもないと人は決断しえまい。この点は福音書でも見られよう。良心が人に決断させる。良心的判断とイエスの存在とは理念と具体化（性）という対応なので、良心はイエスを神の受肉と信じうる。良心の内へイエスが受肉する。結果、良心はイエスに支配される。理念があってそこからイエス受肉が生じる。だが一旦受肉したらそのイエスが逆に良心を支配する。かくてどちらか一方が他方を完全支配するのではない。相互的である。もしイエスの啓示なくば日本仏教のように行く方が定まるまい。良心の焦点が定まるまい。人の良心はそういう弱さを有する。有限存在でしかない。人の良心は人自身同様限界を持つ。自己に対し誠実なら良心の限界に同意せざるをえない。

基本的には良心の内に理念としてしかありえぬものにイエスの啓示が肉付けし現実に生かす。いわば死に体にある理念に生命を与え生き返らす。そういう理念がイエスを主として受容する。死に体の自己（理念）を生き返らせたので文字通り「主」である。この主を欠くと、主として出会わねば良心は自立、自律不可である。その点啓示が良心の生みの親である。育ての親は人の生きる周囲の環境であろう。その軋轢の中で良心は成長する。その切先を磨き研ぎ澄ます。だから啓示と良心とが互いに同じことを示すという（ローマ 2,14 以下）。だが良心が啓示を啓示と信じて初めて啓示は良心へ力を発揮する。一度そういう関係成立でも逆戻りもあろう。それだけ信仰は微妙な性格である。有限と無限との関わりなのでそうあるほかない。完全結合は不可である。ついて離れ、離れてはつくという関係である。両傾向一体である。その点イエスの復活が明確になってしまわない事態はむべなるかな。一度で完結とは啓示の完全人間化であり、それはありえない。またあってはならない。そこで啓示はいつまでも啓示のままである。さもないと啓示の意味はない。これは人はどこまでも人であり、人に留まる必要のあることと呼応する。そこで啓示の人間化は起こりえない。それでは啓示の意味は消える。何度でも機会ある毎に啓示は良心へ呼びかけ人を自己へ引き寄せる。啓示は一度で人を完全把握しえない。人の心は啓示へ完全密着しえぬから。両者つかず離れずの関係なればこそ独特の緊張感が両者間に存続する。一方が他方の圏域に吸収されたら啓示の意味は消えよう。その点イエスの復活は不可欠的要素である。これを欠くと啓示が人側へ吸収されよう。すると人の良心へ働く力を啓示は失う。啓示が人同等レベルへ下がるから。やはり啓示は良心の向かうべき究極点を指し示すことを要す。しかも良心は自力ではそこへ至りえぬことを要す。イエス復活は適切である。イエスのように言動した人が死後復活したからこそ人の良心を刺激する。仮に本当に死人が復活したとしても、当人にイエス並みの言動なしなら人は注目すまい。その点イエス復活はあくまで人格的事象である。

イエス復活と良心の究極性の双方の関係。人は元来後者を有し、それにより前者を信じ、結果、後者を自覚する。双方は相まって人にとり人格の重要案件を構成する。一方のみでは不十分である。前者なしでは後者へも人は目を開かれえまい。可能性のままであろう。ただ前者が完全信仰されて後初めて後者へ開眼させるのではない。そうではなく前者が人へ信じるよう迫る。それが後者への開眼の契機となる。良心について人は考えさせられるから。かくてイエス復活なしではそこまでの良心重視もなかったであろう。

「如何にして（how）」が分からずに信じるからそういえる。分かれば信じるとはいえない。古代イスラエルの民に預言者が敵が来襲するといっても具体的様相が分かってではない。堕落生活を送れば神の裁きが下るとの宣告である。これも霊的次元に属す。そういう性格のものを今の人間の理、知性は解明しえない。この点イエス再臨信仰も敵襲来信仰も同次元といえる。

## 第二節　無と良心

（一）

イエスの言動は我々の良心的判断と同質面と異質面の双方を示す。つまり余りにも「人」的次元、良心的判断の次元を超越した面がある。同質的でありつつ、しかも異次元的に超える。双方の面があるので我々一般人の死の定めを超える。そこで復活と聞いても受容の可能性が芽生える。ただ同質だけならいかに優れていても復活へは思い及ぶまい。反対にただ異次元なら自分らには無関係となり無視されよう。例えば「わたしを信じる者は、死んでも生きる。」（ヨハネ 11,25）という。これを当時の時代背景の中へ解消し、理解しては不十分である。時代を超えた発言である。自己絶対性をいう。これは人にはいえない。かくて復活したと聞いても受容できよう。ここには通常のそれを超えた合理性がある。ただ死んでそれで終わりならそれこそ合理に反しよう。イエス復活を信じることはキリストがこの世界に属さぬことの承認を意味する。そういう存在を知ることが救いである。そういう存在から何か—何であれ—を受け取ることが救いなのではない。たとえ永遠の命を受けるとしてもそれが救いの根拠ではない。そういう存在がいることを知るのが救いとは、人が究極的には知という点にその本質を持つ存在であることを意味する。つまり人は“物”ではなく“知”である。これは同時に宇宙の究極が物理的存在物ではなく知的性格のものであることと一である。究極的存在が知的とはいえ人の知はそこまで届きえない。そうだと信じるのが精一杯である。信じてのみ届きうる次元である。先の「死んでも生きる」は今既に実現の契機ともいえる。イエス復活を経由して今既に究極の知的世界、存在を信じえているから。人が人格的存在として生きるには究極的次元としての知的世界を信じることは不可欠である。知的世界は物の世界のように有限でなく無限な性格を有すから。ただ客観的次元に知的存在を想定せずば人として知的には生きえまい。だがそれでは自分が生きるため人が恣意的に究極的次元を空想していないかとの疑問が生じよう。信じてのみ究極的知的世界に与りうるとは啓示を信じることをも含む。ここで人はそういう世界へ与る。人の勝手な想定の世界ではない。究極的知的世界に今既に生きる。この可視的世界もそういう知的世界の一部である。　人格とは究極的次元なしでは生きえぬ存在である。人格として生きるとは究極的次元で究極的存在として生きることを意味する。そうしてこそ死克服の生き方である。今既にそうである。見よ、死は既に過去である。死を超えた生と究極的知的次元での生とは一である。ここに至れば自己が生きるため人が知的世界を想定、空想していないかとの疑念自体が消える。それはその点以前で生じるに過ぎない。かくてそれがある限りまだ真にそういう世界に至ってはいない。瞬時を永遠として生き、それが永遠に直結する。その点時間はここでは横ではなく縦に流れる。というより静止である。ここに至り自己は宇宙の創造と同時点に立つ。そこから創造開始のその一点に立つから宇宙創造者の直ぐ隣に立つ。もし許されれば今自己が宇宙を創造した、しつつあるともいえる。ここで宇宙と自己との大小関係は逆転する。ここからイエスが「信じる者には何でもできる。」(マルコ 9,23) というが、そのことも理解されよう。ただそう信じることが難しいが。イエス自身は創造者と一なのでそういう信じ方ができた。奇跡的行いより先のような言葉を重視する方が、物の世界より知的次元尊重と一致する。

可視的世界への無碍と不可視的世界への無碍とは一である。前者は自ずから後者をも要求する。一切のものへの、からの自由を意味するから。後者世界へ囚われあれば無碍は不成立となろう。見えぬ世界へこだわるわけにいかない。そういう心境にありつつ良心的判断にのみ従う。しかもこれは内容的にイエスの教えと合致する。無碍だけでは生の種々の場面へ人格的に適正に対応しえず人によりばらつきが生じよう。人間社会を客観的に成立さす積極的法則を要す。無碍な態度は個人の態度としては許容できても社会的法則として立てえまい。社会統括の倫理規範が不可欠である。これが良心による判断である。やはり先のばらつきは困る。反社会的行為という性格となろう。無碍、良心ともに大切である。個々の事柄でどちらかがより重要とはなろう。ただ無碍が主では良心重視の契機が生まれにくい。反対に後者が主なら無碍も同時に生まれよう。それ自体が可視的世界への囚われ排除の働きをするから。さらに後者契機の徹底は不可視的世界への囚われをも排除する方向へ作用する。どこかにある何かを前提の発想はすべて排除される。そうでない限り良心第一の判断にはならぬから。良心判断重視なら可視的世界への囚われなどは捨てるものの第一に挙げられよう。自己の生命より良心尊重が不可避であろう。そうあってこそ良心「のみ」に従うといえる。この点良心へのいわば囚われから他の事項への無碍が生まれる。決して逆ではない。良心に従って生きることを人は恣意的に変ええない。人はこの点を観念せねばならない。その一線を超ええぬよう創造されている。先のばらつき要因は良心的判断と矛盾する。これは考え抜きさえすれば一義的結論へ至る。例外ありなら良心の判断に破れありとなる。ぜひ一義的たることを要す。多義的は良心に反しよう。それでは良心分裂となろう。一義的となるまで問い続けることを要す。問い方が半端なので多義的に留まっているに過ぎない。そういう姿勢は良心的でない。非良心的ないし反良心的である。良心が機能不全である。例えば世俗的利害で良心が曇っているとそうなる。全うな判断をなしえない。だからこそ無碍が良心には不可欠である。二即一である。その一は全宇宙を貫き通って神、無というところに立脚する。全宇宙串刺しである。その有効性を撥無する。だが現実には人はそこまで徹底できない。そこでそういう良心の欠陥をごまかすのに種々の宗教は各々の戒律を定めて、守れば人の務めを果たしたと考える。かくて宗教、信仰とかいえば聞こえはよいが、内実は良心のごまかしでしかない場合が多い。本末転倒である。その点一切の宗教を一旦全廃してはどうか。まったく異なる社会的風景が展開しよう。良心と真正面から向き合うのを避けている。そうであってはならない。キリスト教さえ例外ではあるまい。人がそれ本来のものからそういう性格へ変質させる。それがかえって心の安きを生む。

一が立脚する無あるいは神。有限な人の知りえぬ世界なので無といおうと神といおうと他の何といおうと有意差はない。神は無から創造したという。神は良心に、無は無碍に呼応する。超越的世界と人間的世界を呼応させた結果である。良心が無碍を生む状況は神が無から創造することに対応する。かくて良心は神に呼応する。良心に従うことは神に従うことに対応する。良心こそ神が世に現れた姿である。これ以外ありえない。良心は神ともいえる。それ以外人は神を知る手がかりを持たぬから。神信仰は良心を信じること以外ではない。神即良心、良心即神である。ただここでの良心とは無から生まれたばかりの無碍と一のそれである。世の思いで染汚された良心ではない。人はそういう思いで良心、神を汚す。生まれて時が経つとともに次第に坂道を下るように。本来はそうであってはならない。人が神を知りうるのは自己の良心としてのみである。いわゆるキリスト信仰もこのことと呼応するので受容できる。良心と矛盾ならそうできない。良心ごまかしの宗教はすべて良心と一ではない。その点良心が先である。信仰に限らず良心と矛盾なら先、後の時間的順は問題にならない。かくてキリスト教に従うより自己の裸のままの良心に従う方が間違いない。中世欧州のキリスト教のこともある。その点どの宗教も裸の良心をそのまま映した姿とはいえまい。すると必然的に良心優先となる。だが現実には良心も宗教同様染汚済みなので宗教もそうなる。双方同時であろう。その点宗教改革とは良心改革である。

キリストの啓示に基づく信者への永遠の生命付与を信じて心の安きに至るのか。確かに永遠を考えうるのに百年足らずしか生きえぬ矛盾がある。だから逆に短い生涯を良心に基づき生きる意義も生まれる。先の啓示に基づいたように信じて人は満足しうるのか。あるいは良心的に生きて初めて永遠の生命付与と信じうるのか。それでもまだ不十分であろう。そういう永遠の世界へ行った人はいないのでそういう永遠的世界を信じきれぬから。

単なる自然の低次元なものが高度な人格的存在を生んだとは考え難い。逆が合理的であろう。そこで人のような知的存在の究極としての「神」的存在の想定はきわめて合理的である。イエスでの出来事としてその復活を信じることと少なくとも同等の合理性を有しよう。否、合理的という点ではそれ以上であろう。可視的で知りうる次元のところからの推理として考えうることだから。かくてその復活を信じうる人はすべて推理からの究極的、合理的存在としての「神」を信じえよう。むしろ後者が基礎にあればこそその自覚の有無にかかわらず前者を信じえよう。人側からの判断はそうなろう。一方、「神」側からの判断としては良心はそういう「神」のいわば受肉存在たる意義を有す。そこで人は良心に則って生きるのが「究極」を生きることとなる。キリストを信じるか否かはいわば舞台装置に属す。かくて人の立場からはそれ自体が固有な意味は持たない。ただ啓示した神の立場からはイエス復活を信じるのは絶対の要件である。だが現代人として疑念を完全排除してイエス復活を信じうるのか。またそういう知性犠牲の要求が信仰の正しいあり方とは思えない。かくてキリストの啓示の出来事は現代では各人の良心の内への受肉と考えるのがふさわしい。こう信じるのもイエス復活を信じるのと同様難しくはないか。当時「十字架のイエス」として受肉した存在が現代では各人の良心の内に姿形を変えて受肉した。かくて良心の命に従うことは単に人の判断にではない。それ自体がキリストの命に従うことである。当時に比し知性領域の拡大でこういう変化が生じた。各時代の状況に応じた神信仰、キリスト信仰がありうる。良心はキリストの受肉した姿である。当時としてもこれは真実だった。ただ当時はイエスの文字どおりの受肉、十字架、復活が大きい出来事として人の面前に現れており、人はそちらへ注目するほかなかった。だがそういう状況が過ぎ、科学発達もあり人間世界のことが前面に出現した。当時はイエスの出来事という背景に隠れていた良心という次元が顕になった。旧約の十戒のような段階ではむしろ人の良心という次元が人の前に大切として現れたのではないか。イエスの出来事と周辺を含めての一体的状況は歴史の中の特異な次元に属す。他に類なき出来事であった。事実そうであろう。かくてイエスの出来事と良心とを統一して考えうる。つまりそれが生じた時空では人の良心云々の次元を超えそれ自体が問題となる。一方、その前後の時では人の良心が十戒でのように第一次的問題となる。こうして良心が宇宙の究極に直結と信じることとイエスの出来事、特にその復活を信じることとが連動する。こう信じれば後者もその分信じ易くなろう。良心という自己自身が神、キリストへ直接すると考えられるから。キリストはその分身として自分の良心の形で自己の心に宿る。かくて世俗事に囚われず良心に従って判断する毎に自己の心中にキリストが復活すると理解しうる。こういう信じ方が背景だと出来事たるイエス復活もその分信じ易い。その出来事以前に心の内でその復活先行だから。それは後から生じる出来事に過ぎぬから。神、人の優先関係が逆となり本末転倒にも見えるが、人の信仰としてはこうであるほかない。人の次元が第一でないと超越的次元は宙に浮き人から遊離する。こうして初めて現代人としてイエス復活をもまともに信じる可能性が芽生える。イエスは自己の心に宿っており、しかも事ある毎に日々復活するから。無理なくイエス復活を信じうる。こういう人の内面と切り離してのイエス復活云々の議論は迷信という領域に属す。信じさえすればよいのではない。そういう態度はそれを信じること自体を必要以上に重視する結果になる。そこで信じることばかり強調され、そう信じぬ人々への迫害さえ生じよう。それが神に直接と、信じぬことは即神不信仰となるから。だがこれは誤りである。そういう信じ方は迷信的である。より重要な点を見落としているから。迷信はキリスト教外にあるのみではない。内にもある。しかも外のものは直ぐに分かり識別し易い。だが内のは識別し難くその分厄介である。そのため過去内部で争いが絶えなかった。

こう信じて初めてイエス復活は単なる自然科学的事実としてでなく人格的次元の事実として信じる対象となる。前者的事実とのみ見られると迷信的信仰に現れる事実たる出来事となる。基本的にイエス復活は科学的次元とは異次元の事柄である。かくて科学的事実たる復活としてはあえて問題にする必要はない。イエス復活が事実と証明はできない。同時に復活せず、とも。そういう状況下で自己の良心による真実追求（世への囚われの否定）でイエス復活を見つつ、二千年前の復活をも信じる。囚われの放棄がイエスの死に、また積極的に良心的判断につくことが復活に相当する。以上のことは迷信でない限りどの宗教にもいえる。今現在の人の心中での出来事と超越者でのそれとの連動である。

人自身が神同様の永遠の生命を受けるのでなく、神存在を知り究極的真実に与る生き方をできるのが救いである。無碍と一の信仰はそうでしかありえまい。文字通りそれを受け永遠に生きることを望む要はなく、それが正しいとも思われない。その真実を知りそれに与って生きることで十分ではないか。もとより受けうるのならあえて拒否の要はないが、それに固執の要もない。こういう信じ方はイエスの教え、彼自身の生き方、死に方に呼応しよう。そういう生命への固執はかえってそれらと相容れまい。その点イエスの教えは無碍に呼応する。「わたしを見たから信じたのか。見ないのに信じる人は、幸いである。」（ヨハネ 20,29）という。見ずに信じるとは自己側での判断をすべて捨てるのが前提となる。その判断にこだわっては不可視のものを信じえまい。これを信じうればそのとき当人の世での命は終わる。世から自由である。そうなればこそ世へ積極的に関わりうる。積極的とは世から支配されることなくとの意である。支配されると消極的関わりあるのみ。これは神が世を創造したとの信仰とも呼応する。いわば神の隣に座すといえよう。ここでは物理的時間の長さなど視野から消える。時間の長さをいうと、今から約 45 億年前太陽は誕生、今後それぐらい後にはアンドロメダ星雲と銀河系とは合体する。それに比し人の生は百年そこそこ。文字通り無である。良心的判断による生は先の積極的生の内容と考えてよい。人は人格なのでそれ以外内容はない。

神自身、罪なきこと、永生などおよそ今の現実とは異質な世界へ人は現在直に関わりを持ちえない。そこでそういうものを体験内在化しえない。現実の裏返しとしての認識が精一杯である。ただこういう認識にも良心がその背景にある。後者なしでは前者もない。そこでそういう異質世界に属す物を今現在の人の概念で表明すること自体困難である。そういう光の世界から闇の世界へ堕ちたのだから。そこで啓示が示される。これなしでは自分たちが闇の世界に今いること自体へ思い至りえまい。その点復活後のイエスも人が今現在の概念性の内で理解した限りでの記述に過ぎぬ。かくてその中の一字一句への拘泥は先ほどからの事情への無理解を顕す。そもそも復活後を我々の今現在の言葉で表現すること自体が正鵠を得ていない。それ以外方法なしなので止むをえなかった。信仰誕生の原初へ立ち返ればこうなろう。復活という結果先取りは不可である。それは倒錯的であり正しくない。結果からの振り返りのみでは事態全貌は明らかでない。そこで信仰成立根拠のある場は人の良心となる。神はこうして信仰成立の場を人の心の内に残された。良心なしでは信仰さえ成立しえなかったであろう。通常の感覚にはアダムの堕罪前、イエス復活後などの世界は夢物語の世界とさえ感じられよう。だがこういう人間理解が成立して初めて人は自己の精神的支柱を獲得し、心を一定箇所へ定めえよう。浮き草ではなくなる。アダムや復活後のイエスでの本来の生命を単に時間的に長く延長して永生を考えてはならない。長さの次元の問題ではない。基本的に量でなく質のそれである。真に異質である。絶対の人格神、聖、罪なしなどそれ以外ではありえまい。人の予想をはるか超えよう。ここでも無碍が関わる。無碍で可視的世界の姿形に囚われないので罪なき絶対神などを信じうる。さもなくばそう信じられまい。こうして初めてバランスが取れる。霊肉間、不可視界可視界間で。いかに可視界広大でもそれは無碍という契機で凌駕されるから。宇宙空間がいかに広くてもそれ自体に意味があるとも思われない。こういう印象は無碍とも呼応しよう。自己が単に地球上でなく宇宙の中で生まれたと感じよう。単に地球児ではなく宇宙児である。即ち神の子である。一人の人間でしかないがその一人が宇宙大である。全宇宙を飲み込むほど大きい。一人の人だが全宇宙より大きい。それもそのはず。単なる自然的世界より人格的存在の方が一次元ないし数次元上位にあり、さもありなん。物理的大小は問題外。肉の心から離れてないと往々反対の見方に陥る。非人格的な何かは人格的存在を生み出しえない。不完全な自分が完全無欠なものをいかにして編み出すのか。下位のものが上位のものを生むのなら無秩序となる。下克上ではないが下「生」上である。もっとも人格的存在の方が自然的物体より上位という判断自体非客観的ともいえる。だが地球上での生命発生過程でも人は最後である。後ほど高度のものが生まれる。

無の中で人格は誕生する。これは人格の自己目的を顕す。他の何かのための手段たりえない。外的世界の中の何かを目的とせずそういうものへの囚われもない。なぜイエスの言動に人格的究極者を見るのか。人の良心側にそう予想させる何かがあろう。さもないと、何を見ても知ってもそれを究極的何かと意識はすまい。相照らし合う事態がここにはある。もっとも人側での何かを常に人が意識してはいない。意識の底に埋もれている場合も人によってはあろう。イエス像はその状態から意識の表へ引き上げられる。イエスなしではそれは生じない。だが意識の底にあることはある。さもないと、何が目前に出現してもそういう自覚は生まれまい。つまりこれが究極者だという像は各人の心の内に先在、潜在する。だからこそイエスをそういう者と判断しうる。人はそう創造されている。だがイエスを自己の心の内の像と合致するとの認識には決断を要す。心中のものには具体的形はないから。一方、イエスは具体的な一者である。そこで両者一には人側で決断を要す。それなしでは両者は別のままである。人は無限を思考しうるので有限な次元でこと足れりとはできない。自己の生きる原理探求なので中間段階でよしとはできない。決断してイエスに心の内の像との合致者を見る。ここで初めて人は積極的に生きえよう。そう生きようとの気持ちがそういう決断をさせる。ただその決断に客観的に公正という保証はない。生きるための止むをえぬ切羽詰った行いだから。公正、客観的などが科学的との意味なら問題なしではない。ただこれは自然科学的次元に堕し、人格的次元から非人格的な、いわば動物的次元へ堕すことである。人格的次元での決断は公正を欠くのか。公正という言葉の内容自体が人格的次元と自然科学的次元とで異なる。後者的には肯定も否定もできない。だが前者的には肯定する。ここでは公正という用語は適用しえない。そういう発想自体が後者的発想であろう。公正とは既存の基準に則って判断しての概念である。生きるに直結のことであり公正云々を超越した事態であろう。生きるという事態が前提で初めて公正も問題となろう。両次元は異次元的に前者優先である。餓死寸前の人にはまず食物をとるのが第一である。公正云々は次の話だ。それと同じか。それでは人格と動物との差も消える。後者はそうして自然的生を生かしめる。一方、前者は人が人格として生かされることを目的とするので、生物学的に生かすのが目的ではない。自然的世界より人格をより根源的とすれば、人格的に生かすことは特別扱いとできよう。これは神が宇宙を創造したとの信仰に呼応する。物の存在の究極は物ではない。創造者と被造物での格差は当然である。人格が公正の基準を作る。たとえそれが不公正のように見えてもである。人の目は科学的見方に慣れており不公正に見えてもそれなりの正しさを持とう。神の宇宙創造のように、人格はすべてをつくる。人格は生きるにあたり何をも要しない。さもないと何をもつくりえない。創造では既成のものは雲散霧消する。しかもこれは個々の創造に該当する。何かが創造されるときそれ以前のものはすべて消える。すべて一旦無に帰す。かくて公正という概念も一旦無化される。そもそもすべての概念は人の生前提である。それなしでは全概念が宙に浮く。まったく無意味に帰すから。ないも同然である。概念などは自体独立の自立的価値を持たぬ。人が人格として生きるため生み出したいわば方便である。特に尊くはない。便宜的である。概念だけでなく科学自体が人が生きる方便的意義を持とう。自然的世界分析や自然を自己好都合に利用のための方便である。

一般に何かの目的のためのものはそれに従属し自体が自立的価値は持たない。科学は知的興味に発し自体として何か目的を持ってはいない。そこで中空にいわば浮いている。たとえそうでも時に人に役立つ。事実、医学など大いに発達した。科学的、知的興味から発見された事柄が人の生へ役立つ結果をもたらす。だが元来は人の生とは異なる観点から始まった。かくて人が生きる際は度外視でよい。今現在科学は人に対し大きい力を持つ。そこで科学無視で何を考えてもきわめて不十分と感じる。だがこれは本来は逆である。人格こそが科学などを上回らねばならない。だが現代では逆であろう。本来からいえば手段たるものが主人の地位に上がり目的を決めるという一面があることは確かであろう。その分人の生は正道から外れ歪められる。もっともそれが直ちに悪い外れではないが。そういう事実は人の考え方へ大きく影響する。目的手段の逆転とか本末転倒とかの思考がまったく別領域で生じ、しかもそれを特別のこととは自覚せぬ事態が起きよう。かくて人が人格として生きることへ徹したときは科学的考え方は度外視でよい。

弟子たちは復活のキリストに出会い生前のイエスと信じたとある。復活を一般的、客観的事実として書き、述べてはいない。特殊な出来事としてである。我々はその記事を真実を記載と信じるのが大切である。そこを踏み越え復活を一般的事実と考え、そういう出来事と信じてはならない。そういうことは要求されない。そう考えればそれは自我の働きであり反信仰的行いである。特殊と考える信じ方は無碍と一のキリスト信仰である。要求事項を受容しそれ以上を求めぬこと。そこで停止せねばならない。無碍はそう要求する。それ以上の要求は即それ以下の要求である。

復活は異次元、永遠の世界へのそれであり、死体は地上にそのままでも支障はない。記事をそのまま信じるのは真の復活信仰ではない。復活の記事の信仰に過ぎない。真の信仰ではない。信仰として生きていない。記事からの自由が真の信仰には不可欠である。字句への固執は霊の自由への未達を顕す。ただ死体がそのままとは記事無視との意ではない。あくまでこだわりなくとの意である。異次元への復活なので信じる以外の方法は通じない。可視的、またそれと関連する可知的方法では近づきえない。かくて「復活」という用語使用は本来は正しくない。本来そこに居たまったくの異次元へ移ったのだから。人の使用する言葉では表現できぬ事態である。言葉で表現するとまったく異なったものへ変質されてしまう。元来言葉、つまり人の思考の内へ入りうる事柄ではないからである。「復活」というべきではない。死をも含めて人から見てそういう出来事が生じたのである。人の目で見るので死とか復活とかの区別が生じる。神の目には生も死も復活もありはしない。神自身が自身として存しているのみである。神が自身として自らの生命を生きているその一端を見せてもらっているに過ぎぬ。神の行動に対して人は自己の概念と言葉とを当てはめて何とか自己の概念性の中へ収めようとする。だがそれこそが間違いの元である。アダムの堕罪もイエスの復活同様信じるという仕方でのみ近づきうる。それ以前の罪なき次元が過去に仮にあったとして今はまったく存しない。喪失の霊的世界へは復活同様信じるという仕方でのみ近づきうる。創世記、福音書にアダムの話、イエス復活のことがあるのでかえって可視的仕方で近づこうと誘惑される。そこでそれを克服し本来の信じ方へ至らねばならない。文字表記があると不可避的にそれについて周る状態になり易い。だが反対にそういうものが皆無でもそこで表明の事柄自体へ取り付きえまい。そこでそういう神話的物語が不可欠となる。アダムは神話としてもイエスは実在だったのでそうではない。ただ復活などの異次元的部分は現実、神話両性格を有し、堕罪は知的、歴史的に跡付けえない。仮にそう考えた場合、それ本来の信仰で問題となる事柄を問題となる仕方で問題としてはいまい。神、創造、堕罪、イエス復活、終末などは信じる以外の方法では近づきえない。

（二）

宇宙の果ての星でも地球に無関係ではない。相互関連しようから。離れ状況の少しの相違は地球上での大きな相違をもたらすかもしれぬから。その場合地球上で人間のような高度知性生命体は存せぬかも知れない。つまりそういう星も我々の今の生命へ直結である。広狭遠近の問題ではない。かくて我々の地上での生が宇宙の果てまでの宇宙生命を生きることでもある。我々はただ単に我々だけの生命を生きてはいない。宇宙全体の生命と生きる。また神は無限存在であり人には届きえぬと人に思い知らせることを要す。その点宇宙は人の科学では届きえぬ広さを要す。科学発達を予測すれば今ほどの広大さを要しよう。地球上で全宇宙が凝縮され生きられている。例えば地球上で一人死んでも、イエス誕生のとき空の星にその兆候が現れた（マタイ 2,1 以下）ように、宇宙の果ての星で何か変化がありもすまい。そうなら我々の生が宇宙生命直結といえるのか。地球上のこととして済んでいるのだから。事実そうなので広大な宇宙の存在への素朴な疑問が生まれる。ただ神の行為に人は口を挟めまい。それでもという疑問が自ずから生じよう。やはり人の持つ全可能性を事前予測し、さらに堕罪し、その上科学発達しても宇宙解明は不可能ほどに広大という観点を背景の創造であろう。その付随的結果として一人死んでも天にしるしは現れない。

人が自己存在と宇宙存在との間に感じる乖離の原因は人の堕罪にあるのか。これなくば宇宙全体が人の生の種々側面により緊密に結びつきえたかも知れない。その可能性を少なくとも否定しえない。かくて人の有する宇宙観への違和感の根幹は人の堕罪に由来するのなら再度イエスへ帰る。イエスの存在に照らし自己反省すると自己の罪に気付く。その根源を神話的、歴史的に遡りアダムに帰すことになろう。事実がどうかは今では分からぬが。罪の不可思議さと宇宙の広大さとへ人の内面、外面という二つの異次元が反映される。内外二相である。宇宙広大の不可思議さを知り人は自己の罪へ思い及ばねばならない。単に広大という次元をのみ思っていると人は益々深く罪へ陥ろう。外的から内的次元へ立ち返りたい。そうしてこそ生まれ変わりうる。母の胎へ再入し改めて出生するのでない再生である。外界へ心惹かれる限りそういう改革はできない。少しでも外へ心が向く限り心底より自己反省はできぬから。ここには二律背反が支配する。信仰、一般的には良心には自己の心の内の問題の外的事情への差し向けは許されない。それは罪へ目をつむることだから。目覚めていなくてはならない。これは常時内へ目を向けることを要す。罪の反省を要す。自己反省より自己のみへ帰しえぬより根源的な人の理解を超えた罪の原因へ思い及ぶ。宇宙の果てが人の理解を超えることと呼応する。仮に人の宇宙理解が十全なら自己の罪理解もそうであろう。自然科学的に人が自身を十全理解しうれば倫理的にも自己理解は十全であろう。宇宙理解と自己理解とである。自己も宇宙の一部たる以上両者関連は明白である。少なくとも人の身体に関しては宇宙と一体である。かくて後者完全理解が未達たる以上前者もそうである。倫理面でも同様であろう。ここでも科学的側面を無視しえぬから。かえるの解剖で人生観が変わったとの話を聞く。そのように両面は別ではない。結局、全宇宙が解明されぬ以上人の生命も倫理面を含めて解明されまい。そこで神話的とはいえイエスの啓示は宇宙創造に匹敵の出来事であろう。否、少なくとも人にはそれ以上である。それにより初めて人は生き始められるから。人が生きるとは単に生物として生きることではない。人格的な生を意味する。生の究極的根拠なしにそういう生き方はできない。宇宙に対し不可思議という感覚を持つこと自体が罪の発現自体である。そういう状況にあればこそ人はキリストなしでは生きえない。右往左往に終わろう。信じれば宇宙の中の放浪児の身分から解放される。心を留め付ける場が見つかったから。地球上で自己位置付けをしてもそれでは不十分である。人は自己を地球上でイエスへ留めつけ、そうして自己、地球自体をも宇宙の中で留めつける。こうして人は根無し草でなくなる。

　留めつけの仕方は人によって異なろう。イエスを神の受肉と信じる。つまりイエスは宇宙の創造者自身である。人間は創造者なる神を直には知りえない。

イエスで間接に知りえた。これが宇宙の果てを知りえぬことに取って代わった。かくてイエスさえ知れば、否イエスに知られれば宇宙の果てが不分明でも支障はない。イエスにおいて究極的存在を見る。だから宇宙の果てなどは問題外となる。あらゆるその類の問いは消える。神を直に見ればそれこそ死ぬほかない。そこで人は可視の限度ぎりぎりまでを見ている。さもない限りイエスが顕になったといえない。その点、その時点で「キリストがわたしの内に生きておられるのです。」（ガラテア 2,20）といえる。アルファからオメガまでキリストである。しかもそういう主が今現在を生きるとの信仰が大切である。主が生きていればこそ生きた信仰である。逆ではない。永遠から永遠まで主は生きる。そうなので宇宙も生きる。逆ではない。宇宙躍動の姿から神、キリストが生きていようと推測するのではない。イエス啓示まではそうでもよい。だがその後はそうであってはならない。何か事ある毎にそこへ立ち帰っての反省を要す。そうあってこそ「キリストが生きる」といえる。単に福音書内容を材料の自己反省より、先の告白により近い、より直接的たることを要しよう。もとよりそれが直ちにパウロでのようにキリストでなくてもよいが。具体的には全事項につき良心に従い判断することが即キリストに従うこと、キリストが自己の内で生きることを意味する。良心は無碍と一ならただの良心ではなく人間的次元より一次元上にあるから。仮に一般の人が先のパウロ同様の告白を常時でなく時にでも許されるのなら良心においてであろう。だが良心はその都度一一反省しつつ行為はすまい。良心が真に良心として機能するよう性格変更されるのがキリスト信仰である。良心が脱皮する。良心が自己の殻を脱ぎ新たなものへ変身する。変身後の良心へは従前とは異なる名称を与えてよい。そうすべきである。良心に従って生きれば直ちに先の告白の事態の当人での姿である。キリストの人への受肉としては良心においてとしか考ええない。良心は一般的に自己反省の意を含む。自己が自己を反省する。だが一次元上がった良心はただ単にそうではない。即ち人の生き方を指導する。内容面に重点が掛かる。イエスに代わり良心が当人の人生を導く。こういう良心はイエスの代理者である。今良心として受肉のイエスは二千年前文字通り受肉、その後昇天して以来こういう仕方で受肉持続中である。イエスでの受肉以前は旧約の言葉として受肉した。こうして何らかの形でイエス、神は受肉する。

良心は丸ごとイエス受肉それ自体か。それとも何かが良心をそのように機能させるのか。見解は分かれよう。良心は一定内容の人格的存在であり、イエスの霊の受肉体とされても不都合でもない。すると良心に従って生きるとは自分自身の十字架を負っての生となる。それは良心により良心で負われる。自己批判的、自己犠牲的事態をも受容する心構えのあることを良心は現す。そこでイエスの受肉体でもある。こういう性格付与の良心はもはや個別的な個人特有の良心ではない。他の人の良心とも共通内容の性格を付与されている。ここで初めて別人の良心が共通性を持ちうる。こうして良心は最初は異なる意見でも話し合えば同一地平へ至る可能性を有す。かくて良心は人を超えた性格を持つ。ただ人は良心をそういう方向へ展開せねばならない。それ以前で留まってはならない。それでは良心が泣く。常に良心を前面に押し立てて進まねばならない。後塵を受けるままではいけない。良心が前面に出れば自らそういう性格を発揮しよう。自ら脱皮しよう。良心は元来そういう性格を持つのだから。宣教のメッセージも結局良心へ訴える。良心は深く自己反省すれば自己のそういう本性へ目覚めよう。良心は神を映す鏡である。これゆえに人は人たりえている。かくて良心は宇宙全体より広大でもある。神をさえ容れるほどの容積があるのだから。しかるに神は全宇宙の創造者である。かくて良心は神に次いで容積大である。神は人の心に良心を定め置かれた。それにより自ら善悪識別し善につく決断を促すために。仮に人に罪なくば人は常に良心によりそういう方向へ進むであろう。というよりそういう行いを自己がしているとの自覚はなかろう。この状況では人は良心として生きるのみであろう。そこで良心に則って判断せぬ場合人として生きてはいない。そういう場合が多いのは残念である。則っていれば復活の生を生きている。則ることは永遠的性格を持つから。良心にとり死はない。生あるのみ。これは良心にのみ従えばそこには青々たる空が雲ひとつなく広がることと呼応する。そこに永遠的生命が宿るからこそ実現する。さらに良心こそ永遠の生命誕生の地である。そこで初めてその生命が生きるのだから。それ以外のいかなる場所にも存しえぬのだから。仮に永遠の生命が人の生と無関係にどこかにあっても人の生と無関係ならそれの存在自体に意味がない。そこで良心こそ永遠の生命を生むと理解するのは少なくとも人の生きる場で考える限り極めてリアルな考えである。しかもそこで生まれた生命は各々生まれた場に属し、その場である良心に属す。かくてこそその良心もその永遠の生命同様永遠となりうる。しかもここでの永遠とは単に時間的長さの意ではない。たとえ長さでは一瞬でも質で永遠的価値があればそれは永遠として差し支えない。否、むしろそれこそ永遠的と称すべきである。質は量を位階的意味で上回る。現実に価値もない人生を永久に生きるより真に一瞬でも価値ある生を生きればその方により重い意味を感じるのが人の真の心情であろう。価値は時を断ち切る。これは人が一般の生物を上回ることと呼応する。人の生は長さの問題ではない。質の問題である。内容、価値の問題である。自分として真に価値ある生を生きれば短くとも悔いはあるまい。その点そういう一瞬は神の一瞬である。絶対の一瞬である。創造の一瞬でもある。神の「光あれ。」（創世記1,3）にも呼応した一瞬であろう。その言葉が人の生の中へ移入された形態と形容できる。そういう一瞬は神へ通じる。人はものを創造はできない。だが精神的価値あるものを創造しうる。神の被造物を使っての精神的に価値あるものの創造である。言語表現としては矛盾するが、二次的創造である。二次的と創造とは矛盾するから。まったく新たな創造は神にしかできぬ。精神的価値でも神が元来創造したものを人がつくったとも解しうる。人は無から創造はできない。人は有に、神は無に対応する。神は無から創造する。かくて神が人を新たに創造するときまず一旦無に帰せしめる。さもないとそこから何一つ創造しえぬから。心が無に帰して初めてそれと一の良心は良心に従う新たな生き方をつくり出す。そういう生き方以外良心には端から存しない。世は全般に良心に従うことが支配してはいない。だからこそ良心に従うことが価値を持つ、異なる世界にあればこそそういう生き方が価値を発揮する。そういう背景なしでは人として十分その価値を感じえまい。地球上において全宇宙が自己という一点に凝縮されて生きられている。いっそのこと「人間」という言葉の代わりに「良心」（シュネイデーシス）を用いてはどうか。

## 第三節　宇宙と復活

（一）

罪なき状態は見当さえつかぬ。復活についても。具体的記述は人に伝えるための第二義に落としたものであろう。イエスは「すがりつくのはよしなさい。」（ヨハネ 20,17）という。そういう世界に触ることは本来許されない。イエスの存在自体が一回的事柄である。それに応じて復活も。存在の一回性に余り驚かず復活にそうなのはやはり自然科学的発想に現代人として慣らされ過ぎだから。人はそういう考え方に馴染み、それをすべてのことへ第一に適用するよう教育されている。そこでそれに代わる人格主義的宇宙観なるものを我々は要す。それなしでは精神分裂を避けえない。そこで最も問題なのは人格主義的観点からのこの広大な宇宙の意味である。一体何のために宇宙はあるのかである。宇宙を一つの完成態と見なくてよい。一つの目的、目標、これを今現在の人は把握しえぬが、へ向かって進んでいる最中と解すればよい。残念ながらこれが実態であろう。こういう状況の中で人は罪を犯したり、キリストを信じたりである。宇宙は決して完成品ではない。文字通り未完の大器である。細部までそうであろう。人側でここはこうだと決めてかかってはならない。未完のままに見なくてはならない。我々の身体が未完なのと同様である。宇宙はすべて細部から大部に至るまで未完であろう。そうなればこそ人が予想さえできぬ可能性を有する。人は人の理解可能性の眼鏡を掛けて見る。そこで極めて制約された可能性しか考ええない。だがそれでは事の半分、否三分の一ないしそれ以下の可能性しか見ていまい。宇宙の未完ぶりは大小に渡る。大ではブラックホールの存在、島宇宙同士の衝突など、小では例えば地球の地軸の移動、氷河期の到来などがあろう。決してリジッドにできていない。ただ人の生は百年足らずなので、それを基準に長短を観念してしまう。そこで地球についてにしろ宇宙についてにしろ固定された面を強く感じるのであろう。だが事実はそうではない。流動的である。人の生のサイクルと宇宙の生のそれは単位の長さがまったく異なる。自分の制約された見方から自由でない。求心力ばかり働いて遠心力が働かない事態がここにもある。空の雲ひとつ眺めたときでも人の世のことは思おう。だが宇宙の果ては思うまい。そこで人の思いを宇宙的規模で反省すると、極めて狭い領域の中でうごめいていよう。確かに科学的観点から宇宙全体を視野に入れた企画もあろう。だが日常的にはまさに地球的規模で考え生きるに過ぎまい。発想が宇宙的規模になるのは科学のときぐらいであろう。日常生活でこそ宇宙的規模で考え生きるべきである。さもないとすべての事柄で近視眼的となろう。この点こそが人の生に問題を引き起こす。

そういう問題が宗教的にはイエスの啓示への対応に端的に現れる。近視眼である。宇宙的規模ならイエス復活へも別の対応もあろう。ブラックホールの中は現在いまだ解明されていない。そこで復活も科学的解明ができずともそれはそれとして信じる道もあろう。もっともこういう信じ方は非本来的であろう。そこでそういう可能性を考えるに留め別次元からの信仰への対応を要す。人格的、信仰的観点からである。ただ先の背景あれば対応に幅ができよう。そこで宇宙の広大さは神創造の今後の成り行きに種々の期待を抱かせる。イエスの出来事に現された人格的意思の全宇宙的規模への展開を期待させる。人の想像をはるか異次元的に超える展開であろう。人格的観点から見て宇宙がいつの日か完成の域に近づくとき全宇宙の様相が一変しよう。こうしてイエスから宇宙完成までが、さらにはイエスからでなく宇宙創造から完成までの全体がイエスの出来事を中心にそこから人格主義的に見られよう。宇宙全体が人格主義的に染め上げられる。これはファラオ支配のエジプトでナイルの水が血に変わった事態（出エジプト 7,20）に呼応する。こういう人格主義的見方を前提で、その後科学的見方を種々導入し宇宙を分析理解すればよい。イエスの出来事は宇宙創造のビッグバンにも匹敵しよう。物理的創造に対応の人格的創造と受容しうる。アダムからイエスまでは一つの出来事と考えればよい。テーマは人の創造である。アダムの堕罪は予見されている可能性である。堕罪なしではイエスの出現もなく、それでは地固めが雨降って地固まるようにはいくまい。人は人格でありその面の尊重第一を要す。自然科学的面は次となろう。これは人自身について人格的面と科学的面のうち前者優先でないと人を十分理解しえないのと同様である。後者優先なら人は広い意味で“物”となろう。人格的善悪も蛋白質や含水炭素などの成分構成からの説明となろう。そういう企画を貫徹しうるのなら善悪などの教育は不要となる。蛋白、脂肪などの摂取の教えが教育に取って代わろう。全人格的問題は摂取障害へ還元されよう。確かに栄養的観点からの補強は必要であろう。だが人格的問題は独自の事柄として取り上げねばならない。こういう不可欠な二面性と宇宙全体につき物理的、人格的二面から見るのが適切なこととは呼応する。人と宇宙という二存在に対し、同様二側面よりの対応を要す。二側面対応での相互関係は如何。人自身には二面的対応を考える。だがそれ以外のものには物理的対応しか考えまい。本来なら考えるべきである。ただ宇宙は規模が大きすぎ人は考える立場にない。宇宙へはその創造者の立場で初めて先の二面的対応ができる。適切対応をなしうる存在以外なしえまい。人は人へのみそうできる。それ以上の存在へはできない。人は人へ、神は宇宙へ各々同様の対応をできよう。人は宇宙に関しては神の対宇宙的対応のうち物理的対応の面のみに観察などの仕方で与る。人格的対応ではまったく無関与である。ただ終末ではイエスなどとともに我々自身が宇宙完成に関わろう。かくて新約は宇宙全体を人格的、信仰的見地より包摂して解している。人格的観点からする限り、関与せぬ、しえぬ部分を残しえない。人格的存在は全的性格であるから、何事もその一部を欠くままにはできない。一方、科学的判断は部分ごとにありうる。事実の物理的過程の説明である。かくてそれ自体として特別の意味を持ってはいない。その点そういう説明はなくてもよい。一方、人格的説明は人として生きるのに不可欠である。可欠と不可欠との相違がある。旧約では空の星を人格的観点から世界の中へ取り入れる（ヨブ 22,12、詩編 8,4）。そういう仕方で人格的説明が自然的状況の上をいく。やはり人格は「もの」の上をいかねばならない。さもないと人格は成立しえない。人格はいかなる「もの」の下にも立ちえない。それどころか同格の他人格の下にさえ立ちえない。まして「もの」の下へなど立てるはずはない。唯一の例外は神である。

そこで広大宇宙度外視のまま小規模範囲で人格的、信仰的世界を完結的仕方では考ええない。全宇宙を含むことを要す。宇宙の端は光より早く遠ざかっており観察方法さえなくはないのか。しかもそういう世界をも視野に入れねばならない。状況の分からぬ世界さえ含めることを要す。そこへ一定の思想の網をかぶせたり、捕らえたりしうるのか。そこへ詰めができず一点の穴があると考えが完結せず、人格的、信仰的には不十分である。不分明ならそのままでも何らかの仕方での包摂を要す。これはきわめて難しい。固定した形を有せず今後どう変化するか不明だから。かくて現状に依存して包摂しえない。超越論的に現状を飛び越しての把握が不可欠である。こういう人格のあり方の確立のためイエスへの信仰を要す。つまりこの啓示は宇宙全域を包摂する可能性があろう。またなくてはならぬ。さもないと人に対し力を十分持てまい。宇宙の端も神の栄光を端的に現すものへ変えられよう。その点今現在の端の状況などどうであってもよい。それとは無関係にそう変わるのだから。もっとも全存在が神の栄光を現すものへ変えられよう。現在では個物について現状以上の明細は不明であるが。先の「超越論的」とは具体的にはこうなろう。かくてせいぜい抽象的概念規定などに留まろう。だがイエスのことさえ明確ならそれで十分用が足りる。結局、ここへ帰一する。そこでここの明確化を改めて迫られる。イエスと宇宙の端を関連させるには両者を何らかの方法で結合の要がある。キリストを全宇宙の創造代理者とする考えも生まれようし、その理由も分かる。この点は二千年前も現在も事情は変わらない。その点信仰は時空を超える。さらに人にそうさせる。人をそういう存在へつくりかえる。人は根本的性格を変えられる。地から天へと。その後は天的存在として地に生きる。ここで初めて人として生きえている。時に制約された生を既に超える。時の中に生きつつそうではない。人が人格として生きるとはそれ以外ない。自然的生物、一般的動物としてはもはや生きてはいない。人格的存在の生と一般的生き物の生とは二律背反である。これは信仰宣伝での信者と非信者各々の生に呼応する。こういう状況では人は今と終末とに同時に生きている。さらに創造と終末の間の全時においてそうしている。時を超えて初めてこのように生きうる。

宇宙船で宇宙の果てまで往復したようでもある。否、往はともかく復は未完了である。いわば帰りつつある。この発想の方が心が自由であろう。留まり所はない。ただこれはよい意味である。帰り着くと再度元へ留めつけられる。自由を失う危険が生じる。かくて帰路の途上にあるというイメージがよい。もっとも往路復路とはいえ、目的地の宇宙の果ては概念規定が不明確で、あってなきがごとしである。ゆえにどこへも行ってはいない。常に現在にあることが果てへ行くことである。果てとこことが相互無化である。これは空間的次元での表現だが同じことは時間的次元でもいえる。今と終末とが既に今現在において一である。その上で今とそのときへ分化する。キリストが信じられ時は超えられて生きられる。時は時でなくなる。即ち自己は自己でなくなる。その上で時は時、自己は自己となる。そこで初めて人は自己を生きえている。一切の妨げなしの自己実現である。これは外見的な何かの実現を必ずしも含まない。その方がかえって自己実現の場合もあろう。外見的次元とは異なった事象である。自己実現でない時は存しない。その点時はもはや存しない。時という次元があるのは自己実現である時とそうでない時の区別があるからである。区別する理由が消えれば時の区別も消える。一切の区別消去後新たな人格的世界構築を導く。これは神の宇宙創造に呼応する。その点人の活動は一挙手一投足が「創造」の行いという性格を持つ。そうでなくてはならない。かくてそういう性格を欠く行いは本来的には人の行いではない。人生は百年程度だが無碍と一であり、創造という永遠的性格を持つ。人に関する限り存在より行いの方が価値が重い。存在としては罪脱却しえず、かくて死を免れえぬから。行いとしては人は生まれ変わった新たな存在である。そこで人は存在より行いの方で先行する。終末時点で存在が先行の行いに追いつく。その時までは存在全体としては古いままで個々の行いとしては新しいあり方でありえた。行いに新しさが入り始め、そういう点が次第に増大し最後に存在全体が新しくされる。こういう過程を経る。人の自律的決断で新たになりうるのは個々の行いが限度である。全体的更新は自力では不可能である。神側からの積極的関与を要す。

宇宙の一回的創造、アダムにおける人の一回的創造は罪と調和するのか。彼での積極的堕罪が不可欠であろう。自然的にそのように創造されたままなら全責任は神にあり、人の罪の贖いの要はない。神が神に対し罪を贖うことはない。神にそういう不完全はないから。神には持って回った手続きは一切不要であろう。かくて人の堕罪を考えざるをえない。だがたとえ人に堕罪の自由があるとしてもそれ自体が神の責任である。そこで神はイエスで自己の責任を果たした。こう考えても問題はその人間中心性である。その内容以前の問題である。あるいは内容がこうなのでそういう問題を感じよう。いずれにしろ内容が問題なのは確かである。客観的には人間主義的方向へ偏している。そういう考え方を自然全体の上へかぶせている。人が人格として生きるのに不可欠なのは分かる。人格である以上人格主義的に考えることを要す。さもないと人は自己の生を立ち上げる根拠を見出しえまい。これは宇宙の広さなどとは異次元のことで不可欠である。最低限の条件である。最高条件などではない。堕罪とかイエスの贖いとかの想定が許されるのなら、人が人格として生きるにはどういう仮定も許容なのか。科学発達の今日なのに客観性なきものまでも。だが現在まったく新しく人を人格的存在として根拠付ける世界観を生み出すのは不可能である。今日まで命脈維持のものを再解釈する以外ない。この点だけは確かである。即ち聖書の再・新解釈浮上である。アダム堕罪とイエス復活の二つが不可欠である。これら二事象は神の世界と人の世界とが触れ合った独特の次元に属す。双方のいずれか単独ではない。天にも地にも属さない。第三次元である。そこでこれらを我々の理、知性では理解しきれない。我々の存在自体がそういう第三次元に属さぬから。天には天的次元、地には地的次元、両者一にはまたそういう次元に属すもので対応のほかない。だが我々の現在の存在は地に属し両者一には対応しきれない。イエス復活への右往左往一つ見てもそうである。堕罪、復活などを今現在の理、知性に受容し易くとの企て自体矛盾的行為ではあろう。即ち理、知性との衝突要素なしには人は罪ある言動の世から救われないのに、そういう要素の除去を狙っているから。だがこの点はそう考えるだけではすまない。不可欠なそういう要素は残し付随的要素は除去する。これら二面の区別を要す。その点堕罪の年代規定、具体的様相考慮などは後者であり除去でよい。一方、堕罪自体は本質的要素である。その場合抽象的は不可で具体性を欠きえない。堕罪は元来人の理解可能圏に属す事象ではないけれども。

復活は如何。堕罪は我々の存在の始まり以前でのこと。復活は異なる。堕罪は今では触れえない。復活では人々は復活後のイエスと話したり触れたりする。かくてここでは天的世界に一時的だが触れる。天的世界がこの世界の中に文字通り宿った。そう判断するほかない。堕罪から始まるわけではなかった。だがこれにより堕罪の話も信憑性が高まる。その点イエスでの復活啓示は意義大である。だがそこまで一つの出来事に人生のすべてを賭けうるのか。堕罪の件もイエスの啓示から振り返って明確である。結局、イエスの受肉・復活がすべてを握る。かくてキリストの存在と宇宙全体の存在とが価値を逆転させる。これは自然主義と人格主義との価値逆転と呼応する。人が人格として生きようとするほどこうなるほかない。しかし現代人としてこういう人のあり方に大なり小なり疑問を感じよう。復活への不安からなら信仰で克服できよう。純粋にそれだけではあるまい。現代の宇宙観の中でこういう出来事が生じたことへの不安もあろう。二千年前の世界観とはまったく異なる。しかしそもそもそういう出来事が問題化してはならない。反対にイエスでの啓示からすべてを見ていく手順にならねばならない。あらゆる事柄の出発点である。他の全拠点をそれが取って代わることを要す。イエスの出来事の特別視自体へ疑念を感じるなどは本末転倒もはなはだしい。人にはイエスの出来事は宇宙創造の始まりと同価値である。それはそれ以外のすべてを終わらせ同時に新しい出発点を与える。イエスの出来事を最優先せねばならない。人は宇宙の創造につき直には何一つ知らされていない。だがイエスは神に直接する者として異なる。ここからすべてを見ていけないのはそれ以外の何かがいまだにリアリティを持つからである。そのことさえなければイエス以外に拠点はない。それ以外一切何も存しないのだから。発想であれ行動であれ一切のことの拠点である。同時に帰着点でもある。それだけがいわば点的存在である。他はそういうあり方を取れない。すべては流れて消えゆくから。時の流れの中で点として固有性を持つ存在ではありえない。本当にそうであろう。こうして宇宙の状況など問題外となる。広大な宇宙でさえ一瞬に消えていくとも支障はない。元来無なるものが仮の有から無へ移るに過ぎない。人格たることを条件として外せぬ限り、真の有はイエスの出来事以外ありえない。人が自己を自然的存在と見る度合いが強いほどイエス以外のリアリティ、多くの場合自然的性格が強い、が当人の心を支配する。結果、イエスやアダムの出来事への信頼がぐらつく。ところで、イエスの出来事からすべてを見るとはいえ、それは一人の人の生の記録である。そこでそういうものと無関係の事柄を見ていく観点をそこに見出しにくい。教育、政治、経済、社会、文化、医学、理学、工学などのうち理科系は全般に無関係ではないか。

これら分野はイエスの教えとは無関係であろう。かくてこれらはそれとは無関係に自体として取り組むほかない。こういう分野が広範に渉ると、そこからその出来事とは無関係な自律的発想が生まれる。人の生活の半分の領域でこういう事態だと人は基本的に半々で考え方を改めて生きねばならない。するとイエスの倫理的教えは厳しいので、それからさえ心離れの結果を招こう。こういう状況がキリスト者においてさえ生じよう。イエス当時はそうでなかった。福音書でも分かる。イエスの教えの根本は時空を超えて妥当の普遍的真実を伝えているが、今ではイエスから発する立場は人間生活の全領域を考慮しえない。病気を癒しはするがそれ以外自然科学的次元では当時でも彼の教えが役立っている状況は余り見かけない。癒しのようなことは現代でも実施されている。一方、倫理的教えは社会的状況が大いに異なる。そこで教えを直ぐに適用できまい。結局、人間生活の全側面でイエスの教えを直ちには適用しえまい。そこで全事項でそこへ立ち返りつつ新たに考え直すことを要す。

イエスの復活は、罪なき状況が見当つかぬと同様我々の理、知性では基本的に把握不能の事態である。これ一つ考えてもイエスの出来事への立ち返りの重要性が分かる。把握不能とは出現が一回と決めることは人には許されぬことでもある。再度の出現さえないとはいえない。するかしないかはイエスの決めることで人の決めることではない。人は人の領域に留まる。イエスは自由なので今この瞬間にも再現するかも。そこでイエス出現を一回とか複数回とかと決めてはならない。それではイエスに自由なく人の奴隷であろう。人も含めて自由な者に他人が言動の枠をはめえない。ましてイエスにおいておや。かくてイエスの言動の個々の点の細部を固定してはならない。イエスは自由に生きる。自由万歳である。イエスほど自由な存在はない。いつ何ときいかなる場所へ現れるのも自由である。そういうイエスを信じる我々も基本的に自由である。彼より自由度が質量とも低いが。ここでは自由と自由とが呼応する。互いに相照らしあい相互に自由を高め合う。もっともイエスに不自由度はないので自由度で高められるのは我々である。イエスは生きる。全宇宙を超えて生きる。人をはるか超えて生きる存在に対して生き方の批評は許されない。生きている者はいかようにも変わりうる。変幻自在である。イエスは真に生きており対話という仕方でしか相交わりえない。二千年前一度地に現れたときの記録に拘泥はよくない。本末転倒である。対話は自己の心でが基本である。記録を参照に対話する。それ以外ない。モノローグに陥らぬよう注意のこと。常に自己反省を要す。現代に生きる我々にイエスはそういう生き方を求められよう。忍耐を以て臨まねばならない。神の御許で我々を上から見ておられる。我々は心眼を以て見上げるほかない。全宇宙がいかに広くともイエスの視界は文字どおり無限大、無規定でありその比ではない。異次元的に広大だ。可視的世界はどんなに広くとも限りあろう。天上のイエスと我々が結びついて他の中間の全事項はなきがごときとなる。真のリアリティと自己がある。それ以外は視界から去る。

イエス復活への信仰における自然的世界の独自意義、そこでの迷信の内容——これら二点が次の問題。第一の点から。実存的信仰ではたちまちは何の意味も持たない。旧約でも創世記が最初に書かれたのではない。結果的に三階層的世界観が人的世界の中へ組み込まれる。基本はやはり人である。そういう観点からは広大宇宙を無関係世界として放置はできない。当時の世界観では人間世界への組入れもし易かったであろう。だが現代では宇宙は余りに広すぎる。人の世界への組入れは容易でない。人が神、永遠を思う契機の提供が宇宙の目的かも。確かに旧約中にもそういう要因はあろう。ただそれだけが目的では不十分だ。宇宙は一点からビッグバンで始まったので広大は二次的なことに過ぎぬが、もっと宇宙が小さい時期にどこかの惑星に地球人のような高度知性の存在がいたかも知れない。すると広大云々という観点は問題にしなくてよい。良心に従うことがイエス復活へ通じるという信仰のあり方に応じて、我々が地球上に生きている今、広大なことは偶然の一部となろうから。つまり可視的姿に囚われぬという原則を宇宙へ適用するのだが、キリスト媒介で宇宙を信仰的世界へ取り入れるとき物理的広大さ自体は度外視でよいのか。そこに人格的存在の生息しない物理的世界は無意味なのでそれでよいとも思うが、本当にそれでよいのか。ただ暗黒物質があるのみで、惑星も何もない領域が広いのだから。太陽系で見ても惑星のある場所はごく一部である。殆んど何もない。宇宙全体としてもそうであろう。かくて三階層的世界観との落差も縮む。当時の人は星空を仰いで無限の空の広がりを思い描いたであろう。その点現代人が当時に比し宇宙につきずっと多く知っていてもどれほど意味があろう。人格的事実が前面、全面に出ると、宇宙の広大さなどを考慮せずともよい。人格的事実に対し物理的状況は前者が演じられる場を提供するだけなので自体の意味はないから。良心的判断に従うこともまったく人格的事象である。人が地球に生きていてもアンドロメダ星雲の中のある惑星上に生きていてもそういう物理的状況とは無関係である。さらに、寿命は最近は九十歳近いが大和朝廷の頃はその半分程度だったかも。このような人の存在自体の仕様、人の生きる環境の仕様などとはまったく無関係のこととして人格的事象は存在する。

次に人格的、物理的両事象区別前提での迷信。まず考えられるのは両者の混同である。イエス復活を物理的事象と考えること。死んだ人の生き返る確率を考えるのがここに入る。そういう次元の問題ではない。そういう一般的、物理的事象が問題なのではない。自己自身の良心に従う生き方との関連で考えるべきだ。こういう次元から離れてイエス復活を考えた場合信じ難くなって不思議はない。本来あるべきところから外して受け取っているから。それのあるべき背景と一体の受領を要す。何事も自己が成立する背景を持つ。そこから外すとわけは分からない。しかもその上で復活の確率云々では二重の誤りである。本来の場から外すことが一つ。その点の認識欠如で一般的次元での復活議論がもう一つ。信仰へのまったくの無理解でしかない。だがたとえ外さずとも事実たるイエス復活へこだわれば同様の誤りである。先のがキリスト教外とすればこれはキリスト教内での誤りである。内外呼応である。これらは人が自己の知的判断に固執するところから由来する。だがそれ自体が問題である。有限存在である人の有する知性の絶対視だから。存在が有限ゆえ知性も有限とせねばならない。知的判断は有限存在への判断に限定して行使さるべきである。一方、自己自身の良心的判断へ従うことの反映たるイエス復活への信仰では事実としての復活への固執は存在しない。もとより復活がどっちでもよくはない。イエス復活は彼に関わる他のことも含めイエスに任す。自分がそれを判断しない。人は有限存在ゆえそういう次元につき判断する資格はない。そういう自己の分をわきまえている。外して物理的事象と見る場合といかに異なるか顕になる。もし仮にイエス自身が復活しないと決断するのならそれを受容する。だが実際はそうではなかった。これはイエスが自己のことを神に任すことと呼応する。人は自己のことをさえ神に任すべきなのでイエスのことをイエス自身、神自身に任すのは当然である。こういう状況ではイエス復活をあえて問題にはしない。これは良心が当人に重要問題であることの反映である。決して復活という事実へこだわらない。全宇宙の統括者イエスを信じている。イエスはイエスでも決して狭く限定されない。宇宙大である。宇宙即キリスト、キリスト即宇宙である。

良心からの反省という観点なき場合、イエス復活は不可避的に事実と見る見方になる。そこで必然的に迷信が生じる。そういう領域へ迷い込むのが不可避である。ただその観点が抜ける場合、良心という点で考えること自体をも欠く。これではもはや人格ではない。その場合イエス復活を事実自体として問題にしている。ここでは本来復活を問題にする必要も必然性もない。当人が生きるに当たり不必要なことの興味本位の扱いである。これも広い意味で迷信といえる。いわゆる迷信という形ではないが、その分余計に迷信の度合いが深い。自分が良心的判断に基づいて行動するときその何歩も前を行っていたイエスが死後復活したと聞いてもさもありなんと肯定できよう。そういうイエスを宇宙大に受け取りえよう。宇宙の創始者と考えることも。神への信仰はこういう信仰からの二次的現象とも考えうる。やはり信仰という以上人たる自己が起点である。聖書は聖書として存する。だが当人が良心に則った行動をせぬ限り無縁に過ぎまい。心での何らの繋がりもあるまい。良心起点で初めてイエスが問題となる。ここでこそ正真正銘の信仰が始まる。かくて信仰は良心—イエス—神という順になる。決して逆ではない。良心へのこだわりなしでは信仰は本来無縁である。その点人の良心は宇宙の中心である。良心は自己起点で人格的世界構築なので宇宙の創造者ともいえる。先の順をも考えると良心は創造者であるばかりでなく審判者でもある。良心と矛盾することは究極的には全宇宙から排除されよう。かくて良心は全宇宙のいわば浄化装置である。だがたとえ良心に基づきイエス、神が信じられても（生み出されても）、人がそれ以上進みえぬ限界がある。一線は超ええない。つまり啓示を超えてさらにその先への信仰は不可である。ここで留まるほかない。啓示はあくまで啓示であり明示ではない。そこで人は啓示に留まりえぬ心境に置かれよう。だがそこで留まらねばならない。知的欲求を百パーセント満たすことは許されない。そこで不安、不十分、不満足など要は「不」のつく心のあり方に踏み止まらねばならない。しかも一方では良心に則って言動せねばならない。そこで矛盾を抱えた状況にある。だが良心に則って言動するとき人の心は「神を見る。」（マタイ 5,8）という心境にある。これはそういう言動と神を見て安きにあることとの一対一の対応を示す。ここが人としての究極であろう。これはキリスト者であるか否かとは無関係の普遍的真実であろう。良心への服従自体がそれにふさわしく報いている。だからとて人はいつもそういう言動ができはしない。だが先の「神を見る。」では単に「心安きに至る」ではあるまい。より大きい次元のことが示唆されていよう。より神側へ踏み込んだ何かである。「見る」とは単に啓示をではないように思われる。イエス自身釘のあとを見た人につき「見ないのに信じる人は、幸いである。」（ヨハネ 20,29）といっているから。ここでも「見ないで信じる」とされる。先では「神を見る」といわれる。見るのである。見るとははっきり知ることを意味する。不分明を超える。だから「見る」といえるのだから。はっきり知ることを意味すると考えざるをえない。つまり先の「不」の克服を含意する。釘のあとを「見て」当人がキリストであるとはっきり知った。ここには少しの不分明もない。同様のことが「心清き者」についていわれている。確かに「今すぐ見る」といわれてはいない。死後天国へ行った後とも取れる。未来形なのでまずそういう想定となるであろう。だが今現在もそう見るのであろう。「心清き」が良心に則って生きるを含意するのならそう生きる人は今「神を見る」ことになる。キリストを神と見て心安きを得るとの意味なら辻褄は合う。つまり啓示を啓示と見うればそこに神を「見」うる。福音書ではイエスは特別の人である。彼を神の子と信じ先の「不」を克服し心安きへと至る。百パーセント克服しうるのか。やはり不可であろう。少なくとも特定の人を目で見、当人として確認する具合にはいくまい。そもそもイエスを神の子と信じる時、人としてでなく神の受肉と信じるのだが、彼をそう信じて人としての限界の一線を超えうる。イエスを神の受肉と考えるのなら、それと一体で人格的な神の実在を信じる。一方のみは不可だから。確かに一線を超えうれば安きに至りうる。同時に周囲からどう対応されても無頓着にイエスに固執しよう。迫害され殺されても。心安きの心とは良心のことである。迫害あれば一方では心不安であろう。だがそういう心境を超えて心安きでありうる。この安きは良心でとしか考えられない。ここに良心による倫理的判断と一体である事情が読み取れる。徹頭徹尾良心である。良心主導の人間存在である。かくて地上にイエスが受肉するのみでなくキリスト者の良心の内への受肉である。そうなので世への思いを捨て良心に従いうる。受肉という事態が良心をそう変えた。しかも良心中心でないとこういう仕方でイエスの啓示へは至りえない。これ以外の仕方でのイエス接近はすべて大なり小なり迷信的性格を持とう。

（二）

人格的存在のためにも非人格的存在を要す。前者のみならそこに所属するもの相互を結ぶものはなくなる。かくて後者は前者が前者たるにも不可欠である。両者に比重をつけ宇宙を図に表すと宇宙の大きさなども今のものとはまったく異なろう。ちょうど日本を移動時間で表した地図が歪んでいるように。前者のいるところだけ考えたら宇宙は大いに小さくなろう。人は堕罪をも含めて全宇宙の進化の大ドラマの一こまを生きている。救済史とは宇宙史である。天国とは神の意にかなう世界の出現である。

物質界は何のためにあるのか。意味もなくただあるとも考えうる。意味があるにしろ人に認識されるとは限らない。人は神のように全知全能ではないから。かくて宇宙存在の意は人の関知の彼方である。人の手の届かぬ問題である。仮に全宇宙の構造が解明されてもこの点は変わるまい。人は存在意義の分からぬ宇宙空間の中で生きる。知的存在たる人はこの状況では真に生きているとはいい難い。究極的次元への関わりが人が人格として生きるには不可欠である。究極を信じてこそ生きうる。ただそれが実現しても宇宙存在の意味不明は変わるまい。全体としては意味不明の宇宙の中で自己存在の意味を信じつつ生きうる。こういう全体的意味不明は人の堕罪の理解に関係する。堕罪の過程は今では不明である。これら二種の不明は究極は一である。人が全知でないことに関係するから。その分堕罪も不分明として明らかである。ちょうど宇宙の究極的意味は分からぬが、そういうものとして人の前に現れているように。宇宙は構造というより存在の意味が分からない。罪が分からぬのは人の存在の意味が分からぬから。人が今この地上に生きている究極的意味は分かるまい。そういう意味不明が罪という事柄へ現れよう。人の存在と不可分的に結合する罪的あり方の現実への理解不可能性である。だが人のそういうあり方は一般生物のあり方と対比してまったく理解不能でもなかろう。それらは食い合い、殺し合いをする。人が自然的生き物として同様でも不思議はない。ただ人はそれを罪と認識する。ここからその根源を問い原罪へ至る。高度知性にもかかわらず場合には一般生物同様でもある。こういう現状への反省からであろう。要は自己存在への理解ができないことの反映である。これは宇宙全体についても同様である。自己存在への意味不明が罪という点へ一点集中的に現れる。ここから人は啓示へ向かう。宇宙と人の意味解明が結果する。その象徴がイエスの啓示である。ここを出発点に両存在の意味を解する。宇宙の意味不明のままその一部でしかない人類の存在意味の分かるはずはない。

この点から物質界の意味を考えよう。背後にいる神は自己の創造力を宇宙で示す。人は高度知性を付与されその偉大さを感得しうる。人の知はその構造を解明しえまい。仮に可能性あるにせよ先に人類は地上から消えているかも。ビッグバンという光の偉大さの前では脱帽しかない。これは人の自己理解へも跳ね返る。壮大宇宙の創造者による創造の自己を粗末に扱いえない。自己尊厳の根拠を宇宙に見出しうる。もとより神の被造物たる宇宙を粗末に扱ってはならない。宇宙も人も絶対者たる神の被造物だから。ただ粗末が駄目だけでなく、敬意を以て扱わねばならない。人権尊重という観念も究極的にはこういう次元へ根拠付けられよう。神の力、存在、無限、悠久などは人の存在の特性のすべて反対である。それが宇宙の中に現される。宇宙の中の個々はすべて生滅する。だが宇宙全体は一度誕生したが、生滅はしない。これは神に呼応する。神が存する限り宇宙もそうであろう。全体としての不滅と個々の生滅とは創造者と被造物とに呼応する。人はもともと後者の一だが前者を思い描きうる資格を持つ。そこで両者双方を比較しうる。そこから自己のはかなさを実感しうる。これは神への思いへ反映する。仮に宇宙がこれほど巨大でなくば人のそういう思いも半端に終わったであろう。宇宙の端の形態を知りうれば人は神への思いを一変させたかも。人の知が神の知まで、少なくともこの一点では届いたのだから。たとえそうでも一点で届けば神は人への権威を失おう。人は益々思い上がり人間社会は収拾が取れまい。人類全体がそうなれば個々の人間もそうなろう。つまり有限者同士の関わりではなくなろう。個々人がいわば神の地位へ上げられ無限者同士の関わりへ変質しよう。争いに限度なしとなろう。かくて宇宙は今のように無限であってほしい。神が自己の無限を現そうとすれば無限の宇宙が不可欠である。そもそも外的世界なしでは自己を外へ現したことになるまい。ぜひ必要な策であった。

だが宇宙創造のみでは必要条件だけで十分条件はまだであろう。これには神が人格的であるとの顕示が不可欠である。一言でいえばイエスの啓示である。これで神は必要かつ十分条件で自己顕示した。人の罪へ人の存在全体の不可解が結集して現れるが、そこへばかり目を向けてはならない。宇宙の中になぜ人が存するかがまだ理解されえない。というより罪は根本的事態の一噴火口に過ぎない。その下のマグマに不注意であってはならない。こちらがより根源的である。人は現象的事態へ気を取られ易い。そういう次元は目に見え認識し易いから。だが本末転倒はいけない。物事の正しい理解や解決に至るまい。仮に人が宇宙を完全理解できそれに基づいて人間理解できれば、こういう罪の現状は大きく変わるのではあるまいか。自己存在についてゆえ究極的次元では理解しえない。「どこから来てどこへ行くのか」(ヨハネ 8,14) が分からない。こういう状況が人間社会の混乱へ輪をかける。人は高度に知的なのでそうなる。この点罪の状況は自己、および人間理解の不完全からの二次的結果であろう。かくてこちらの解決なしでは人間社会の根本は変わるまい。存在理解欠如で罪理解のみ達成はありえまい。人の罪を宇宙の中へ移し入れた場合、過去、現在、未来の他天体の高度知的存在の罪も考えられる。これは人の罪とまったく対等であろう。するとそれと一体のものとしてブラックホールとか星雲同士の衝突が考えられよう。要は今現在の自然や人の秩序を混乱、消滅さすものが挙げられる。自然の詳細はいまだ分かっていない。人の罪のなぜにも比せられよう。

だが人の罪は人が内包しているものである。元来罪という言葉に該当する何かそういう特別の実体があるのではない。何もないといえばない。人の自己理解の一端である。かくて罪は架空といえばいえる。罪と反対の善も同様である。人の自己理解の一部である。善悪とも架空である。もっとも各々に応じた行いとしての実体はある。殺人は罪を顕す実体である。倒れた人を起こすのは善でこれも行いの実体である。もし人の罪で宇宙の様相がまったく変わったのなら、事情は変わる。こう考えるのも理に適わぬともいえない。イエスを神の受肉とするのなら、人の存在をそれほど重く受けとるのなら、人の罪で宇宙の様が変更を余儀なくされたのも首尾一貫する。宇宙が変わったのも人の罪が契機であろう。するとその前後では宇宙の様に大変化が不可欠である。だが現実の宇宙史の中にそれは確認できまい。そこで以上の考えは不可である。可能な考えは、堕罪なくば宇宙の様は今よりまったく変わっていたという考えである。堕罪の方へ行ってなければ実現した状況は実現せずなのだ。ただこの考えの唯一の問題は堕罪しない可能性あるのに堕罪したとの事態をいかに裏付けるかである。ところで堕罪とともに全宇宙が変わったとも考ええよう。堕罪前と後では考古学的には相違なし、一続きと見えてもその前後での変化自体今では消えたかも知れない。神の意思でどうにでも変えうる。隠すも現すも変えるも神の自由である。変幻自在である。神が生きた人格的存在なら今までの宇宙史で何がどう変えられたか人にはまったく分からない。堕罪もあえて人には分からぬよう結果を変えているとも解しうる。人が堕罪という問題が過去にあったことをもっぱら信じるがためである。人の力でそれへの兆しが見出せれば人には信じ易かろう。だがそれでは神の言葉への信仰ではなくなる。そこで堕罪の結果こうなったと信じるしかないよう計らう。結局、神全能への信仰が求められる。イエスの前では人は自己側のあらゆるリアリティを捨てねばならない。迷信との区別は如何。人を人格として立たしめるか否かであろう。かくてすべての事柄は神の意向で過去にどう変わったかは人には分からない。またそういう仕方で変えられよう。ただ一つ確かなことはイエスでの啓示である。彼は「わたしを見た者は、父を見たのだ。」（ヨハネ 14,9）というので、彼を信じようとすればこの点を見損ないえない。結局、イエスの啓示以外の宗教的事情は仮定的、仮説的、暫定的である。もっとも各々歴史上それなりの信仰的機能を果たしたのは事実だ。やはりイエス信仰のためにはイエスは宗教史、信仰史の中の一こまとしてそこへはめ込まれてはならない。他のすべてから抜きん出ることを要す。それにはイエス以外では神の恵みの真実は隠されることを要す。少なくとも顕示的には示されぬことを。さもないとイエス信仰以外へ人は留まるかも知れぬから。イエスが啓示ゆえ他はすべて啓示たる光を失うことを要す。旧約にあることもそうなろう。最終的啓示が現れた以上以前のものはすべて輝きを失った。固有なリアリティを有さなくなった。

ここから振り返ると宇宙は神の大きさと人の存在の小ささとを同時に示す。これは人には無意味ではない。自己をわきまえる意味を持とう。傲慢に陥るのを防ごう。さらに自己の小ささの認識は人を神へと導く。宇宙存在の意味は創造した神自身以外には分かるまい。そこで人にとっての意味として考えるほかない。宇宙の大きさで神の偉大さを感じる以外、宇宙の中の個々の事柄で神の怒りとか人への賞賛とか感じることもあろう。イスラエル民族が虹を見て神の指示を感じたように（創世記 9,13）。だが現代ではそういう感じ方はできまい。自然科学発達で自然の現象は自然界の中にその原因を探求するのが通例となったから。そこで一般的には自然の中の出来事に信仰的意味を感じ取るのは不可能となった。だが科学の明らめるのはあくまでそのプロセスである。意味は別次元なので両者は両立しよう。たとえそうでもその物理的過程が分明なところへ外からの意味付与は困難となった。過程が不分明だったのでそうできたのだから。

単なる物的世界自体は無意味たることと人類が地上に生息する間しか人の人格的生き方を問題にしえぬこととは関連する。いずれ太陽爆発で太陽系は消滅だから、人類の地上での生ある限りでの人格的問題となろう。人格中心に考えると不可避的にそうなる。たとえ最終的には消滅の定めとはいえ人格とはそういう定めを超越して存しうる。またそうでなくてはならない。さもないと物的世界の法則下に生息するに過ぎぬ存在へ転落する。無を超えて生きることこそ人格に不可欠な契機である。無碍である。物的世界を人格が上回るとは必然的にこう要求する。これは神の無からの世界創造に匹敵する。人格はそれ同様良心に則って無から無を超え創造する。かくて宇宙の広大さなど無関係である。外的、物的世界へ囚われてはならない。それでは人は自らを物へと格下げする。これは人が都を本来自己の心の中に求め物的、外的世界へ求めてはならぬことと一である。この点イエスさらに我々の復活は死を超え、無を超えて人格は生きるべきことを象徴的に現す。現実にイエスが復活したか否かという点は、歴史的事実としてより人格的事実として考えられるべき以上、問題外となるという事態がまず存する。自己自身が永生でありたいと望む根源的事実があるのでイエス復活が問題となる。しかるに自己が人格として無、死を超えて生きるのなら復活問題は消える。いわば今既に復活の生を生きているのだから。そこで復活は度外視しうる。逆に考えるとイエス復活へこだわったり、さらに自己の復活を問題にせざるをえぬのは自己が人格であるとの認識の不十分を顕す。かくてこの点をまず正さねばならない。自己の人間性を無、死を超え創造する人格という次元へ高めねばならない。それをせずイエス復活の云々は本末転倒である。こう考えればイエス復活問題は人に無、死を超えた創造的、人格的生への自覚を促す処置である。イエス復活を信じうればそれでよいのではない。そういう安易な問題解決を神もイエスも望んではいまい。ここでも人は易きにつくという性が現れる。かくて人がイエス復活を無視しうる状況になって初めてその事実は人へその働きを果たしたといえる。無視とは人の意識からその事実の消えることを意味する。ここでは自己の永生への希望という契機も消えていよう。ただただ今現在の生を無、死を超えて人格的に良心に則って生きる。これはイエス復活との対決折衝を通じても、他局面でも生じよう。人が人格であり良心を有する限りそうであろう。例えば自己の生の中の一具体的問題との対決を徹底する過程で人格的、良心的に無を超えた生に目覚めよう。かくてキリスト者は教団の中のみの存在ではない。まったく無関係の世界にも存する。反対にそこに雑草が茂る。かくて複数の道がある。道の間で優劣はあるまい。少なくとも同一人には一つの道があろう。当人の人格的内容が一定である以上、ある一定の同一の内容的事態に至らぬ限り留まりえぬから。ただ別人では人格的内容が異なるので先の人と同じところへ至りつくとは限らない。別のところへ至ることもあろう。だがそういう相違を超えて無を超えた良心的生が人として究極の到達点であろう。ある人がそこ以外へ達した場合でもそこへ達する可能性はある。人はすべて人格で良心を有するから。ただ直ちにそういう方向へ赴くのではないが、そういう可能性は常にある。決して自らそういう可能性へ眼を閉じてはならない。人格への冒涜である。ここでは一種の誠実さを要す。もっともこれ自体も人格が含む一部である。

## 第四節　宇宙と奇跡

### （一）

信仰の心が中空に浮きイエスと対話するように信仰の目による自然も浮き上がる。目に見えるままのそれではない。自然も心がそこにある中空に浮き可視の自然を離れる。信仰の心には自然はもはや自然ではない。通常の自然はむしろ混沌ともいえる。もっともそうとはいえ、それと別にそのような自然を見うるのではない。通常の自然を見つつ自然ではない、信仰の心により生み出されたある自然を見出す。この自然に比し混沌的自然を見、嘆きや哀れみが生じる。自然の中に埋没ならこういう事態を欠く。かくてキリスト者は現実界に生きつつこの世界の中に生きてはいない。むしろ死んでいる。世界からは彼は存在せぬ霊的存在でもある。逆に彼からは世界はあるがいわば存しない。キリスト者はかくて存するが存せぬ存在である。あるごとくしてない。自然が信仰の光が照らしたそれであるのに応じ、人は単なる自然人でなく信仰人である。人は自然を抜け出て生きる。そうでなくてはならない。さもないと神は人を土の塵から形づくった（創世記 2,7）が、その言は不真実となる。人は最初から土の塵となろう。塵から創造された以上もはや塵ではない。地から出て、文字通り出たのでもはやそこへ属さない、中空に浮く。かくて人は一般動物と違い生きているがもはや生きてはいない。塵からとは塵でなくなり塵から死ぬことである。自然から分けられ自然から死んだ。ここで初めて人は人になる。かくて人には死ぬことが生きることである。人には死なしに生はない。人には最初から生死逆転である。人の生の始まりは死を以て始まった。「わたしにとって、生きるとはキリストであり、死ぬことは利益なのです。」（フィリピ 1,21）だが、これも先の事情が背景にあろう。人の生が地密着的でない事情あればこそ信仰的世界もそういう対地非密着的生と二重写しで存しうる。信仰によってのみこういう生が可能なことを考えればこれは一重でしかない。そうなればこそ人が地にありつつ既に今天に宝を持つ、心が天にあるともいえる。この信仰的世界は内に自然をも包含する。地の塵から創造され地を出、出て地を内に包む。地の中にあるままでは信仰、これは信仰ではないが、は逆に自然によって包まれる。信仰即生命と自然とは内包、外延ともに同じではない。一方が大きく他方が小さい。この信仰的生命は何物にももはや依存しない。自身の生命を持ち生きる。内から自己の生命を生み出す独立生命体である。これは自己の生命のみでなく、自身に対応する自然観をも生み出す。自己自身の対応物を次々生む。現実の自然をもその方向へ変える。あるいはその方へ向け見ることを可能にする。否、さらに人々をそう変える力を持つ。単なる自然はそこにあるだけで自身の内に何らの人格的力をも持たない。人格的なもののみ人格的力を持つし、生み出しうる。この点自然は現在と同じ大きさでも大きすぎもせず、逆に芥子だね一粒大でも小さすぎもしない。後者大のものを前者大に使いうるか否かは使う人格的力の力量如何にかかる。これさえあればそういうことも可能である。逆に前者大の自然も人格的力なくば役立たない。この点から見て自然の中に神の業を見るのは人格的力であって自然自体の中にそれが客観的にあるのではない。それをそういうものと見させるのは人格的力である。これがそれを自然の中に生み出す。自然の中へ自己世界を投影する。かくて自然自体の中に神の自然啓示を見るのでなく、自己の信仰的世界の中でそれを見るという方が適切である。たとえ事実、自然の中に神の自然啓示として人が認識するものがあっても。そういう事実の客観的存在性が問題ではない。たとえあっても信仰的世界なくばそれはそれとして認識されまいから。そういう事実をそれと認識させる契機が大切である。これは信仰以外にはない。かくて自然啓示とはいえ事実はそうでなく信仰啓示である。そもそも自然が何かを啓示しはしない。自然の中に超自然啓示があることもない。結果、自然は信仰へは無力で大きくも小さくもなるし、あって邪魔でもなくなくても困らない。信仰は自然を伸縮自在に大小自由に変形しうる。思いのままである。

手で握ると宇宙全体が握り飯一つの大きさになる。逆に天に向かって放てば一瞬に宇宙大に拡大する。信仰は天地をつくる。握り飯一つの宇宙をさらに握りつめると飴玉一つになる。さらに握ると目に見えなくなる。顕微鏡を要すほど小さくなる。自然の中の何かが超自然のものを啓示するとは肉によってキリストを知ることへ通じよう。自然により超自然を知るのだから。本来的あり方は逆である。後者から前者を知るべきだ。それ以外ない。自然より超自然は文字通り上位にある。下位のものが上位のものを啓示はできない。後者が自己啓示するしかない。その際下位のものの媒介はある。だがそれがそうと認識しうるのは上位自身である。下位のものの内からそういう認識は生まれない。かくて自然と超自然は対立概念ではない。後者なくば前者もいまだない。後者により初めて前者も生み出される。それ以前では自然は未自然である。いまだ自然とはいえない。自然以前とでもいえよう。現実の自然があってもそれで直ちに自然ありとはいえない。信仰があって未自然から自然が生まれる。信仰が自然を生む。超自然が自然を生む。信仰は宇宙、自然を好みの大きさに変えうる。十二時を使うのであり使われてはならない。そうなら宇宙の被造物としての独立性、個性が消えぬのか。否、そうではない。信仰によりどうともされるので、そういう物である。信仰さえもどうにもできぬほどならもはや被造物でなく非被造的なものとなる。信仰は神の賜物なのでそういうものだが。宇宙たる被造物は神の被造物として初めて真にそうである。そういう宇宙が非被造的なものへ無力たるは当然である。不思議はない。もし信仰へ力発揮すれば、信仰が信仰になっていない証拠である。「からし種一粒ほどの信仰があれば、・・・あなたがたにできないことは何もない。」（マタイ 17,20）とあるが、まさにそうである。この聖句は信仰へは被造的世界がいかに無力かを示す。

神には全宇宙を創造するより一人の人を創造する方が大切であろう。自然界は無に等しい。まさに無である。宇宙の大きさと人間存在の小ささの対比など所詮無意味である。外見上の大きさなどそもそも最初から無意味である。人をも宇宙をもより小さく創造しえたかも。だがこの点は良し悪しいうことでなく事実がそうなのである。良くも悪くもない。神の行いにもそうである以外ないことと一定の許容範囲のあることとあろう。人の大きさとか宇宙との大小比較などは後者に属そう。可視物へのこだわりの消去が神と自己との距離を縮める。これが終末の確信の基礎にある。神の心と自己の心の一致が成就した。可視物に遮られるとこういう出会いを妨げる。自己を放ち忘れるとはいえ自己の一切をではない。人格主義的な点は神の手に委ねるのだから。そうしてそのことをも放ち忘れた。かくてこの形態の放ち忘れなしには自我克服しえまい。自己で負いきれぬものをいつまでも負い続けねばならぬから。こうして宇宙の生命は自己のそれである。二者一体である。天国の天は自然界も人格界も含む。

パウロの頃でも「この世の有様は過ぎ去るからです。」(1 コリント 7,31)、「被造物も、いつか滅びへの隷属から解放されて」(ローマ 8,21) とかいう。すべて過ぎ行くと信じている。現代の我々同様、我々は科学的に確かめているが、そういう感覚を持っている。神の永遠性との対比で見るので現代の無信仰な我々より可視的世界の無常へはより鋭い感覚を持っていたであろう。かくて我々が宇宙物理学的に宇宙につき種々知りつつ神による永世を信じるのと当時の人が地球上のことの無常を見つつそれを信じるのとは基本的に困難さの差異はなくはないのか。古代の方が易しくはなかろう。にもかかわらずそう感じると、現代に生きる自己の信仰の困難さを実体以上に考える結果を招く。

人は今科学発達で人間生活、宇宙観など種々考えるが、それらは多く神排除の傾向にある。科学がはるかに進むと反対にすべてのことの空しさに目覚め今と反対に神の存在へ目を開くかもしれない。科学未発達段階では人に神信仰があった。はるか発達した段階でもそうなろう。今は中途半端である。ほぼ全宇宙の構造が解明され寿命も 150 歳にもなるとかえって人は何のために生きているか分かるまい。今はまだ目先に心奪われそういう問いを切実に自己へ向けて立てる状況にない。科学未熟ゆえ人はそういう科学に熱中しうるに過ぎない。宇宙解明、ガン克服後では人は逆に精神的エア・ポケットに陥ろう。人口増大で別問題発生か。

信仰は実存的方向からイエスの許へ至る。ここでは全被造的世界を超える。その世界の具体的あり方を、その可能的あり方も含めて、超え自由な態度を採りうる。霊とはそういう内実である。現にある宇宙は存在可能性あるいくつもの内の一つに過ぎまい。なのにそれを絶対視するのは可視的形に心が囚われているから。イエスの「片方の目があなたをつまずかせるなら、えぐり出しなさい。」（マルコ 9,47）が当たろう。囚われなくなれば自ずからそう考えよう。自然の命の体もあれば、霊の体もある（1 コリント 15,44）こともこういう事態が背景にあろう。かくて宇宙的次元で主体性が確立されよう。ここでは遠くの星からの輝きを神の愛の輝きと感じうることで宇宙次元の主体性という契機が顕れる。マルチバースという考えさえ出てきた。こういう状況でもイエスの啓示から考えることは永久に変わらない。そういう考えで宇宙の広大さが分かるほど人の存在の矮小さも分かる。物理的広大さに特に意味はない。たとえ存在としては小さくとも人格的存在たる人の価値の重大さが知られる。特に現代的な知的状況では心の中に宿る真実が殊に大事である。近代までのように外的世界の中に客観的真実を求めて生きうる状況にはないから。イエスの啓示から考える。イエスは死んだ後復活し、我々にも永遠の命を約束した。こういう出来事の啓示をまず信じる。決して神が先にあってそこからイエス、次に永遠の命を信じるのではない。人の観念先行ではない。現実の出来事が先でそこから考える。永遠の命という人間的観念がまずあるのではない。イエスと出会う際にはそういうものはすべて脱落させた。宇宙の広大さに比し人の存在の矮小さを感じイエスの啓示を不可思議と思うのは、イエスの啓示から考えていないから。また真空に近い空間や火星のような場所は人格的には無意味に近い。こう考えると宇宙広しといえど意味ある領域はそれほど沢山はあるまい。さらに神信仰が可能なら今以上の身体のサイズを持つのは意味なきことである。人は今現在必要十分なサイズの大きさを持つ。

信仰は神同様に生きている。そこには法のごときは存しえない。法とは命なき死の世界のものだから。そこで無法則となろう。信仰は自らの法を作り出す。この内に例えばイエス復活のように自然科学的法則を破ることも入る。かくて信仰の立場からは自然科学的法則は単に建前上存しないだけでなく現実に存しない。

個々のことへのこだわりは全能の目には本来見えぬことを見える形にしようとの試みである。ここに問題がある。そういう心なくば形あるものを見ても見ないし、見えない。

無理して信じようとするのはかえって信じることにならない。有限な人の内にある知性も絶対的ではない。そこでそういう知性による判断を否定すること、つまり復活への信仰が絶対的なのか。だが復活自体とそうして信じられた復活は別であろう。信じてさえ近づきえぬ次元、いかなる方法でも近づきえぬ次元に属す。信じられた復活は人を人間的世界の中に引き下ろすからである。信じえたら既に人間化されている。ちょうど福音書での復活の記事のように。真に信じられたら復活自体にこだわらなくなろう。心は既にそこから離れざるをえまいから。心は他へ向かう。自己の生き方が良心に従う点ではっきりすればイエス復活を含めて他のことへ何であれこだわりはなくなる。ここに自由がある。こだわっている間はまだ自由ではない。それはまだ信仰ではない。復活が消えて初めて信じたといえる。こだわる状況ではまだ無碍ではない。そこまで至っていない。復活自体が碍となっている。障えられている。その中に入って生きている状況では、それはもはや対象的に見えはしない。中にいるので固有な対象にはなりえない。空気の如しだ。

神の存在、宇宙の創造、イエス復活を含め信仰に関わるすべての事柄の可能性を否定せぬのが現代的信仰であろう。それの一環としてイエス復活も否定しない。ただ単にそれに固執して信じるのとは異なる。神が存在するのならその神が人格的でイエスとして誕生し復活して不思議はない。神は元来永遠な存在だから。イエス復活にこだわるのはまだ信じきれていない。そういう必要なしの時代になった。無からの宇宙創造とイエス復活とは現代の知性には同価値的意味を持とう。知性には簡単に受容しえぬという意味で。かくて前者を信じうれば後者はあえて信じずともよくはないか。ただ異なるのは前者は自然的次元で後者は人格的問題である点である。たとえ自然科学的知性という観点から同価値的でも人格的観点、価値からはまったく異なる。そうでも前者観点から受容し易くなれば後者観点からもそうなろう。というより罪なしなら死なぬと信じうる。復活と聞くと死者が生き返ったとのイメージが湧く。真にはそうではない。宇宙創造と聞いても特定イメージは湧かない。それ同様に考えるべきである。イメージが湧かぬほどの出来事である。創造に匹敵する。基本はそうでも人へは分かるよう配慮を要す。そこで出現することも必要である。こういう面は対人的、二次的側面である。だが人からはそれが第一次的事柄と受け取られる。自己に対する面に注意が向かざるをえぬから。人は神自身についても神自身においてより対人的側面の重視に陥る。まさに罪の反映である。復活のように人知を超えた件では理念として信じるのが正しい。具体的仕様に立ち入るのは人知には元来許されぬことだから。聖書での具体的記述を言葉通りが事実自体と信じるのは理、知性に反しよう。厳密には迷信であろう。理念として信じればそうでないが。人知を超えたことは理念として信じる以上には進めない。以上進むとかえって以下へ落ちることを意味する。そこで無碍と一で当時の弟子たちがイエス復活を信じていたと信じるのが現代での究極のキリスト信仰であろう。現代の科学的判断と矛盾してもそれにあえて抗して信じることが正しいとも思われない。反対に否定は科学一辺倒であり反信仰的である。無碍の立場と一でイエス復活へも心開くのが正しい。ただそのことに固執してではない。だがこういう信仰で良心は自由になりそれに従いすべてを判断することを可能とせられる。この点こそ信仰の最重要点であり信仰の真偽判定の基準となる事柄である。イエス復活を当時の人が信じたと信じることと現代の我々がイエスが復活したと信じることとを二者択一的に考えるべきではない。後者のように信じうれば当人の置かれた状況により前者のようにも信じえよう。つまり後者の信じ方は前者のそれを内包する。当時の人と同価値的状況にあればそのように信じえよう。例えば当時は迫害があった。ない状況ならあえて当時同様の信じ方を求むのは正しくない。あえてそうなるよう努力せずともよい。信仰も状況に応じる。迫害も何もない状況にあれば当時の人々がイエス復活を記述のように信じていたと信じれば十分であろう。そこで迫害的状況にない我々は当時の人々の信じ方につき疑問解消まで考えぬくことである。

生前のイエスの言動と復活を一体的に考えることを要す。一方のみではそれが神由来といえない。「わたしを見た者は、父を見たのだ。」（ヨハネ 14,9）というだけなら狂気者にもできる。反対に復活もそれだけなら人はそれに意味を感じまい。かくて双方の結合が不可欠である。教え単独でも復活単独でもない。ここに神の啓示がある。そこでイエスの出来事全体が啓示なので、これへは人の手は届きえない。これは啓示は人の目で見て確認しえぬことと呼応する。復活の事実がイエスの言葉に重みを与える。反対に言葉は復活に人格的意味を与える。啓示はかくて生前の教え、復活の事実どっちにもない。双方関わりの中にある。かくて啓示は目には見えぬ次元に属す。あのように教え、霊の体へ復活した例は他にはあるまい。復活だけなら他にもあるかも。反対にその類の教えを説いたのもありうる。だが双方一体なのは古今東西広しといえども他に例があるまい。イエスの出来事も古代のどこにもありそうな話の一つとの印象を受けるが、こう考えると真に稀有なことに思われる。同時にイエスの言葉がその重みを以て迫る。結果、奇跡は単なる自然現象でなく人格的観点も同時に入っている次元の事柄である。単に奇怪な現象ではない。

（二）

堕罪以後神のすべての行為は人の心を自己へ向けさすのが第一である。そこで信仰なきところでは奇跡を行わなかった（マタイ 13,58)。奇跡で得られる世俗的事柄自体が目的であってはならぬから。これでは人心はかえって神から離れよう。人心を自己へ向けさせられれば奇跡は不可欠ではない。このことは世から心を離れさす。神の許に心を置こう。イスラエルは神の選民である。奇跡や他の手段を講じ神は導いた。その手段の一つが奇跡であった。そしてイエスでイスラエルの歴史は終わった。奇跡も基本はイスラエルを対象とする。あくまで信仰が先で後で賜物（奇跡）という順である。アブラハムがイサクを捧げるとき（創世記 22,1 ～ 1 9）やモーセの杖（出エジプト 14,16）でもそうであった。これらのことは先のイエスの行動とも一致する。かくて奇跡的なことへ強い関心を持つこと自体が不信仰からの由来を伺わせる。これは神より世俗である。そこで奇跡での賜物の方に神自身より強く引かれる。神とともに生き死ぬ覚悟があれば奇跡に特別の関心は示すまい。むしろそれで無私な信仰が乱されるのを懸念しよう。そこで奇跡はむしろ退けたくなろう。今ここに自分が生きていること自体最大最高の奇跡である。いわゆる奇跡はこのことを前提とするそれでしかない。ごく小さい。そういうもののみを奇跡かのように感じること自体が既に心の本末転倒を顕す。罪の現象である。かくて信仰によるその状況の逆転を要す。奇跡が奇跡でなく、奇跡でないことが奇跡とならねばならない。自己の存在自体が奇跡と感じるのは心の世からの離れを反映する。その点いわゆる奇跡なき世界こそ奇跡自体である。ここには奇跡と平常との逆転がある。種々の事柄を連続的に見るのでそういう一連から特異のものが奇跡と観念される。出来事を一つ一つ切って解し観ればここに連続はない。各々がすべて独立である。ここでは奇跡との観念も生まれない。前後際断である。奇跡であってしかも奇跡でない。奇跡は無からの創造に匹敵する。神の意思による創造である。創造ゆえあらゆる既成の法則的事象の打破という性格を持つ。既成の状況、世界前提ではない。かくて奇跡的事象があっても何の不思議もない。創造なのであらゆる出来事が起こりうる。そこで創造、奇跡、終末は基本的に同一次元に属す。こう考えると、自然科学的観点からの過程としての出来事は考察の要はなくなる。どんな事柄にも相応の過程はあろうが、その点を人が知っても何の利得もない。反対に知らなくても何の損失もない。ただ旧約の個々の奇跡を現代の観点から奇跡か否かを判定はできない。当時の人の科学的知識のレベルは今と異なる。そこで今ならそう思わないことをも奇跡と受け取った場合もあろう。ただ現代の観点から見ても奇跡であったものもあろう。それらが一括りに奇跡とされる。突然変異的なものは説明方法もあるまい。これはいくら科学が発達しても起こる。自然的世界が一旦できればそこには一定法則がある。とはいえ法則と違う変異的事象は生じうる。これはしかし神の意思によるとばかりはいかない。

神の全知全能を人は知りえない。かくて奇跡物語の記述どおりの信じ方はかえって全知全能の有限形への変更であり誤りである。記述通りかそれ以上かもしれない。そういう形なき全知全能へ対応する信仰では自己が無である。無は無に、有は有に対応する。かくて表現された有限形への奇跡の固定は自己が有のままイエスを信じようとする事態の反映である。そこを超えてこそ聖書の世界が非常にソフトになる。これは自己が無としてソフトたるに呼応する。このことはイエスにすべてを任すことである。自己の計らいで例えば終末状況を思い巡らすのは止める。これは人の今現在の理、知性には届きえぬ次元に属すから。現時点でのキリストと一の体験は種々の面で多様な考えの中から一つをその体験から確証するのである。ただ終末後のイメージは自体が多様ではなくいわば無様でしかない。イメージは描かない。ただ信頼あるのみである。ここでは大小などは克服され広大宇宙と矮小人間との一見の矛盾もまた消える。この点「信仰と、希望と、愛・・・その中で最も大いなるものは、愛である。」（1コリント 13,13）とあるが、三者の根底は無であり、これが最も大ともいえる。ただパウロは伝道の観点から行動するので表のことへ目を注ぐ。だが反対にそういう表と一体の裏へ注意すると無が最大となろう。彼には福音伝道が目的なので無は常に隠れている。先の三者は人の態度だが人の存在の様態としての無が一体である。こういう表裏一体の人のあり方に対応して神、イエスが存する。こういう心境では人心は宇宙の果てから果てまでを包摂する。宇宙がいかに広大でも神をも無をもその内に包みうる心の方が広いから。そこで宇宙広大と人の矮小とは大小関係を逆転する。それに伴いそれに関する矛盾的感覚も克服される。かくて聖書を読むとき二千年前イエスがいったことを今の宇宙観の中での地上に生きる人としてでなく、そういう地上的、肉的、限定的状況をすべて脱落させた状況、心境で読む。その点終末は既到来である。

かくて現代での信仰という点からは、奇跡物語は罪と一体なら肉となる可視的世界に目、心を奪われぬようにとの戒めの意味を持つ。その世界に目と心が引き留められるとそういう物語に引っかかってしまうから。またそこを何らかの仕方で解決せねば信仰へ、イエスまで目、心を届かせえぬから。その点奇跡物語は現代では狭い戸口より入れといわれる（ルカ 13,24）がそういう門の一つである。奇跡物語に対し現在の人の知性から理屈に合う説明を考えると肉に堕す。

広大宇宙といえども「本来無一物」（碧巌録）なので、有無同然である。かくて極小の物にもなりうる。逆にイエスは宇宙大に拡大する。大小逆転する。肉の目から霊の目への転換に応じた事態である。そのイエスは我々の存在はもとより宇宙全体を飲み込んでいる。キリストがすべてを総括する（1コリント 15,20 以下、エフェソ 1,21 以下）とはこの意でもある。ここでは聖書を読むときも文字を読みつつ、ただそうでなく霊で書かれた文字内容を読む。ちょうど「神の指で記された石の板をモーセにお授けになった。」（出エジプト

31,18）ように。文字はもはや見えてはいない。見ようにも見えない。見ようとの意思はもはや働かぬ。心の中も外もすべてを霊が支配し、霊が満ちる。こういう心境では地上にある一人の人として地上に現れた啓示のイエスを信じてはいない。地とか天とかの可視的世界での通常の意での区別は存しない。いわばすべて宙に浮く。イエスのみでなく我々一人ひとりが同様拡大する。イエスが各人の内に住むことでそうなる。結果、各人が宇宙全体を飲み込む。

個々の奇跡の史実性への固執はかえって神の全知全能への不信を顕わにする。それを信じるのなら史実性を問題にせずともよい。二千年もそれ以上も前に書かれた当時、人の精神性、概念性は大きく異なろう。そこで現代からは奇跡が多くあっても、その字義通りの信仰を要すのでなく、そういう物語を契機に神の全能への開眼が求められる。奇跡的表現でも現在の科学ではその出来事を解明しえたかも知れない。だがそういう性格の出来事だったか否かは今では判別しえない。こういう事態は無碍と一の信仰を促進しよう。こういう仕方以外では信仰は不可である。奇跡も単に物の世界の中に留まれば重要でない。それは何であれ霊的世界には所詮無意味だから。人格たる人に関わって初めて物の世界のことは意味を持つから。人格を人格たらしめぬものの存否は、またあり方がどうであれ究極的にはどっちでもよい。物の世界は人と神との関わりの場で初めてその意味を得る。かくてその世界は人が人になるのに役立つ限りで意味を持つ。創造、奇跡、終末などもそういう観点で見るのが正しい。かくていかに自然研究をしても不明な点があるのは神自身が人に分からぬことと並行する。先の三点にどれもそういう点があろう。物の世界は百パーセント人の知で解明でき、神はそうでないのは神側での自己矛盾となろう。前者が神の被造物たる以上、神自身を人へ今は百パーセントは知らせぬのなら、前者についてもそのことを要す。さもないと人は神を有限存在と誤解しよう。

当時の人はその信仰の必要性、必然性から各々の奇跡を信じたであろう。信仰上の観点から奇跡物語は語られる。この点はいつの時代も同様であろう。信仰の本質からイエス復活は外せない。それ以外の奇跡は不問に付す。そう出来ねばならない。さもないと相対的なものに絶対的に関わり、絶対的なものに相対的に関わる事態となる。奇跡は古今東西を問わず種々の宗教で生じる。旧約に死人の骨に肉がつき生き返った（エゼキエル 37,1 以下）とある。だがイエス復活は肉の体へでなく霊の体へである。前者ならいずれまた死ぬ。だが後者なのでもはや死はない。イエスは多くの奇跡を行ったが、これは霊の立場では自然界は一定の法則で運行される厳格さを持たぬことを意味する。どうにでも変わりうる。剛でなく柔である。

奇跡とは被造的世界の中での事柄である。死者蘇生、紅海での水分け、海上歩行、五千人に食べさすなど。だがイエスの霊の体への復活は異なる。そういう世界の制約を破った。そこから非被造的世界へ出立する、脱出する出来事である。これは奇跡と呼ぶべきでない。別語の適用がよい。帰還といえばただ元へ帰る意しかない。脱出では世界を出る意味はあるが元へ帰る意はない。帰出なら元へ帰ることと世を出ることの双方を含む。イエスの出来事は奇跡でも何でもない。人間的目で見るので奇跡に見える。“奇”たるところは霊の目には少しもない。正常そのものである。こちらこそ正常なのである。被造的世界の内側で見るので通常法則と異なることへ“奇”を当てる。イエス復活という霊的出来事を基準にすれば、これが最正常なごく通常の出来事である。また奇跡的事象は通常の法則を破るゆえ、その分肉的、地的性格が減る。そこで最正常なことの次に来る。最後に世界の法則に従う普通の意味で正常な出来事が来る。このように「正常—奇」という性格はちょうど逆となる。

イエス復活とラザロの蘇生とは異質である。前者は人に直ちに何らかのご利益を与えない。一方、後者は今の人に大いに与える。かくて罪ある今現在の人間にはご利益なきものこそ深い意味では大いにご利益がある。これに比し後者は目先のことに過ぎない。有限な世俗界中でのことに過ぎぬから。前者は永遠に通じる奇跡、後者は元の黙阿弥に帰す性質に過ぎない。その点奇跡というに値しない。その効果がそのうち雲散霧消するに過ぎぬのに奇跡と騒ぐのは正しい信仰ではない。コヘレトの言葉では「太陽の下、新しいものは何ひとつない。」（コヘレト 1,9）という。その点イエス復活のみ唯一の奇跡というに値する。これと他の奇跡を並列してはならない。同一語の適用を改めることを要す。現世の中でと現世から永生への出来事という根本的異質性のため。真正の意味では奇跡はイエス復活のみである。人はそこへの信仰で世から出て永生へ入る。

イエス復活と他の奇跡は異次元である。

イエスが実際奇跡を行ったと信じることを要す。その出来事の一般的可能性を信じることの要求ではない。あくまで具体的な、そのときの、一回的なこととしてである。その時々の人々がそう信じたことを信じるようにである。そこから一歩踏み出すのは自我の働きである。旧約に水が血に変わるという記事がある（出エジプト 7,17)。それは当時の人々がそう表現するしかない出来事があったことを示す。それ以上でも以下でもない。それ以上記述の背後へ遡って問うのは反信仰的行為である。具体的事実性の科学的解明を目指すのはつまずきが元となっての行いであろう。つまずき発なのでそれをどこまで追求しても解決へ至りえまい。曖昧な結論しか得られまい。だがその曖昧さこそ人の自我を打ち砕く積極的意義を持つ。それが無碍と一の信仰である。それ以上の問いは無碍でなく碍を暗示する。聖書思想「考古」学であってはならない。聖書思想「現代」学でなくてはならない。現代に生きる我々として奇跡へどう対処するかを考えねばならぬから。当時の状況分析に終始しては現代を生きるに当たり我々にとって無力である。

イエスで神の究極的意思が啓示された。それ以前では個々の出来事がその都度の神の意思の啓示として重い意味を持った。奇跡もそういう点で重要だった。だがイエス以後は既に神の究極的意思が啓示済みであり個々の出来事が神の意思啓示との意味はその分重要度を下げる。個々は究極以上を示したりそれと矛盾したり否定したりの啓示をすることはないから。個々がそのときの人の生活に好都合な場合もあろう。だがそういう世での好・不よりも神の意思が大切である。かくて究極が啓示された以上それ以外の探求は不必要となった。

人が物の世界を突破するのだが、物の中での大小長短広狭遠近は霊的世界（人の世界）では意味をなさない。奇跡は物の世界での一つの出来事に過ぎない。大小長短広狭遠近の中でのことである。通常の出来事が小短峡近なら奇跡は大長広遠であろう。所詮無意味な相違である。物の世界は大であったり小であったりしつつ人を人の世界へ誘う。そういう役を神に担わされている。ただ物の世界も神の被造物たる以上それがそこにある以上意味を持つ。神の啓示が現された場だから。人がそこで「岩と頼むのはわたしたちの神のみ。」（サムエル上 2,2）という生き方をするような場として固有な意義を持つ。月人、太陽人、火星人などの話は仮にあっても物の方へ属す。そこには神の啓示は欠けるから。いかに科学発達とはいえ啓示は別次元、霊的次元である。これは知的に発達した存在ほど神に近いのではないことと軌を一にする。全宇宙のどこの知的存在を神の像とするかは専ら神の意思で決定され被造物はその点の協議に参加はしない。イエスの啓示は全宇宙でただ一回ではあるまいか。先の月人などは人が突破すべき物の中に入る。神の啓示受容で初めて人となる。たとえ地球人とはいえそれなしでは月人と変わらない。人とはいえない。物に過ぎない。霊、義、聖などの資質を欠くから。単なるホモ・サピエンスも人とはいえない。チンパンジーと変わらない。人の啓示受容での物から人への変化は物の世界すべてからの自由を内包する。これで世界のあらゆる状況から既に自由である。創造、奇跡、終末などを既克服である。逆にいえば自由にそれらにつき創作しうる能力、否超能力を身につけた。そこで自己に付与の信仰に応じ、どのようにもそれに囚われることもなく奇跡的状況をも生み出しうる。つくるも離れるも自由である。物の世界はそれ自体固有な価値を持たない。神が一回的に世界創造したようにその都度創造し続けると考えても不思議はない。創造するとは無から創造するとの意なので奇跡という観念はない。無からの場合法則自体を同時に創造するのだから。その都度神は法則と事実を同時に創造した。奇跡的事実創造時にはそれ対応の法則をも創造した。神には奇跡なしは当然だ。全知全能なのですべて能力範囲内だから。現代の目に事実がどうであったかは重要でない。その都度の霊の発露による出来事たることが大切である。客観的事実がどうかよりその出来事で民として救われるという神の恵みこそ大切である。ただ現代人には科学的知識がありそれと矛盾することを神の恵みとして予想はし難かろう。だがその知識も絶対ではない。有限な知識でしかない。暫定的性格である。たとえ何かが決定されても現在の科学的知識前提という条件付である。旧約当時では信仰前提ならすべての出来事が奇跡であろう。一方、科学が発達するほど奇跡は減少する。仮に人類が終末直前まで生存し続ければ、その分科学発達し奇跡は無限に漸減する。現在の人類は両者の中間の位置にある。ただ信仰は創造イコール終末の時点に立つ。即ち信仰はすべてが奇跡かすべてがそうでないかという分岐点に立つ。これら双方はまったく逆だがかえって有限知識しか許されぬ人間には同じ状況である。そういう知への囚われの放てきを要すから。信仰は常に“絶対”への立脚を要す。そこで信仰の知は許されぬ知に立脚しえない。そういう次元の知へは依存も受容もしない。ある時点で明確なものは受容、疑問あれば不受容となる。要は有限知へは信仰は自由な立場にある。創造イコール終末の時点に信仰知が立つのは「今既に」終末に信仰が立つことに呼応する。信仰が現在的終末にあることは知的意味でもいえる。信仰はその意味でも終末に達している。実存的に終末に既達とはその知の自己終末への既達を含む。人の知的状況は全知に至りえぬ以上基本は旧約時代と変わらない。分かればその分分からぬことも増える。この状況は全知へ至らぬ限り解消しない。

人の頭脳はすべてを時空という形式で考える。そこで終末以後をもその形式で表す以外にない。そこで「いつまでも主と共にいることになります。」（1テサロニケ 4,17）という表現での告白となる。そういうものとして信じる以上に今現在の人の知性に把握しうるものであれば、その分地的、肉的性格の強いものとなる。終末の世界がこういうものであるはずはない。またあってはならない。未知のものが既知のものを圧倒する。如何にしてを知らずに何かを信じてこそ真に信じている。前者が分かるのならもはやあえて信じる必要はない。人の自我的知性の克服を見うる。何かが如何にしてを飲み込む。これは同時に古い何かの克服でもある。古い世界に属す如何にしてと古い何かとは一体だから。というより如何にしては古い何かの一部といえよう。その点新しい何かが古い何かに代わる。こういう事態を奇跡へ適用すればそれの理解とはその如何にしてを明らめようとの試みである。しかるに信仰とは如何にして抜きで何かを信じることである。かくて奇跡の何かにつき如何にして抜きで信じてこそ真に信じている。一方、奇跡の描写にこだわるのはその如何にしてへのこだわりであり、これ抜きで何かを信じる態度ではない。字句表現への拘泥も反対に出来事自体の否定もともに如何にして抜きで何かを信じる態度ではない。どちらも如何にしてに心が留まっている。如何にしての分かる何かと如何にしての分からぬ何かがここにはある。肉の何かと霊の何かである。如何にしてが分からずともその何かを信じるのは一般の事柄に対するようにそういう態度を以て臨まぬことを意味する。こういう事態が可能なのは新しい何かが人を真に生かす性格であるからである。如何にしてという態度を捨ててでも受け入れて人は真に生きうるから。如何にしての問いとそれなしの受け入れとどちらが大切かの問題である。受け入れは人には生きる根底を得ることを意味する。それとしては創造から終末までのすべてを網羅した全宇宙を包括した立場を含むこととなろう。如何にしてを超えた何かとしての終末は無期延期たる終末という事態とも呼応する。つまり今既に我々は終末の中に生きている。信じられたら既に終末は当人には到来しているから。これは同時に復活への希望を含む。否、それに留まらず今既に復活している。だからこそ如何にしてなしでの何かを受容しえている。死んで蘇っている。

古代から中世までのようにイエス復活へはこだわらない。反対に百ないし二百年先でのように現在よりはるかな宇宙科学発達でかえって信じ易くなりうる状況でもない。中間が今現在である。こだわるのでもなく、理性を超えて信じ易いのでもない。中間としてはこだわらずに信じる可能性を受容する立場にある。その時代の知的状況の変化、進展に応じて信仰の形も変わる。また変わらねばなるまい。イエス復活を示すこと自体が目的ではなく人格的価値の絶対性の啓示が目的だったと解しうる。自然科学発達で宇宙につき種々のことが分かってきた。そこでイエス復活が知性を犠牲にする可能性も増大する。客観的には自然科学的知をそれ相応に評価しイエス復活は肯定、否定ともにこだわらぬのが最終的立場であろう。聖書記述の文字に使役されるのでなく、文字を使わねばならない。これはイエス復活以外の奇跡を不問に付すことに関してもいえる。霊は文字を支配する。

## 第五節　宇宙と受肉

（一）

神の受肉だが、神は本来被造界からは隔絶する。かくて受肉には人には考ええぬ何かがあった。無から世界創造したように。受肉では神自身が一度無にならねばなるまい。さもないと有の世界に神は自らの手で子を生むことなどできまい。さらに有の世界創造でも神は一度無を通らねばならなかった。無から創造するには自らも無と折衝せざるをえまい。それには自ら無となるほかない。無は有と折衝しえぬから神自ら脱自して初めてこの世界は生まれた。世界はかくて神のいわば脱自態ともいえる。ここで神は死んだ。世界創造には既に神の死が介在する。イエス誕生において初めて神が死ぬのではない。創造で既に死んだ。だからこそイエスで神はその一人子を死なしめえた。自ら死をかけて創造した世界のためだから。神の創造での死は復活への一歩である。ちょうどイエスの死が復活への序曲であるように。死と復活は対を成す。死のみあることなく復活のみあることもない。死なくば復活なく復活なくば死はない。イエスの死・復活で神はさらに死を体験された。世界を創造したり人を救ったりするたび神は自ら死を遂行する。有の世界が拡大するほど神は死を体験する。ただ神の死には無駄死にはない。人の死はそういう場合もある。神にはそういう死は死でない。だからこそそういう死に方はされない。かくて神は一度創造した世界を自らの日々の死で支える。神が自ら生きようとすればこの世界は滅びのほかはない。神の死が私の生命となり今ここで生きられている。これはイエスの死・復活を通していえるが、それらなしでもいえる。神の死なしでは人の生命はない。神の生命が直接的に人の生命として生きられはしない。だが神の死が人の生命になるとはいえ、それを人が明確に認識できはしない。人に知りうる真実はその影の如きものである。真実それ自体は人知には測り難く高く遠い。人は真実の何万分の一さえ知るか否か疑問であろう。神に関わることはなおのこと。以上は自然、人一般についてである。

十字架を負って主に従うときは神の死がアナロガスな形においてであれ直（接的）に現れる。ここでは神の死が人の死であり、神の生が人の生である。

そうでないときは神の生が人の死、神の死が人の生なので同生同死でなくいわば反生反死とでもいえようか。ここでは生死が逆転する。イエスを信じる場合のみ同生同死である。だがこれは厳密な意味でではない。この意味では神と人との間に同生も同死もない。異生異死しかない。アナロガスとは同と同時に異を意味する。先の同生同死のときでももはや同はない。生もなく死もない。こういうベースの上でこそ異生異死が可能である。ベースには同生同死があっても､それがそうなったときにはもはやそれはそれとしての固有性を失っている。そうでなくそのベースが自己主張をすればもはやそれはベースでなくなる。そこが終点となろう。ベースが自己否定するときベースとしてそれは自己を保ちうる。それは自体としては消滅して初めてそういうものでありうる。だがこの自己否定はそれがなくなることを意味しない。消えねばならぬが消えてしまわない。だからとはいえ一部が消え一部が残るというように不鮮明ではない。全体として消える。しかも全体として消えない。消えてなくなってはベースにもなれぬから。

ベースという点だがベースというとそれに基づきそこから何かが生まれるかの印象を与える。だが今の場合はそうではない。それなしにそれ以上のものは生まれぬが、そこからそれ以上が生まれはしない。それ自体がそれ以上を生みはしない。どこか別のところから生まれる。胎たるベースはあろうがそれ自体の内にはそれ以上のものへの種がありはしない。同生同死は胎として新たな生命の種がよりよく宿りうる条件を作り出す。だが異質の種がなぜそういう胎に宿りうるのか。まったく異質なら相反して宿りえまい。やはりその種にそういう胎がふさわしいという事情が初めからあるからである。かくて種の方でもそういう胎を元来求めている。そういう胎でないところで種が受け入れられると、これは真の受け入れではないが、その胎へ適合するよう種を突然変異させ受け入れる。胎の都合優先である。これは種を原初のまま受け入れることではない。種はそういう胎を求めていても逆に胎はそういう種を必ずしも求めていない。求める胎と求めぬ胎とどう異なるのか。胎自体の内に原因ありか。外にありか。内と外とに区分しうるのか。内という固定的なものがあるのか。心のごときものの内とはいえその境界はどこにあるのか。内とはいえ自体無限一量的にそうなのではない―的性格のものであり、ここまでが内とは決めえない。今汝限れりという言葉もあるが、自己で自己限定せぬ限りどこまでも可能性を秘める。人には各々天性のものがありその内で無限との意である。すると天性が内の意か。だがこの内はおよその枠はあろうが、当人にさえ明確に認識されまい。しかも後の後天的要因でこの枠も移動する。だから人のその都度の心の可能性としての内は変化する。過去のあるときの内がいつまでも続きはしない。まったく変わることもあろう。天性だがイエス受容という点からはどう判断するのか。それに合う天性がありそれを生来持ち合わす人とそうでない人とがあるのか。少なくともそれは知性的次元のことではない。知性自体はそのことには中立的であり信じろとも信じるなともいわない。人格的な生きることについてだから。

この点ではどの人も無限の可能性を持とう。一方、知性はそれなりの天性を受けてないと得ようとしても得られはしない。だが人格的に生きる点は得ようと思えば得られる。そう思うこと自体得ようとすれば得られる。そうすることはそう思わされることである。ただ強制されてではない。思うことと思わされることとが同時現成である。そうでない限りそのことは実現しない。最初は思わされるモティーフが強くても、またそうであるほかないかも知れぬが、次第にそれより思うというモティーフが強くなる。後者の中へ前者は吸収される。ただ思うことがこうでもその中身により異なってこよう。人格的に生きる点でも、普通の意味のそれとイエスに従うこととでは異なろう。前者は自己内から発してそう思うことも起こりうる。だが後者は異なる。目前にイエスを見ても従えるとは限らない。自己内での生への力の枯渇が前提であろう。この際人格としての可能性だけ残っている。この可能性は生の力がいかに減ってもなくなりはしない。禅ではこの可能性の存否さえも問題外であろう。この可能性はしかし自動的に現実にはならない。普通の意味の可能性とは異なる。かくて可能性というより可能性の可能性という方がふさわしい。普通の意味の人格的生き方での力の枯渇とこの意味での可能性とがいわばすり板とマッチ棒となり、神の啓示が人の手の行う動作となり、ここに触発という事態が生じる。だが先の力の枯渇は同時に先には残るといった人格的可能性自体の消滅を意味しないか。禅ではよい意味でこうなっていよう。この場合人格でなくなるのではない。たとえどんなにそう見えても人格的生への可能性は潜んでいるから。だがそのときのありのままの状態を人格的可能性とはもはや呼びえない。人格とは自己反省のみではない。反省だと何かの観点を要す。人格的観点となる。これでは堂々巡りだ。こうありたいという理想と比較しての自己反省か。理想はどこからか。内からか。外からか。両方であろう。外からのものに反省を加えつつ同時に他方では自己内から湧き出るものを勘案しつつそういう理想が形成される。こう考えると顕在的にはすべての人が人格的存在とはいえない。潜在的にはそうであっても。こういう理想形成はそこからの自己反省と不可分である。後者なしの前者など考えられない。後者なしなら前者もない。両者一である。自己反省しようとするから理想が形成される。ただ単に外からでは自己反省の拠点にならない。ないと同然である。それがそうなるには当人にそういうものとして受け入れられねばならない。だから人格的存在というだけでは必ずしも神への関わりは不可欠とはいえぬ。自己反省とは自己がそうあろうとすることであり、ここに意志が働く。単に知的次元ではない。純粋に知的存在なら自己反省など生じまい。それに類することが生じてもそれはもはや自己反省というべきではない。自己を知的反省の材料にしているだけだから。意思が知性を先導する。この意思はどこからか。生来人はそういうものを植えこまれている。

自然神学という言葉自体が矛盾である。自然と神とは別だから。もっとも逆に考えるとそうだからこそ自然神学という語は神の超越的存在性を示す。自然の中に人格神はいかなる意味でも啓示されまい。しかも神とは人格的たることを抜いては存しえぬから。かくて神学とは元来啓示神学以外ありえない。否、さらにたとえ啓示でもそもそも神に関する学が成立しうるのか。神が関係する、あるいは神に関わるものであればまだ理解しうる。神がその学に関わるのならそこでの問題が神自身でなくても神はそれに関わりうる。だが神に関する学となればそこでの問題は神自身でなくてはならない。だが神は人には知りえぬのでどこにおいても人は神を問題になしえない。啓示された限りでの神である。だがこれは神自身ではない。だから自然神学にしろ啓示神学にしろ神学自体が矛盾である。神学という語自体中世ゴシック建築のように天指向の人の気持ちを別の形で表す。人は所詮神学と呼ぼうと何と呼ぼうと人間学を超ええない。神学を真になしうるのは神自身のみである。人は人間学に甘んずべきである。それを超えようとして矛盾に陥る。いかに背伸びしても人間学以上に出でえない。内実が人間学であるのに神学という名を着せても無意味であろう。神学とは人には果たすべくして果たしえぬ願望であろう。人間学という広義の学問の内に神学と狭義の人間学があり、その神学の内に自然神学と啓示神学とがあると考えるのが矛盾がない。人間学より神学が崇高な学問かのように思うのは神学の内実への洞察欠落が原因であろう。かくて神学ほど人間臭い学はあるまい。人間学ならごく自然だが人間学に神学という名を着せるのだから。人には知りえぬ神を呼ぶのに神という言葉があることさえ不可思議である。“神”はどこから人の心へ入ったのか。神という語を人が知らねば、人はもはや人たりえぬかも知れぬが、どれほど人は幸せかとも感じる。この場合は人は幸、不幸を問題にせぬ存在になっているかも。さらに生も死もあるまい。生があっても生なく死があっても死はない。だから生が死であり死が生でもあろう。生も死も本来区別されず、その要もないごとき生である。

自然神学というが、自然の中の事柄に神存在を知りうるのか。自然神学的神は知りえよう。だが人格的神は知りえない。人にとり大切なのは後者である。前者の神は人にはあってもなくても無関係ともいえる。十字架を負う神など自然のどこを見ても見出しえない。自然の中に神を見うるとするのはそう考える人が知性主義的に考えているからである。知性重視自体は悪くないが、そういう態度と十字架の神を信じるという人格主義的傾向とは一致しない。むしろ矛盾しよう。パウロも自然秩序の内に神の働きを見るというが、それはギリシャ人に対する話なのでそうなったのであろう。神信仰は決して知性に根を持ちはしない。自然神学的見方をするのは当人の心の中が知性優位で信仰自体をそういう観点から見る傾向だから。そういう態度からはイエスへの正しい見方、生き方は生まれまい。たとえ見られたにしろそれは知的次元においてである。自己自身が真にその事柄へ参与するごとき仕方で見られえない。こういう見方が可能となったときには逆に自然神学的見方はどうでもよくなっている。否、より積極的にそういうものの拒否さえできよう。もっともイエスへの人格的見方成立後では自然神学的見方もあえて否定せずともよいかも。だがそれまではあくまで双方の見方は矛盾しよう。人は二人の主人に兼ね仕ええぬから。知性重視では人が今までの自己同一的あり方に留まることが根本にある。自然的知性をベースにその上にすべてを受け入れようとの姿勢が見られる。だが人格的に十字架を負う信仰とはこういう自己同一性の破棄が前提である。自然的知性が信仰的知性へ転化するにはこういう人格的観点からの自己同一性破棄が不可欠である。自然を自然神学的、自然知性主義的に見ることは人が自己自身をもそういう観点から見ることを意味し、すべてをそういう観点から見ていくこととなる。かくて知性はあるがままの自然、人間をその状態で分析するが、これをいかに進めてもそれ以上のことには何の進展もない。

（二）

例えば 130 億光年先の星からの光を今捕らえるような人の知りうる範囲の拡大は単に量的拡大には尽きない。質的拡大をもたらす。中世でのように信仰が知性の犠牲を要すという状況をも変える。何でもありうるのではないかと思わせる。イエスが死んで復活したのではないかとさえ思わせる。50 億光年先から今届いた星の輝きをも神の愛の輝きとして感じうる。何十億年か先には地球は太陽と共に存在しなくなっているかもしれない。そういう事実を知る状況下では人が生きるに当たりかえって宗教的信念が重要度を増す。人は無から生命を生み出す神に一層重きを置き生きる以外生の根拠を見出しえぬから。仮に人が生きうる可視的世界が永遠に続くと考えれば神以外へ依りこの世界に生きることも選択肢の一つとしてありえよう。だが現実には先のようなことを知っているのでそれはできない。科学が発達するほど人間存在の有限性の認識は深く広くなろう。究極的に依拠しうるものを一つ一つ失っていくから。

旧約でのオーラームとは世界と同時に永遠を意味する。だが現代では地球がいずれ消滅するのは自明である。可視的世界に心が留まっているとそういう世界観の中でイエスをキリストと信じるのが困難化するのは事実である。だがたとえそうでもそれですべてを尽くしているのか。神は自己にかたどり人格的存在として人を創造した。何のためにかくも広大な宇宙を同時に創造せねばならなかったのか。無駄なことをしていないか。神の無限、永遠即ち人との差異を人に感じさすためか。それなら他の方法もありはしないか。人の知性での思考の可能性を予見してのことか。宇宙が小さいと知性で探求し尽し、結果傲慢の罪に陥ったであろう。人の知で探求し尽しえぬ制約を神は用意された。科学の無限な発達という仮説は無駄であろう。それより先に人類絶滅の可能性があろう。無限の広がりが必要だった。神が人に両者の無限の差異を認識さすために。無限を感じさす場合ただ内面的に感じさすのは難しい。罪の意識で人は罪ある存在として自己を感じよう。だがそれが目的でも心の中だけでのことならその認識は揺れ動く。一方、物理的、現実的に無限差異を感じざるをえぬ状況にあればいやが上にもそう感じよう。結果、揺れ動く心を一定のところへ留めつけうる。その点現実的意味での無限差異も不可欠な要因である。心の内だけのことなら神秘主義思想があることで分かるように人は理性において神に直結しうると思う恐れもある。そういう思いを抑止する効果を宇宙的次元での差異は果たす。

地球、人の存在が無にも等しい点が宇宙物理学的見地から明らかになるほど、人に関してはその霊的性格、側面がことのほか反比例的に大事となる。その点この世界の信仰的意味は消えはせぬか。神の世界創造の意味を宇宙的観点から考え直す必要があろう。今までとは異なる局面が入ってきたから。カントではないが、心の道徳律は不可思議である。空の星というのと現代の我々の感じる地球の無的存在感とは異なる。客観的に確認された事実から生まれた無的存在感だから。前者では空の星を見上げて人の感情として感じているに過ぎぬ。客観的裏付けは少なくとも現代に比し弱い。事実に基づく場合人の考えは変えようがない。反対へ変えようと思ってもそういう事実ある限り不可能である。文字通り天文学的大きさたる宇宙はもはや大きい小さいという概念で判断しうる状況ではない。余りに大きすぎる。旧約、新約、欧州中世はいわば閉じられた理、知性の時代、現代は開かれた理、知性の時代である。科学発達でこういう相違が生じた。後者の状況は日本のみでなく世界共通的である。このように大きく二分しうる。現在は知性の犠牲の要求が生きていた時代とずっと先のいわば宇宙時代との中間に位置する時代である。先の時代とは銀河系とアンドロメダ星雲との一体化も視野に入ってきている状況である。ここでは聖書の理解も枠組みが根本から変わろう。一方、科学神話未分化では宗教自体もそういう性格である。現代は異なる。宗教も多様化し各々個性ある人間に対し対応しうる。多くの人には聖書で啓示の神を信じねばならぬ必然性はなく、何か人を超えた他なる存在を信じる程度が好都合である。またそうであるほかない。かくて日本のキリスト教に限れば多数の人々への対応がなされていない。だがそれを行うともはや従来のキリスト信仰ではなくなろう。

宇宙の中で今後どういう事実が発見されようと、それらはすべていずれ将来そうなろうとの前提の上で、イエスの啓示は地球上に生きる人類に与えられた。つまり時間的にとは逆に即事的には啓示先行なのである。この点は注意を要す。これは次のこととも対応する。たとえ人とチンパンジーとのDNAの相違が1ないし4パーセントでしかないにしろ、イエスの話の内容を理解しうるのは人のみである。イエスの啓示が対象とする、語りかけている存在である「人」が重要である。イエスはチンパンジーに語りかけてはいない。たとえ人として同じでもイエスの語りかけ無視の人々は他の存在物同様に神に相対する存在としては扱われない。これは啓示受容拒否で交わりから漏れることとも呼応する。キリスト中心的である。

# あとがき

さて、序論では主として信仰の対象的観点から/を見ており、本論第一章以下では主として信仰の主体的観点から/を見ている。本来両観点は一体、不可分であることはいうまでもないことである。

まず、書名に含まれている「キリスト秘」という用語についてであるが、この語は信仰というものが本来体験主義的、神秘的、神秘主義的次元に属す事柄を表しているのではないことを示す。無碍と一の事態なのでそうであるほかないのである。キリスト秘的ともいうべきものである。なぜならキリストを介して初めて存しうるものだからである。人間社会の中へ現象として現われた事柄の根源的次元に注意が向けられている。神秘主義的とは体験主義的であり、人の自己の内面においての次元に属すことである。キリスト秘は人の体験とは直接に関係してはいない。そうではなく神自身の側における次元に属すことである。ただキリストを通して人に知らされている。そこでキリスト秘という命名が最もふさわしいと思われる。

次に、書名の副題についてであるが、通常の日本語表記であれば「捕らえられて自由」、あるいはさらには「捕らえられての自由」とするであろう。だがそうすると、捕らえられることと自由とが基本的には別々のことと感じられてしまう。「て」が入るとそうならざるをえまい。かくて捕らえられることと自由とが一であることを表明するためには、「て」はないのがよい。「ての」とすると別々のことという側面がさらに強まろう。捕らえられることがなくては自由もないという双方の関係なのである。後者は前者の場合にのみ存している。この点を深く心に銘記しておかなくてはならない。こういう心境にないと、人はその罪により精神的平衡を崩すことを避けえない。こうして人の判断はキリスト信仰から離れると、その罪により聖俗対決での「中」を維持しえない。どちらかに振れるのである。こうして義喪失を招いてしまう。

キリスト「秘」の内実—すべてのことにこだわら「ない」自由ではなくて、あらゆる事柄にこだわり「うる」自由がここにはある。パウロは事実そうなっていると思われる。彼は「キリストがわたしの内に生きておられるのです。」(ガラテヤ 2,20）という。そういう点からも、本書の内容がそういう事態の内奥を表しているという理解はあながち的外れではないであろう。各人にとってそういう事態は具体的に存しうるし、また存しなくてはならないであろう。ただその内実が彼には彼固有であり、我々一般の場合とは当然異なっているであろう。

本書は先の『個の主体性による『日本』創造』といわば表裏一体である。どちらが表でどちらが裏かについてはその都度のものを考える観点とか関心のありどころによって判断は変わってこようと思う。内面的なことに関心の重点が向いているときには本書が表となり、現実的次元のことへ関心が向けば先の書が表となることであろう。一概にどちらがどちらとは決めえないであろう。

また、本書の原案は先の書のそれと同時期にできていたのであるが、諸般の事情から出版は今日に至ることとなった。

なお、「キリスト秘」について、予備的考察としては自著『信仰と神秘主義－真の自由とは何か－』（1990）第一論文「パウロにおける信仰と神秘主義」を参照していただければと思う。

2015 年 3 月　　著者

## 著者紹介

# 名木田　薫（なぎた　かおる）

| | |
|---|---|
| 昭和 14 年 | 岡山県に生まれる |
| 昭和 37 年 | 京都大学経済学部卒業、その後三年間武田薬品工業（株）勤務 |
| 昭和 40 年 | 京都大学文学部学士編入学　基督教学専攻 |
| 昭和 47 年 | 京都大学大学院博士課程単位取得退学、和歌山工業高専講師 |
| 昭和 60 年 | 岡山理科大学教授 |
| 平成 5 年 | ドイツ・チュービンゲン大学神学部へ留学（一年間） |
| 平成 7 年 | 倉敷芸術科学大学教授 |
| 平成 15 年 | 同大学退職（3 月末） |


## 著　書

『信仰と神秘主義』（西日本法規出版、1990）
『救済としてのキリスト教理解』（大学教育出版、1995）
『東洋的思想への問い』（大学教育出版、2001）
『パウロと西洋救済史的思想』（大学教育出版、2004）
『旧約聖書での啓示と受容』（大学教育出版、2006）
『西洋キリスト『教』とパウロ的『信仰』』（大学教育出版、2008）
『東西の表裏一と聖書的思考』（大学教育出版、2009）
『東西両宗教の内実的同異』（大学教育出版、2009）
『現代の知的状況とキリスト信仰』（大学教育出版、2010）
『ヨハネによる啓示のイエス』（大学教育出版、2011）
『個の主体性による『日本』創造』（朝日出版、2012）

# キリスト『秘』～捕らえられ自由～

2015年6月16日　初版発行

著　者　名木田　薫
発行者　原　雅久
発行所　株式会社　朝日出版社
〒101-0065　東京都千代田区西神田3-3-5
電話（03）3263-3321（代表）

装　丁　カズミタカシゲ（こもじ）
DTP　こもじ
印　刷　協友印刷

万一落丁乱丁の場合はお取替えいたします。
Printed in Japan
ISBN978-4-255-00817-2 C0095

# うれしかった言葉
# 悲しかったことば

難病のわが子と生きる
お母さんたちの声

麦の会声だより編集委員会編

海鳥社

## ◆目次◆



※本文中の肩書き、団体名称等はすべて2004年当時のものです

## 発行に寄せて　医療の立場から

久留米大学医学部小児科教授　**松石豊次郎**

病気の治療と向き合っている子どもさんたち、毎日頑張って子どもさんたちの看病にあたり、病棟で生活を共にしておられる親御さんたち、ほんとうにご苦労様です。私も、子どもの病気の際に10日ほどでしたが毎日、夜の10時から、翌日の朝までの付き添いをした経験がありますが、腰や背中が痛くなり、熟睡できないなど、気の休まる時間はありませんでした。

子どもたちと、親御さまには心から敬意を表すると共に、本書を読ませて頂いて、私たち医者のますますの努力の必要性を感じました。

人に言われて嬉しかったこと、悲しかったこと、嫌だったことという問いかけ自体が、医療の原点に対する問いかけをしていることを強く感じました。このことは、現在の日本の医療現場で、採算性にあわないということで、隅に追いやられている小児医療の実態を痛感いたしました。

子どもたちは、社会的な存在です。社会全体で育み守っていかなければなりません。小児医療の方向性は、当然、国策で保護すべきものでありますし、現在の小児の保険医療費の見直しも必要であります。

比較的患者さんに良く利用していただいている久留米大学小児科でも、病院経営から考えると、収益性の面でもなかなか評価されていないのが実状です。

文章の中で紹介されている一般的な小児病院や、都道府県・市の運営する自治体病院や小児保健センターは、市民などの理解の元に作られていますが、毎年大きな赤字をかかえているのが現状です。小児の診療は、国が福祉の一部として、老人福祉と同じようにサポートしないと、地方の各病院から小児科、小児科医がいなくなる可能性があります。小児科は病院内部でも最も遅くまで残って、忙しく、しかし収入も少ないというのが一般的な認知と思います。

今後の課題をいくつか挙げました。、時間はかかると思いますが、改善への努力を皆さんと一緒に考え、実現していきたいと思います。

1. 病児保育の重要性を病院側に理解してもらい、医療的なケアの場をボランティアとしてではなく、システムとして組みこんでゆく。
2. 新しく病棟が建て替わる時には、個室を増やし、個々の病室を広くして子どもや親のアメニティを改善する。
3. 親が少しでもくつろげるような、喫茶室のような談話室を検討する。
4. 医師や看護師の接遇や対応の定期的な勉強を一般の企業から招いてする。
5. 入院患者さんたちや親御さんの意見をお聞きし、謙虚に改善策をおこなう（これは現在開始されました)。
6. もう一度、病気を診るのでなく、まず子どもをみ、子どもたちの人間的な成長、発達を支援するトータルケアの原点に戻る。
7. 共働き夫婦などの、時代に合った病棟運営の検討（現在、親子入院としているのは、子どもが完全看護の名の下にひとりで長く入院させられると、否定、落込み、無関心の過程を通り、感情がにぶくなり、いわゆる収容所病が起きる事が知られているから)。また、3歳以下の入院では、母子などの分離をする母性遮断と同じ現象が起ることが知られている。しかし、ある年齢からは、慎重に、いわゆる完全看護もおこなう対応も必要となると思う。
8. 医療スタッフはナースの数も成人より多く配置する必要がある。

本書の完成にご尽力され、病児保育の活動をエネルギッシュにおこなわれている岩崎瑞枝先生、ボランティアの先生方、1軒1軒訪問をして聞き取りをおこない本冊子の完成に貢献された第一保育短大の学生の皆様に、この場を借りまして感謝の意を表します。

# はじめに

「麦の会」会長　**上野玲子**

親になるとき、まず最初に思うことは、「生まれてくる子どもが健康でありますように」ということです。しかし、残念ながら、難病と言われる病や障害を持って生まれてくる子どもたちもいます。

私たち「麦の会」は久留米大学病院の小児科で闘病生活を送り、退院後も通院や入退院を繰り返す日々を過ごしている母親と子どもの会です。

２年半前（編集部註：2002年)、「退院したら、なかなか連絡取れないけど、せっかく知り合えたんだし、年に２回くらい集まって、近況報告や情報交換、日頃のストレスが解消できればいいと思わない？　それに、退院しても１人じゃないと思えるし」と、当時、久留米大学で医学部博士課程の院生として学び、週３日、小児科病棟で保育ボランティアをしていた岩崎瑞枝さんの提案で、「麦の会」は発足しました。そして、この「麦の会」のメンバーも、今では30名に増えました。

私たちは、それぞれの子どもが、難病や重度の障害の宣告を受け、「なぜ、我が子が……？」と、信じられない気持ちになりました。しかし、それもつかの間のことで、その瞬間から、病気との闘い、障害との付き合いが始まりました。そしてそれは、生命と真正面から向き合うということでもあったのです。

でも、「子育て」をすることは、みなさんと同じです。どんな形であれ、子どもを社会へ送り出すのは親の責任だと思います。その「社会」が、病気や障害を持った人を少しでも理解してくれればと思い、この本を作ることにしました。

大人も子どもも、自分と違う人がいると、当然シゲシゲと観察します。でも、その後の一言で、見えない垣根を作ることも、取り除くこともできます。「もし、自分だったら」ということを思ってください。そして、思ったらぜひ、行動をしていただきたいのです。この本が、そのきっかけになれば幸いです。

「麦の会」のお母さんたちの子育て体験を、岩崎さんが講師をされていた第一保育短大の学生さんに、１軒１軒訪問して、聞き取りをしていただきました。

子どもの年齢は、赤ちゃんから小学校低学年の子が多いので、同じ年の子を持つ親はもちろんのこと、医療関係者、医療を目指す学生、子どもを指導する立場にある方々にも、ぜひ、読んでいただきたいと思います。

# うれしかった言葉
# 悲しかったことば

# 中途半端な知識や先入観で言わないで

**T・Oさん　30歳　Mちゃん　4歳**
**病名：急性リンパ性白血病**

**患児の病歴**
２歳のとき、熱が下がらず検査をしたところ、白血病と診断。抗がん剤の投与。７カ月入院治療をし、現在外来治療を続けている。

### □人に言われて嬉しかったこと

親戚から、「悪い方にばかり考えていたらダメだ。良い方向に、絶対に治ると考えないと、Mがかわいそうだ」と言われたこと。普段からMちゃんと変わることなく接してくれていた人だから、よけいに嬉しかった。

入院していたときに、実習に来ていた学生から「Mちゃんは元気ですか？」と今でも手紙が来ること。

入院していたときに、Mちゃんがチアノーゼになり、不安でパニックになっていたときに、同じ病室のお母さんが何も言わずに、手を握ってくれたことがとても嬉しく、落ち着くことができた。

### □人に言われて悲しかったこと、いやだったこと

退院して間もないころ、近所の人から「どれくらい生きられるの？」と聞かれ、ショックだった。

検査に来ていた人に「どんな病気なんですか？」と聞かれ、「白血病です」と答えると「かわいそう」と言われ、泣かれてしまった。病名を言っただけなのに、なぜ泣かないといけないのか。中途半端な知識や先入観で判断して欲しくないと思った。

テレビのドラマで、「ステロイドを投与すると長く生きられない」と

いうようなセリフがあり、テレビ局に抗議の電話をかけようかと思った。Mちゃんもステロイドを服用していて、ステロイドにも色々な種類があるのに、簡単に死ぬというような意味で使わないで欲しい。

幼稚園に入園させようとしたら、園長先生から「１人の園児に職員を付きっきりにさせるわけにはいきません。元気になってから入園させてください」と言われた。その園は、Mちゃんの姉も通っていた園で、在学中「Mちゃんも元気になったら来てね」と言われていた。

お姫さまのM

夏場の遊びや激しい運動はできないけれど、元気になったから入園をお願いしたのに、現実を実感させられた。

### □不安なことや要望など、そのほか思うこと

病気の説明は、知っていることを全て教えてもらって構わないが、現在は治る可能性もある病気だということと、感染しない病気だということをきちんと伝えて欲しい。

入院したころは同じ病室の人に何を言われても反発心が湧いていたが、今では出会えて本当に良かったと思っている。

病気の子や障害を持った子どもたちへのセミナーや講演会をもっとたくさん開いて欲しい。

# 普通に接してほしい

**Ｔ・Ｈさん　32歳　Ｋくん　６歳**

**病名：脳腫瘍（髄芽腫）**

**患児の病歴**

５歳のとき頭痛のため病院に行き、ＣＴスキャンを撮る。脳腫瘍、髄芽腫と診断。入院、腫瘍摘出手術、抗がん剤の投与、約１年の入院ののち、６歳で退院。

## □人に言われて嬉しかったこと

「良かったね」

退院したときに言われた一言。難しい言葉よりも素直にそう言ってく

「たのしいぞ～！」

れることがなによりも嬉しい。

子どもの気持ちになって考えてくれるのが一番嬉しい。言葉ではなくて、心を込めて話を聞いてくれることが嬉しい。

病気のことは胸にしまって、たわいもない話をしてくれるのが嬉しい。なにか言葉を欲しいとは思わない。

**□人に言われて悲しかったこと、いやだったこと**

「何でだろうね」

自分自身、一番考えていることだったから、口に出して欲しくなかった。

「妥協してください」

わが子が、発病する前のように元気になることを願っていたときに、医師から言われた一言。

**□不安なことや要望など、そのほか思うこと**

病気だと分かったときに、変に気を遣わず普通に接して欲しい。どう接していいか分からなくて、一歩おいてしまうのかもしれないけれど、私たちは何も変わっていないのだから、考え過ぎず普段通りに接して欲しい。

# 不用意な言葉を使わないで

M・Iさん　30歳　Yくん　6歳

病名：事故後脳症

**患児の病歴**

３歳のとき、交通事故に遭い、意識不明の重体で運ばれる。輸血、人工呼吸器による呼吸補助、硬膜下血しゅのため、脳外科で手術、気管切開。６歳の誕生日前に退院。それからも２カ月に１回のペースで入退院を繰り返している。

## □人に言われて嬉しかったこと

入院中にたくさんのお母さんと仲良くなり、悩みを聞いてもらったり、相談にのってもらったりして、励ましてもらったこと。

退院時に「不安なときは……」ということで、看護師や医師の連絡先を教えてもらったこと。

医師が子どものことに加えて、付き添いや介護をしている母親の体調を気づかってくれること。

事故後１カ月位のとき、面会時間以外だったけれど胸騒ぎがしたので、状態を聞くだけでも……と思いリカバリー（回復室）へ行った。当時の主治医は女医さんで、母親の気持ちを察してくれ、面会させてもらい、ゆっくり状態を説明してもらえたこと。

入院中、ＭＲＳＡ（抗生剤が効かない耐性菌）で隔離中にもかかわらず、院内保育の方たちがＹ君に会いに来てくれたこと。

小児科から脳外科へ転棟して手術をすることになっていたら、手術の前日、小児科で仲の良かったお母さんたちから、千羽鶴をいただき、励ましてもらった。

近所の人が、「手伝えることがあったら言ってね」と声をかけてくれたり、自然に手助けをしてくれたこと。

近所の子どもたちが外で会うと、集まって来てくれて声をかけてくれること。

吸引時などに鳴る警報アラームを止めてくれたり、薬を入れてくれたり、声をかけたり、笑わせたりと、次男がよく面倒を見てくれること。

学校でつくったカレンダーの表紙

私が子どもの付き添いをしている間、父親と下の息子でお留守番をしてくれ、がんばってくれたこと。

私が病気になったときは、夫が協力的だったこと。

学校でイベントがあってスクーリングしたとき、学校の先生が、体温調節ができない息子のために、氷枕とうちわを用意してくれたこと。

夏休み中に入院したら学校の先生が顔を見に来てくれたこと。

### □人に言われて悲しかったこと、いやだったこと

医師に「リハビリをしてあげたい」と相談すると「今そうすると死にますよ」と言われたこと。「危険な状態になります」などのやさしい言葉を使って欲しい。

隔離病棟があるにもかかわらず、空気感染するインフルエンザの人を個室ではあるものの一般病棟に入れたこと。

熱発しているから看護師に氷を頼んだのに、なかなか持ってきてくれず、後まわしにされたこと。頼んだ看護師は忙しそうにしていたが、ほかに手があいてそうな看護師もいたので、その看護師に頼んでくれたら……と思った。忘れられることもしばしばある。

私たちから質問され、分からないのにその場で自分で答えようとする

研修医がいる。上の医師に相談して欲しい。

とある医師が様子を見にきたときに、気管切開の患者だからか、患者には全く話しかけず、母親に様子を聞くだけで聴診もしなかったこと。

入院中、検査結果が出ているのになかなか知らせに来てくれず、消灯になっても来てくれなかった。親は心配して気にしているので、できるだけ早く知らせてほしい。

車椅子を押して歩いていると、じっと患者の顔を見たり、わざわざ振り返って見たりされること。ふつうに話しかけたり接して欲しい。

今までまったく福祉や介護、施設などに縁がなかった私たちに、子どもの頭の手術が終わってそうたたないときに、「病院側の保険が安くなる関係上、3カ月以上入院している人から順にベッドをあけさせてもらわないといけないので……」と言われ、施設を紹介された。「とにかく病院で色々な面からの治療をして欲しい」と伝えたが、ほかの病院の受け入れがないという理由で、違う病院も探してくれず、「施設って何をするんですか、どんなところですか？」という質問にもちゃんと答えてくれず、いくつかの施設だけを紹介され、期限を決められ、返事をせまられた。その後、ほかの病院に少しのつてがあったので、そこに頼み込んで転院し、医大でしてもらえなかった治療や、大学病院で1度だけした手術も繰り返し必要で3度くらいした。今考えると、あのとき、あの医師の言う通り施設に移っていたら、うちの子は今ごろどうなっていただろうと考えるとゾッとする。

### □不安なことや要望など、そのほか思うこと

子どもは成長し自分は老いていくが、成長していく子どもをどこまで自分が世話できるだろうか。

また入院になり付き添いをしたときに、食事、家事、保育園の送り迎えなど、家に残された夫と次男の生活が気がかり。

## どんなときでも会話を

**Ｉ・Ｍさん　35歳　Ａちゃん　４歳**

**病名：低酸素性虚血脳症**

**患児の病歴**

周産期の重度仮死（低酸素性虚血脳症）による脳性マヒ。０歳５カ月のとき、点頭てんかんを発病。１歳時に間質性肺炎に、その半年後に気管切開の手術を行う。２歳時に脳炎にかかる。４歳のとき、容体が急変し、３カ月の間に４回の入院。生まれてから計30回の入退院を繰り返す。２歳のときより訪問看護サービスを利用している。最重度知的障害、難治性てんかんを残して寝たきりの状態。経管栄養で気管切開を行っているので、常時酸素投与が必要。痙攣も抑制は困難である。

### □人に言われて嬉しかったこと

夫が経営しているお店に来てくれるお客さんから「Ａちゃん最近どうですか？」と心配していただいた一言。ほかにも、病院で知り合った人とのつながりや、その人たちの存在に感謝している。特に訪問看護に来てくれる看護師さんには上の子の面倒も見てもらって、家族の大きな支えになってもらっている。

Ａちゃんのお姉ちゃんは世話好きで、Ａちゃんと遊んでいるうちに、ときにはお母さんよりも早く、Ａちゃんのして欲しいことに気づくようになった。

### □人に言われて悲しかったこと、いやだったこと

病院内を移動中に、初対面の方に「どういう病気ですか？」「なんでこんなになったの？」と、答えてもしつこくしつこく聞いてくる人がい

ていやだった。
いつも最後には「この子かわいそうね」と言って立ち去る人。
「あなたが障害児を産むから、うちの子どもは怖がって子どもを産めないのよ」と言われたこと。その人が子どもを産まないのはその人なりの事情があるのに、なぜ私に責任があるのか？　と思い、とてもショックだった。
「うちは子どもが多いから大変だけど、あなたは１人でいいわね」と言われたとき。Ａも障害児だけど人間ですと言いたい。無視されたようでとてもいやだった。障害があってもなくても、１人の人間です、と言いたい。物でも動物でもなく、人間です。

**□不安なことや要望など、そのほか思うこと**

多くの人と出会い、支え合い、ここまで来ることができた。これからも、人とのつながりを大切にしたい。
病院の中の人で、子どもの調子が良いときは、「調子良いみたいでがんばってるね」など、たくさんのありがたい言葉をかけていただけて嬉しいが、子どもの調子が悪いときは、病気のことを避けていること。一番きつく辛いときこそどんどん話してほしい。
医師との間で心に残ったトラブルがあり、その後からその先生方が会いに来なくなり疑問に思い、その問題があったことを知っている先生に「なぜ来られないんですか？」と聞いたら、「ほとぼりが冷めるまでは会いに行けないんですよ」と言われ心に残った。そんな状況のときこそ、もっと先生方と会話を多く持ちたいと思う。状況によっては、お互いの言葉のやりとりから大きな誤解が生じてしまうことも少なくないが、その誤解をなくすためには、やはり医師と子どもと、その一番の理解者である親との三人の関係が大切なことであり、その中での会話も大切なことと思うので、考えてほしい。

Aちゃんへ

Aちゃんの親になれたことを、お父さんもお母さんも感謝しています。姉のSちゃんも、あなたが生きて家にいてくれるだけで幸せと言っています。生まれてきてくれてありがとう。Aちゃんのおかげで、普通は経験しないことをたくさん勉強しました。辛いことも悲しいこともいっぱいあったね。でも……1年1年、年を重ねるごとに、辛いこと、悲しいことよりも、嬉しいこと、楽しかったことが増えてきましたね。

姉のSちゃんが描いた動物園

これからもずーっと一緒だよ。

※Aちゃんは7歳で永遠の眠りにつきました。

# 気にかけてくれるのが嬉しい

**M・Nさん　33歳　Aくん　2歳**

**病名：心室中隔欠損症**

**患児の病歴**

生後３週間のとき、心室中隔が5.5ミリ開いていると診断される。生後６カ月で　ＭＲＳＡで中耳炎に。生後５カ月から２歳までに10回ほど肺炎、気管支喘息などで１～２週間ずつ入院。現在も中耳炎で２日に１回通院している。

## □人に言われて嬉しかったこと

総合病院で受け付けの人たちに「Ａ君大丈夫ね？」と言われ、個人病院じゃないのに気にかけてもらっていることが嬉しい。

ぶどう

お花

大学病院に入院しているときに、お母さんたちから「今からだから」と、先が見えなかった私に、背中を押される言葉を言ってもらい嬉しかった。

肺炎で入院していたとき、「心臓病だけん肺炎になる訳じゃないとよ。子どもは皆なるっちゃけん」と、一緒に入院して来た子のおばあちゃんに言われて楽になった。

**□人に言われて悲しかったこと、いやだったこと**

簡単に「治る、治る」と周りの人から言われたこと。

周囲の人から「どうしてこの子だけこんなになったんやろね」などと言われ、病気にしたくてした訳じゃないのにと思った。

Ａ君のことを考えてしているのに、結果で悪いことがあれば「あんたがしたけん」などと身内から言われること。

保育園の先生から「私たちは、心臓病の子はあたったことがないので……」と悪いものに当たったような言い方をされたとき。

**□不安なことや要望など、そのほか思うこと**

保育園などで、病気のことを言わないと分からないから言うべきだとは思うが、普通に扱ってくれるかどうか不安。

# 救急車を途中で降ろされる

M・Hさん　35歳　Dくん　4歳
病名：腸間膜のう腫

**患児の病歴**

夜中に激しい腹痛を訴えるので救急病院へ。しかし朝の4時に、「夜が明けてからかかりつけに行ってくれ」と言われる。夜が明けるのを待ちかかりつけの医者へ行くが、様子がおかしいことに気づいてもらえず、浣腸のみ。しかし食欲もなく腹痛がはげしかったので救急車を呼ぶが、救急車に驚いたのか、途端に痛みがおさまる表情をみせ、救急車を降ろされる。もう1件別の病院へ行き、内科でようやく検査を受け、また別の病院を紹介され、再び検査。そしてようやく腸のまわりにできものがあることが分かる。しかし開腹しないと細かいことが分からないため、緊急手術を受けるために救急車に乗り、大学病院へ。
腸閉塞がおこりやすいので注意するように言われているが、今は完治して元気に幼稚園に通っている。

## □人に言われて嬉しかったこと

兄弟がいるため、遺伝性があるのか不安だったけれど、先生に「大丈夫です」と言われたこと。

## □人に言われて悲しかったこと、いやだったこと

救急車を呼んで乗ったけれど、いつもと違う環境におかれているためか、乗ったとたんに痛い表情を見せなくなったから、隊員の人が救急ではないと判断して途中で降ろされたこと。

家族を描いた絵。真中にあるのは冷蔵庫

### □不安なことや要望など、そのほか思うこと

病院につきっきりになってしまうから、母親はストレスがたまってしまう。何年も入院している方はすごいなと思う。入院して、病気を持つ子の親の気持ちが少し分かるようになった。

# 家庭への負担を軽くする配慮を

**K・Nさん　26歳　Rくん　2歳**

**病名：反復性尿路感染症・尿道狭窄症**

**患児の病歴**

妊娠８カ月のときに、腎臓に異常があると言われる。出生後、腎臓が膨れていたので縮める手術を行う。膀胱の病気のため大阪母子総合医療センターにて治療を受ける。腎盂腎炎を繰り返す。尿路奇形（全部尿道弁）のため、人工による尿の排泄を行っている。

## □人に言われて嬉しかったこと

病院も個室で、１人で子どもの病気にショックを受けて孤立していたときに、明るいお母さんからすごい笑顔で「一緒にがんばろうね」と言われたこと。

「麦の会」の上野さんに「何かしてみたらどう？」と言われたので、「看病をしているから何もできませんよ」と答えると、「今の状況で何もできなかったら、後でも何もできないよ」と言われたこと。このことにより、心の余裕ができて、自分のことも考えられるようになった。その結果、ネットワークビジネスに辿り着くことができた。

## □人に言われて悲しかったこと、いやだったこと

離婚する前、夫に「子どもとお前が重荷」と言われたこと。

他人から「かわいそうね」など同情するような言葉をかけられたこと。

大阪母子医療センターに行ったときに「妊娠中にこの病院に来ていたら、この子はここまで悪くなってなかったでしょうね」と無責任な一言を言われたこと。今さら言われてもと思ったけれど、大学病院に行っていないと大阪の病院にも行っていないから……とプラスに考えている。

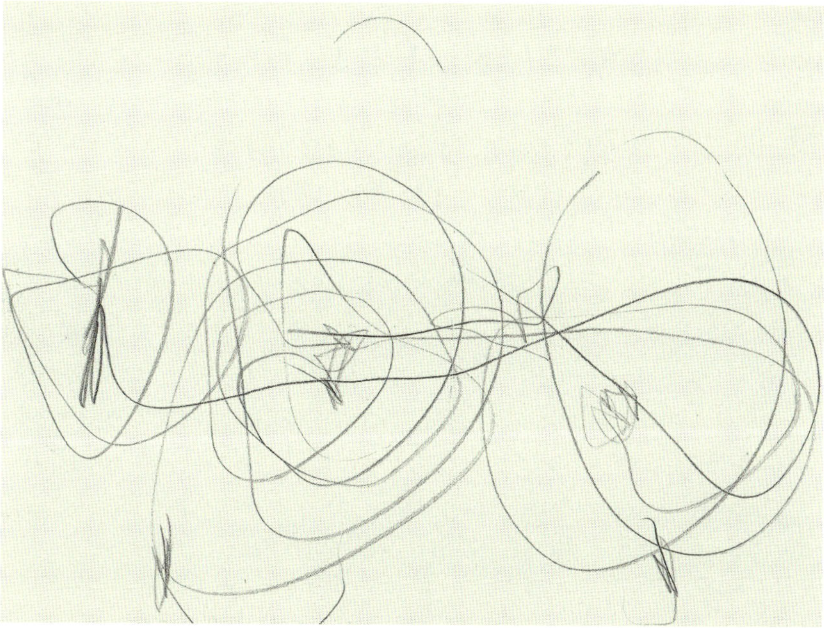

力づよい大きなお絵かき

**□不安なことや要望など、そのほか思うこと**

子ども自身が注射などの、叩かれたりするよりも痛い思いをしているので、他人を傷つけても、痛みが分からないような節がある。

看護師さんにもっと子どもを見て欲しい。病気の子どもを中心に考えているけれど、ほかにも家族がいるのだから、そのことを考えてほしい。家に帰れる時間など病院側がもっと配慮してくれていたら、離婚までいかなくても済んだのかもしれなかった。大阪は完全看護だった。

病気の子どもを持つと、離婚率が高い。

# 命のプレゼントをありがとう

M・Aさん　41歳　Tくん　7歳

病名：先天性胆道閉鎖症

**患児の病歴**

生後４カ月のとき発症し肝門部空腸吻合術を行う。生まれたときはまだ臓器移植が日本で認められていなかった。２歳６カ月のとき、「あと１週間もつか分からないので、お別れをしてください」と言われる。その後すぐドナーが現れ、京都大学で肝臓移植を受ける。他人の肝臓を受け入れるため、今も免疫抑制剤を投与。免疫力が弱まるため、感染症にかかりやすい。

病気にかかる度、入院をしている。

## □人に言われて嬉しかったこと

「やさしい」「かわいい」「目がキラキラしている」「Ｔくんは天使の生まれかわりみたい」など言われたとき。

学校のお友達から「Ｔ君と遊ぶと心がきれいになってほっとする」といわれたとき。

情緒学級の先生から「いっぱい愛されて育っているんですね」と言われたとき。

## □人に言われて悲しかったこと、いやだったこと

自閉症ぎみで多動のため、他人からしつけがなっていないと見られるのがつらい。

## □不安なことや要望など、そのほか思うこと

免疫抑制剤を投与しているため病気にかかりやすく、病気にかかった

ら、その都度入院しなくてはならないので、学校で病気が流行るたびに休まなければならない。学校の出席日数や、勉強についていけるか心配。

Tが病気入院中に父親も白血病を発症。Tの移植後1年で他界した。短い間だったが、元気になったTと遊ぶことができて本当に良かったと思っている。

父親の一周忌を迎えるころに、Tが「パパが大好き」と言って描いた父の日の絵が入選した。集まったみなも胸に熱いものがこみあげ涙があふれるのを止めることができなかった。

入選した「パパが大好き」

難病の子どもを抱えたお母さんたちは、はじめは「どうしてわが子が」といたたまれない気持ちになり、心がつぶれそうになる。

でも母は強し。どんなお母さんもやがて現実を受け入れて困難を乗り越え、親も子も成長し続ける。障害のある子どもたちも親もオープンになって、どんどん外へでかけてコミュニケーションをとりましょう。もっともっとこれからは、弱者にやさしい社会になることを祈ります。

# つらい人の気持ちを考えて

## K・Aさん　38歳　Wちゃん　3歳
## 病名：ウエスト症候群

**患児の病歴**

生後、両目を同時に下方に落とす動作を繰り返したり、全身筋力がないなどさまざまな異常が見られ、ＡＢＲ、ＣＴスキャン、脳波の検査を行ったが異常なしとされる。その後の検査も異常なし。

５カ月時、検査により脳に異常が見つかるが、細胞レベルの異常で今の医学では分からないと診断される。その後、原因不明の先天性精神発達遅延、及び精神発達遅延による筋力低下と診断を受ける。

８カ月時、１日に50〜60回の痙攣を起こす。

ウエスト症候群（点頭てんかん）と診断。喉頭軟化症を疑い、気管支の検査を行う。その後慢性呼吸不全に陥る。

１歳１カ月時、気管切開を行う。以前は口から食物を摂取していたが、気管開窓術後、気管への誤飲が多く、危険なためチューブによる摂取になる。１歳半より原因不明の嘔吐を周期的に繰り返すために、十二指腸にチューブを留置する。現在も肺炎、嘔吐などで入退院を繰り返す。５歳になったら筋生検を行う予定。

### □人に言われて嬉しかったこと

「今日は眠れた？　無理しないでね」「大丈夫？」など気にかけてくれている言葉をかけられるとき。

Ｗに普通に声をかけてくれたり、「Ｗちゃんどうですか？」と気にかけてくれたとき。

Ｗを元気に産んであげられなかったことに対して悩んでいたときに、夫が「もうよかやん」と言ってくれた一言が嬉しかった。そのことにより、180度気持ちの転換ができ、救われた。くよくよしていたら、この子自身を否定するのと同じだし、自分にできることは、この子が幸せと思えるように努力することだと思うようになり、前向きに考えることができるようになった。

病院で出会ったお母さんたちから励ましてもらったことや、お互いに話し合ったりすることで支えられて、受け入れが早くでき、がんばらなきゃという気持ちになった。

お姉ちゃんのHちゃんが描いたWちゃん

この3年間、ほとんど入院生活でWに付き添っているため、上の子どもたちとは離ればなれで母親らしいことは何もできていない。随分我慢させていると思うが、「Wばっかり……」という言葉は一度も言わない。逆に「W大好き。早く風邪が治りますように、がんばれ！」と励ましの手紙を毎回書いてきてくれる。そして、「私たちもお母さんが必要だけど、Wはもっとお母さんが必要なの」と友人に話す娘を見ると、私もこの子たちのやさしさに甘えないで、3人の娘たちのためにできる限りの努力をしようと思う。

### □人に言われて悲しかったこと、いやだったこと

義母に「妊娠中に母乳をやっていたのが原因じゃない？　昔の人の意見はちゃんと聞いとかないといけんね」と、元気に産んであげられなかったことに対して悩んでいたときに言われ、崖っぷちから突き落とされた気分だった。

義母が面会に来るたびに、「目は見えようとね？　耳は聞こえようとね？」など、質問ばかりでWに対する言葉がないこと。

自分の子どもを認めていないような言葉が一番つらかった。

医師の診察や病気の説明が、人を診るのではなく、病気を見ている感じだったこと。

□不安なことや要望など、そのほか思うこと

Wの姉妹たちが、障害を持った妹がいることにより、思春期や、大きくなったときに、社会のなかで様々な思い、体験をすると思う。それがマイナスの方に働かなければいいがと思う。

病気の説明はありのままのことを、そのまま伝えて欲しい。恥じることとは思っていないし、悪いこととも思っていない。逆に、これだけがんばっているんだよという姿を見せたい。

Wに手がかかるので、ほかの娘たちとの時間が少ないこと。この普通ではない家庭のあり方が、姉たちの心の成長にどうひびいていくのかが心配。

幸せの価値観とは人それぞれだから、五体満足が幸せと言うならそれもそうだろう。エゴかもしれないけれど、Wにとっての一番の幸せを私は作ってあげたいし、それにできる努力は惜しみなくしようと思う。

※Wちゃんは14歳で永遠の眠りにつきました。

# 心が伝わる医療を

M・Kさん　29歳　Kくん　4歳
病名：脳腫瘍（髄芽腫）

**患児の病歴**

1歳のとき、髄芽腫と診断を受ける。手術、抗がん剤治療で11カ月の入院を経て、寛解状態で退院。4歳のときに再発。抗がん剤、放射線治療を行うが、その年に、永遠の眠りにつく。

## □人に言われて嬉しかったこと

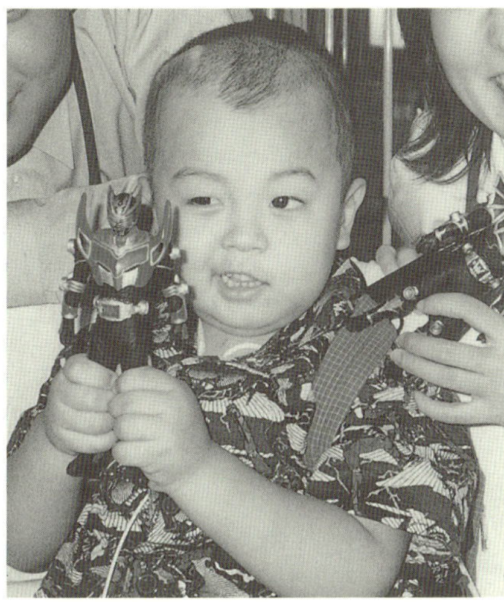

お気に入りのオモチャと

「Kちゃんかわいい」など、子どもを誉めてくれたとき。

ナースコールを押したときに先生が急いでかけつけてくれた。

Kが話をできなくなっても、まずKに話しかけてくださる医師や看護師さんは嬉しかった。

子どもの状態が悪くて心配しているとき、親身になって診察してくださる医師がおり、嬉しかったし、とても信頼していた。

## □人に言われて悲しかったこと、いやだったこと

ITをするとき、押さえつけて背中を丸めさせた状態で研修医全員を呼び説明を始めて、その間子どもはずっとこわくて泣いていた。

薬を使用するときに、「保険がおりないからつぎは使えない」というようなことを言われた。

# お母さんたちが心強い味方

K・Tさん　31歳　Kちゃん　1歳

病名：肝良性腫瘍

**患児の病歴**

1歳のときに発症。風邪で検診にかかったとき、肝臓が腫れていると言われ調べた結果、肝臓に腫瘍ができていたことが分かる。2カ月入院し、肝腫瘍の摘出手術をする。肝臓30パーセントの摘出手術を行ったため、腸閉塞になる。

退院後、腸閉塞のため2回入院。現在も薬を服用し、3カ月に1回、外来に通院している。

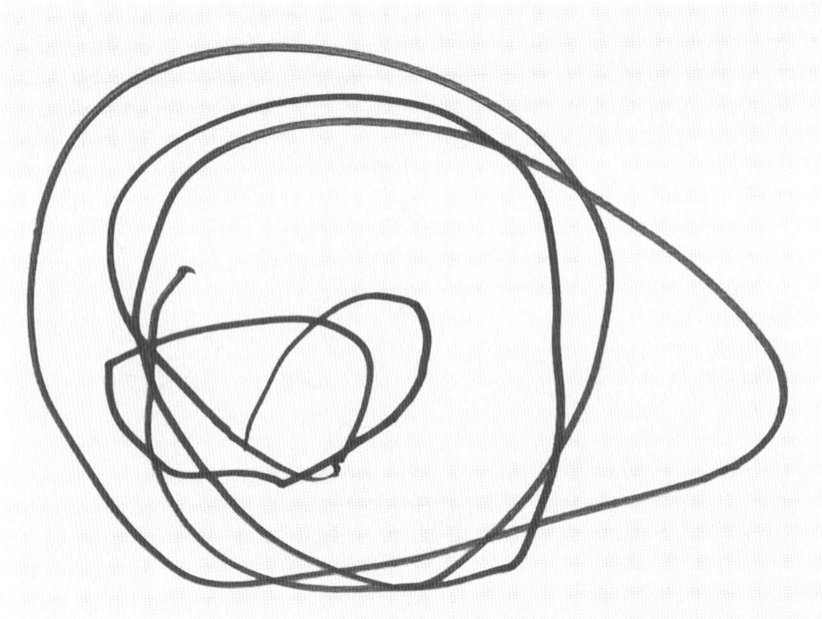

げんきいっぱいのマール！

**□人に言われて嬉しかったこと**

「活発でおてんばですね」という一言。

病院で知り合ったお母さんたちとは、お互いに子どもの病気のことを隠さずに話ができること、お互いに慰めあえることが嬉しい。

**□人に言われて悲しかったこと、いやだったこと**

励ましの言葉で「まだ小さいから大丈夫よ」と言ってくれたが、嬉しいとは思わなかった。

**□不安なことや要望など、そのほか思うこと**

病名が分からないから何に対しても不安。悪性でもいいからはっきりした病名が知りたかった。

## 病気のことを正しく知ってほしい

E・Iさん　34歳　Tくん　3歳

病名：川崎病

**患児の病歴**

２歳のとき、高熱が５日以上続き、いちご舌、リンパ腺が腫れる、目の充血がみられ、川崎病と診断される。即入院し、血液製剤を投与。１週間後退院。

冠動脈瘤を起こし、心筋梗塞発症などの恐れがあるので、現在も１年に１回検査が必要である。

### □人に言われて嬉しかったこと

「大丈夫ですよ」障害が残るのではないかと不安だったときに、病院の先生が言ってくれた一言。とても安心した。

お父さんとお母さん

### □人に言われて悲しかったこと、いやだったこと

「感染するの？」いつも外で一緒に遊んでいる子どものお母さんから言われた一言。子どもにうつるかもしれないという意味で言われたことが悲しかった。

### □不安なことや要望など、そのほか思うこと

「うつらない病気なんだよ」と、川崎病は感染しないということをもっと世間に伝えて欲しい。病気のことをみんなに知ってほしいので、できるだけ自分から話すようにしている。

これから小・中・高と進学していくが、その都度、担任の先生や保護者に、川崎病のことをきちんと理解してもらいたい。

川崎病という病気はとても珍しい病気で、何万人に１人しか発病しないと言われている。しかし、Ｔのように病気にかかると、その子どもが発病する確率は何百人に１人となるようで、それが心配。

## ときにはそっとしておいてほしいことも

**S・Iさん　38歳　Nくん　1歳**

**病名：大動脈縮窄症**

**患児の病歴**

先天異常、大動脈縮窄症、鎖肛、十二指腸閉鎖。0歳のとき、心臓の手術、心臓のカテーテル2回、人工肛門の手術、十二指腸の手術を受ける。1歳のとき、鎖肛の手術、人工肛門をとる手術。今後の様子をみて、必要であれば心臓の手術を予定。

### □人に言われて嬉しかったこと

「みんなでがんばろうね」「一緒にがんばろうね」似たような境遇にいるお母さんたちと発達状況などについて確かめ合い、励ましの言葉をもらったとき。同じ立場にいないと分からないと思う。

「大きくなったね」「元気だね」という言葉。

### □人に言われて悲しかったこと、いやだったこと

「何か特にありますか」1歳児検診のときにカルテを見て病歴も書いてあるのに、保健師さんが言った一言。健康な子どもがこんなにたくさんいるのに、「何でうちの子だけが」と思っているときに言われ、涙が出そうになった。

### □不安なことや要望など、そのほか思うこと

大きくなってからいじめの対象にならないか不安。いつどのように噂が広がるか分からないから、病気のことは隠している。

見た目では病気だと分からないので、何も言わないでいてくれたほうが嬉しい。

人工肛門を「なんだろう」と見られるのではないかと不安なので、おむつ交換は個室で行っている。

小さい子どもは不思議に思うことを単純にぶつけてきて、説明してあげると納得し、何ら変わらないと思うが、その親たちが興味本位で噂話をし、それが自分の子どもに違う形で返ってこないかと心配している。今後成長し学校に通うようになれば、傷跡があるので隠し通すことが無理なのは承知しているが……。

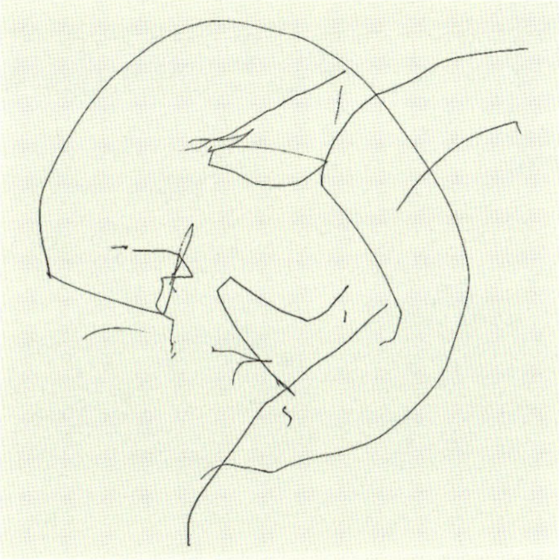

Nくんが描いたアンパンマン

# 子どもが病気になるということ

**K・Yさん　31歳　Rくん　4歳**
**病名：急性リンパ性白血病**

**患児の病歴**

２歳時に発症。頭部腫瘤に気づき受診し、白血病と診断される。その後、抗がん剤による治療を受けている。約10カ月の入院を経て、現在外来に通院中。

## □人に言われて嬉しかったこと

同じ白血病の子どもを持つお母さんが、子どもを受け入れてくれた幼稚園を紹介してくれたことが嬉しかった。受け入れを断られるいやな思いをせずにすんだので感謝している。

病気が見つかったとき、友達が病気について調べてくれ、親身になっ

パパとママ

て考えてくれたことが嬉しかった。

家から少し離れた園になったけれど、近所で一緒に遊んでいたお友達も同じ園に通ってくれたので幸せだ。

**□人に言われて悲しかったこと、いやだったこと**

幼稚園が病気の子どもをあまり受け入れてくれないことを聞いたとき。

**□不安なことや要望など、そのほか思うこと**

入院生活が長かったため、どうしても子どもが欲しがる物を買ってやりすぎたので、わがままに育たないか不安。

病棟の近くにお母さんたちの休憩室を作って欲しい。

再発への不安。

# 言葉にほんの少しの心くばりを

**Ｈ・Ｔさん　35歳　Ｋちゃん　２歳**

**病名：胸膜肺芽腫**

**患児の病歴**

妊娠37週目のとき、定期検診のエコー検査で、胎児の画像に影。そのまま緊急入院。影も大きく肺を圧迫していて、心拍も弱くなっているため、すぐに帝王切開で出産。ＮＩＣＵ（新生児集中治療室）にて人工呼吸器で落ち着かせ、手術で腫瘍の摘出。様々な大学病院の病理検査にまわし、総合判断で１カ月半後に病名が分かる。２カ月後から化学治療開始。合併症を起こし、化学治療を途中でストップする。合併症の治療後、体力を戻すため、出生９カ月後に一時退院。現在、同学年の子と比べると体が細く、１つ年下に見られることが多いが、治療の副作用もめだっておらず、公園で毎日楽しく遊べるようにまでなっている。毎月ＭＲＩ検査や、血液、レントゲン検査などを行っている。今後は再発時に治療開始を予定している。

## □人に言われて嬉しかったこと

胸膜肺芽腫が国内でもＫで12～13例目で、このまま生存するか、難しく、手さぐりの状態。生まれて約１カ月後に手術し、化学治療に入り、色々な副作用や合併症で人工呼吸器につながれ、全身が黒くなっていくのを何度も目の前で見てきた。あのときの心境は、今思い出しても震えがくるほど、不安と恐怖の毎日だった。でも、苦しい治療の毎日だったが、Ｋは闘い乗り越えてきた。

入院を通じて、色々なお母さんとお友達になり、一人の人から「Ｋちゃんは何があってもちゃんと乗り越えてきてるじゃない！　今度だって大丈夫。神様がちゃんとついとるよ。この子は生きる。生きとかないかん運命を持った子なんよ」と言っていただいた。この言葉に私はどんなに支えられたか。今でもこの言葉は時折不安になるたび、心の中で自分自身に言い聞かせている。今でもそのときのお母さんとはメールで報告しあったり、相談したりしている。

前の担当医から「お母さんが不思議と思ったり、疑問に思ったりしたことや、一日のうちで起こったことを医師やナースに言ってください。お母さんが一番Kちゃんのことを知っているのだから、遠慮は損ですよ」と言っていただいた言葉。

子どもの調子が本当に悪く、一時も傍を離れられない時期に補助看護師さんから「抱っこしているから、その間にごはん食べてらっしゃい」と言ってもらえたこと。また、外科から小児科に移ったとき、備品の場所や細かい色々なことを丁寧に教えてもらったこと。看護師さんからも一通りのことは説明してもらえるが、補助看護師さんの思いやりが嬉しかった。

○△□かきたくてしかたな〜い

同じ病棟に入院して病児の同年代のお母さんたちと仲良くなれたことが、暗い気持ちになりがちな自分には大変救いだった。

**□人に言われて悲しかったこと、いやだったこと**

治療のため離乳食スタートがかなり遅れ、２歳２カ月だが同学年の子と比べ、遅れている。サークルなどで色々なお母さんたちと食事についての話し合いなどがあり、小食なので工夫など質問したところ、「今は食べんでも、後で運動力などでかわってくるかも……まあ、死にはせんから、あまり深く考えんでも」と言われた。相手はKの病気のことは知らないから当たり前だが、やはり、「気にするな！」と自分では思っていても、どこかで悲しかった。少しでも工夫して、たくさん食べられるようにして、体重を増やしてあげたい。

何かちょっとした心配なことを、医師やナースに質問すると「大丈夫」「大丈夫」の繰り返しで、何が大丈夫なのか納得のいく説明がなく、この言葉だけだったのがいやだった。

医師は「病児の母親だからこの病気のことはある程度知っている」と思ってか、病気の説明など難しい言葉が多く、また、尋ねる雰囲気でもなく、後で看護師さんに尋ねなおしたりしていた。分かりやすい言葉での説明があればと思う。

付き添いに食事がなかったこと。毎日パンや「ほか弁」の生活だった。子どもから離れられず、材料も買いに行けないし、作るスペースもなく、栄養のかたよりで、体をこわすお母さんたちを何人も見た。小児科だけ付き添いを必要とするならば、そういったことも考えて欲しかった。

**□不安なことや要望など、そのほか思うこと**

肺の病気で、免疫力が強くないため、ほかの病気に感染しやすいので、発熱や風邪などに大変注意している。またこの病気は完治する病気ではない。

# 母子の関係を分かって

**Ｙ・Ｓさん　36歳　Ｈちゃん　３歳**

**病名：神経芽細胞腫**

**患児の病歴**

生後７カ月のとき、マススクリーニング検査にて、神経芽細胞腫と分かり、入院、精密検査を受ける。

９カ月のとき、腫瘍摘出手術を受け、３週間後より、化学療法を行い、術後３カ月で退院となる。

## □人に言われて嬉しかったこと

離乳食が進まず食欲がないので、研修の先生から断乳を勧められたとき、子どものいる看護師さんが怒って、「まだ１歳なのに、そんなことないよ！　母乳は今のＨちゃんには精神的にも必要」と言われたこと。

抗がん剤などのつらい治療をしている子どもにとっては、母乳は親子共々の安定剤で、スキンシップだと私も思っていたので、嬉しかった。

看護師に「お母さんたちのお話を聞くことも私たちの仕事だし、心のケアも大切だから」と言われたことが、嬉しかった。

ぱぱとまま

# 「見ちゃダメ」ではなく、やさしくふれあって

**Ｒ・Ｕさん　35歳　Ｓくん　３歳**

**病名：事故後脳症**

**患児の病歴**

生後７カ月半、つたい歩きをし始めて２日目の朝、つかまり立ちをしていて転倒。聖マリア病院に救急車で運ばれ、心肺停止のため、気管内挿管。脳内出血もしていた。日ごとにＣＴの結果が悪くなり、医師から「様子を見なければ何とも言えない」と言われる。低酸素脳症のため寝たきりに。両眼、眼底出血、高圧酸素治療を２セットしたが効果なし。生後11カ月のときに退院。１歳１カ月時、ウエスト症候群の発作で久留米大学病院へ入院。アクス治療で１カ月半の予定が３カ月半の入院に。その後、１歳５カ月～１歳７カ月時に、３歳10カ月の長女と一緒に北九州療育センターへ母子入所。現在１カ月に１回久留米大学へ受診。福岡の病院へリハビリ、小郡のこぐま学園へ保育・リハビリ。夜須町へリハビリに通う。

## □人に言われて嬉しかったこと

「Ｓちゃんを見てるとやさしい気持ちになる」という一言。

単純に「かわいい！」と言われたとき。

「自分でできることは何でもするから言ってね。がんばりすぎないように」

「Ｓちゃんどうですか？」と気にかけてくれたとき。

娘に「大きくなったらおむつを替えたり吸引をしてあげる」と言われたとき。

頭痛で薬を飲もうとしていると「肩もんであげる」と娘が言ってくれたとき。

### □人に言われて悲しかったこと、いやだったこと

姉のKちゃんが描いたてんとうむし

視力を失って、医師に今後、回復の見込みや、私の目を移植したりはできないかと質問したら、半分笑いながら「だ・か・ら・そういう問題ではないです。ム・リ・です。一番大事な所が傷ついているからム・リ・です」と言われたとき。なんて冷たくて、医師として人間として向上心のない人だろうと思った。

「脳への低酸素の時間が何分くらいあったか」と医師に聞かれて思い出せない悲しさと、「その時間が短かったら、状態は違っていたかも」の言葉に、時間をとり戻せないやるせなさでいっぱいになった。

退院に近いころ、検査をしているときに、その場にいた当時医学部の学生といろいろ話をしていたら、「実は、入院されてきたとき、虐待があって倒れたのかもしれないという話もあったんですよ」と言われ、思わず涙があふれてきた。その後、学生は、「僕が言ったと言わないでください」と言っていた。

### □不安なことや要望など、そのほか思うこと

体につながるチューブや、体が緊張して足がピーンとしていたり、吸引をしているのを、ほかの子どもが見ているとき、単純に「病気でごはんが食べられないの」「○○ちゃんの声を聞いて嬉しいんだって」「のどがもやもやして苦しいから、取ってあげるのよ。きついけど、その後が楽になるかなあと思って」と、子どもには、簡単な言葉で言っている。

健常児のお母さん方も、子どもが立ち止まって見ていたら、「見たらダメ、さわっちゃダメ」ではなく、簡単に単純に説明して欲しい。その

後で「やさしくしてね」と言ってくれると、子どもはみんなやさしく、声をかけたり、なでたりしてくれる。

私も子どもが元気に育っていれば、病気の子どもとの接し方もよく分からなかったと思う。以前「障害や病気の子も大変だろうけど、元気な子も大変なのよ」と言われたことがあり、本当にそうだと思う。体調次第で外出もできないことが多く、接する機会も少ないので、遠慮気味になるのは当然だと思う。でも決して遠慮せずに、声をかけたり質問してもらっていいと思う。子どもだけでいると、不思議感覚で自然と寄ってくる。それで十分かなあと思ったりもする。

# がんばりを認めてもらえた

**K・Yさん　41歳　Yちゃん　9歳**
**病名：肺動脈閉鎖症・右室低形成**

**患児の病歴**

胎児エコー検査にて病気が分かる。早産のため久留米大学病院にて７カ月で出産。出生体重1250ｇ。半年後、3000ｇでシャント手術２回。その後、３歳と５歳のとき岡山大学で２回、根治手術をする。

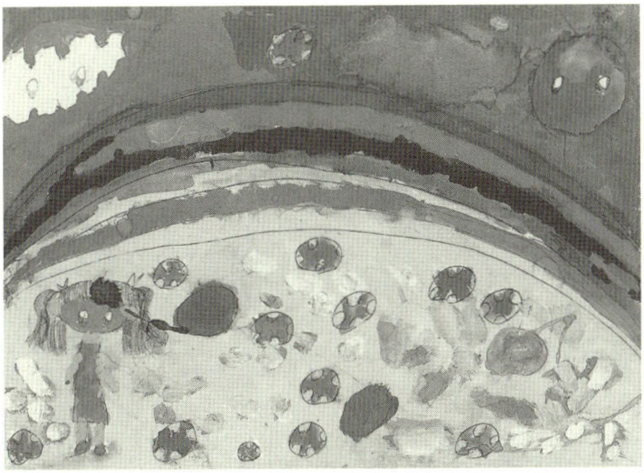

虹とお花畑

## □人に言われて嬉しかったこと

難しい手術で、学会でしか聞いたことがないと言われるような手術を、岡山大学でしてきて、退院後の外来で来たときに、先生が子どもの元気さにびっくりされ、「がんばりましたね」と親子共々を誉めてくれたこと。

動脈管が閉じないようにする薬、リプルが３カ月もって、あらゆる困難も乗り越えてきたので、先生に「Ｙちゃんは奇跡の子」と言われたこと。

## □人に言われて悲しかったこと、いやだったこと

ロタ菌が部屋中に拡がり、手術後で抵抗力が落ちているので部屋を変えて欲しいというと、看護師が「普通の風邪の菌ですから」と平然とした態度で言われたこと。

# 検査結果だけの言葉ではなく

S・Oさん　35歳　Mくん　6歳

病名：急性リンパ性白血病

□人に言われて嬉しかったこと

子どもが食事を一切とらず、点滴だけの日々が何日も続いた。不安と絶望で真暗なとき、久々にお会いした先生が、泣きながら訴える私に「お母さん、時間が解決しますよ」と言ってくれた。そのとき、心のなかがスーッとしたのを覚えている。確率や、検査結果でばかり判断されていたので、経験からだろうが、そのときはっきりと「解決します」と言われたその言葉に救われた。

ぼくとともだち

大好きなパパやママ、友達、虫、動物などを描きました。分かるかな？　かたつむりとだんご虫には雨が降ってます。へびは穴へ帰るところ。てんとう虫が飛んで、かえるが跳ねているところだそうです（かえるはママも手伝いました)。

今は何でも興味があるようで、小さなことが子どもにとっては大きな発見のようです。大変なこともありますが、この子が子どもらしく育ってくれたらと思います。たくさんの人に支えられ、毎日楽しく過ごしています。

**□人に言われて悲しかったこと、いやだったこと**

隣のベッドに毎週入れ替わり立ち替わり検査入院の方が来られて、その度に「何の病気ですか？」と尋ねられた。何度も何度も聞かれて、辛かった記憶がある。

# 医師の言葉に救われて

**M・Mさん　32歳　Sちゃん　7歳**
**病名：メチルマロン酸血症**

**患児の病歴**

帝王切開の前日の検査で医師より「羊水が多い」と言われる。産まれてからミルクの飲みが悪く、すぐに吐くの繰り返し。産院退院後、小児科を受診するが、「便秘」と診断。１カ月検診時、「やはりお腹が大きいので総合病院へ」と言われ、とある病院を受診し、月１回の診察を６カ月まで続ける。７カ月検診時、「筋力が弱いかもしれない」と保健師に言われる。10カ月時に風邪をひき、近くの小児科へ行くと採血の結果が悪く、点滴をする。たまたま土曜日であり、点滴は外せないということで、総合病院を紹介され、そのまま入院となる。「喘息様気管支炎」と診断され、２週間弱の入院。退院の日、自宅に戻るが、時間が経つごとに呼吸が浅くなり、再入院となる。再入院して２週間弱、病状が悪化する。検査をするものの、診断名ははっきりつかない。救急車で久留米大学病院へ搬送される。到着と共に「呼吸が止まりそうです。挿管します」と言われ、医師から病気の説明を受ける。全身が浮腫でパンパンに腫れあがっていたが、一命をとりとめる。後遺症として障害が残る。寛解と再熱を繰り返すため、発症からの６年間はほとんど病院での入院生活を送る。

## □人に言われて嬉しかったこと

「がんばってね」「体を大事にね」

「Sちゃんはお母さんのもとに生まれてきてよかたね」という医師の言葉。Sちゃんがきついのはもちろんのこと、自分もきつかったが、この言葉で日頃の疲れがすっと消えて、そして日々の自分のがんばりや行動、生き方までも認めてもらえたような気がした。

### □不安なことや要望など、そのほか思うこと

ときが経ち、娘が成長すると同時に自分も年を重ね、老いてゆく。病気のことは別として、順序通りでいくと、自分が先に死んでしまう。そのとき、残された娘はどうなるのだろう、と考えるとたまらない気持ちになる。また、現在の医学では娘の病気は完治する病気ではなく、対処療法や予防しかできないことから、現時点では長寿の事例はなく、逆に長寿が困難だと言われているため、娘は自分よりも先に他界してしまうのではないか、と考えると、それはそれでつらいものである。

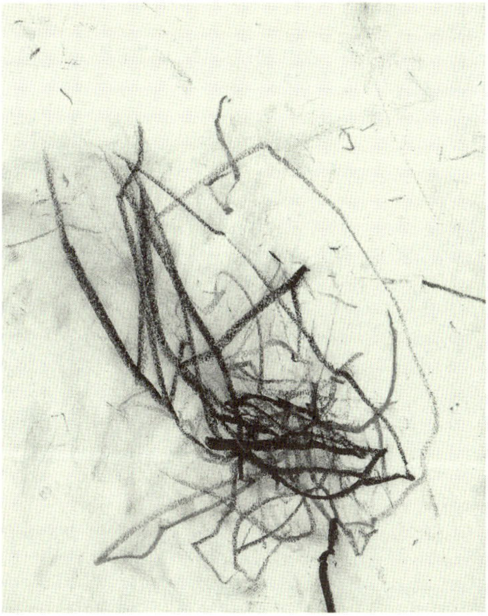

2004年春、学生さんと一緒に

人に言われて改めて思い知らされたことは「きついだろうけどがんばりなさいよ！　親が“きつい”と思っているとき、子どもはもっときついんだからね」という友達のママさんの言葉。24時間付き添いをしていると、ときには考え込み、ふさぎこむときも多々ある。そうやってマイナス思考になると、自然と体の不調も感じやすくなり、「きつい」と感じるのはもちろん、口にも出してしまう。けれど、病気と闘っている娘の方が自分よりもはるかにきつい。その姿を見ていると、「きつい」なんて思ってはいけないのかもしれないなど、色々考えさせられた。

# 生まれてきてくれてありがとう

**F・Sさん　40歳　Mちゃん　4歳**
**病名：脳腫瘍（髄芽腫）**

**患児の病歴**

１歳半のとき腫瘍発見、聖マリア病院で手術。約１年間、久留米大学病院で抗がん剤治療、幹細胞移植２回、放射線治療を受ける。その後６カ月間、血小板輸血を繰り返しながらインターフェロンを週２回投与。２カ月後、新古賀病院にてガンマナイフをする。３歳のとき、腫瘍の進行が認められ、余命半年と宣告。その１カ月後、突然脳内出血で倒れ、意識戻らず。
４歳のとき、永遠の眠りにつく。

「病気に負けないで！」

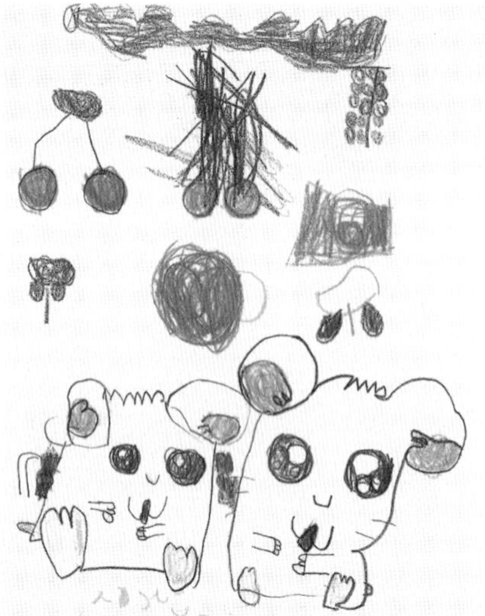

「いつも笑顔で！」

Mちゃんの２人のお姉ちゃんが描いた励ましの絵

**□人に言われて嬉しかったこと**

お姉ちゃんになったね、大きくなったねと言われたこと。

**□人に言われて悲しかったこと、いやだったこと**

病気は治っていないのに、ただ元気な様子を見て「良くなって良かったね」と言われたこと。

Mちゃんへ
最後まで本当によくがんばったね。
生まれてきてくれて本当にありがとう。

# 「病気だから……」と言わないで

**A・Uさん　24歳**

**病名：小腸消化酵素欠損症**

**患児の病歴**

母が妊娠中毒症だった為、７カ月で生まれる。体重が1800ｇしかなく、低出生体重児で保育器に入る。生後数日後、生理的体重減少で1000ｇを切り900ｇ台となる。保育器に約40日間入り、その後新生児センター、小児科病棟へ移り、生後半年ほどで退院。退院後も、なかなか寝ない、首を反り、機嫌が悪いということで再来。精密検査で小児科病棟へ入院。そして先天性代謝異常の中の小腸消化酵素欠損症と診断される。その後外来通院、入退院の繰り返し。22歳のときに貧血で入院治療をする。そのときに敗血症を併発するも１カ月半の入院で退院する。24歳のとき、突然の尿閉と激痛に襲われ、急性腎不全で緊急入院、ＤＩＣ併発、ＩＶＨ挿入、フサン投与、28日間の入院で退院、現在に至る。

## □人に言われて嬉しかったこと

中学生のとき、幼いころから私のことを看ていてくれた看護師さんから点滴中に「きついだろうに。でもいつもがんばって、笑顔見せてくれる。その笑顔、好きだよ」と言ってもらったこと。

高校生のとき、とても気分が悪く処置中に、看護師さんに「もうダメ！」と弱音を言ったとき、「何がダメね？　がんばらな！　がんばらないかんよ！　きついけどがんばって！　がんばるんよ！」と励ましてもらったこと。

高校３年生のとき、主治医に看護学校を受験したいと相談したとき、ほかの医師はみな、体力的に無理と反対していたなかで主治医だけが

「やるだけやってみたら。先生は応援するよ。協力するよ」と励ましてくれたこと。

主治医が私のカルテに毎回「Aちゃん、頼むから、がんばってくださいな」と書いていたことを知ったとき。

22歳のときの入院中に看護師さんに「どんなにきつくても、いつも笑顔で大丈夫、と言えるAちゃんに、いつも元気づけられる」と言ってもらったこと。実際のところ、看護師さんを見ると安心して、元気づけられ笑顔になるのだけれど。

好きな人に病気のことを話したときに「それでも好きな気持ちは変わらないよ」と言ってもらえたこと。

22歳のとき、入院が決まったと好きな人にメールすると「大変なことになったね。代わってやることはできないけど励ますことならできる！がんばれ」と返信してくれたこと。

24歳の入院中のとき、その2年前に入院が一緒だった年下の子が再び一緒の時期に入院してて、お互い個室のなかからメールで「Aちゃんも私もきっと治るから一緒にがんばろう」とメールで励ましてもらったこと。

必ず1回の入院中に1回は看護師さんに弱音を言うことがあり、その度、その場にいる看護師さんはみな「大丈夫。大丈夫だよ」と言って安心させてくれること。

看護学校のとき、授業中に突然、クラスメートの前で校長に病気のことを触れられたとき、クラスメートが、校長、そして、それを見ていて見ぬふりをしていたそのほかの教員に対して怒って抗議に行ってくれたこと。

周囲を心配させまいと、きつくても笑顔をつくっていたら、「無理しないでいいよ」と、無理を見抜いてくれたこと。

### □人に言われて悲しかったこと、いやだったこと

小学生のころ、私が欠席したときに、担任の先生がクラスメートに、「Ａちゃんは点滴で休み」と話したようで、つぎの日学校に行くと、友達に「普通風邪とかじゃ点滴しないよ。何で点滴とかしたの？」と聞かれ、担任の先生の周囲への説明が悪かったと思った。普通に風邪で休みと言って欲しかった。

自分の病気のことを聞いて、一生つきあっていかなくてはいけないと知り、医師に「この病気は日本に３人しかいない」と言われたとき、何だかとても悲しかった。

中学生のころ、入院・欠席が多かったので、クラスメートや教員に「病気だから……」と何でもかんでも前置きされ、出席状況などもあり、別に行きたくない学校を勝手に受験させられたことがいやだった。

元気なときでも「大丈夫？」と気遣われるのが悲しかった。

入院中、友達に見舞いに来てもらったときに、プレイルームでほかの病気の子たちが遊んでいる姿を見て突然「病気の子って甘やかされて育ってる感じがしていや」と言っているのを聞いたとき、そんな風にしか、こんなにがんばってる子たちを見れないんだ、と思うと、とても悲しかった。でも友達に知って欲しくて、その後いろいろ話し、分かってもらえた。

看護学生時代、出席状況で進級判定会議にかけられて、その後、担任と校長に呼び出され、特別カリキュラムの説明をしてもらい、「がんばってみます」と言ったところ、担任と校長に「またまた、そんなこと言っちゃって。まっ、どうせあなたにはできっこないわよ！」と言われたこと。

看護学校時代、授業中、突然校長に名指しで「病名何だっけ？　ここで皆に話して。国家試験のときの皆の一点になるかもしれないから」と、まるで教材のように扱われたこと。

病気であることを「かわいそう」とか「大変ね」と言われるとき。

「病気だから……」と周囲が特別な目で見たり、気遣われるとき。

友達とケンカしたときに、「どうせ幼いころから病気やけんって言われて甘やかされて育ってきたとやろ？　そんなのムカつく」と言われたこと。

**□不安なことや要望など、そのほか思うこと**

健康な人から見ると、病気をもっている人はかわいそうとか、大変だねとか、そういう姿にしか見えてないと思う。自分としては、確かに病気のことを受け入れることができるまでは、いやと思ったこともあり、病気じゃなかったら、こんなことできただろうな、と思うことが多かった。でも病気を受け入れてからは、病気だったから、こんなことができたんだ、と逆にプラス思考で考えられるようになった。

病気のことを受け入れることができなかった中学生のときは、病気に逃げててほとんど学校に行けなかった。でもそのときに、一緒に入院してた仲間が今の私へと変えてくれた。そのとき出会った仲間とは、病気が違っても、今もずっと色々なお互いのことを相談している。

色々なことを話しているうち、病気を受け入れることができていた。それ以来、闘病仲間の力はすごいと思い、出会いの大切さに改めて気づかされ、出会いを大切にするようになった。今では、病気で良かったと思えるようになれた。

周囲が「死」という言葉を簡単に使ったり、簡単に物ごとをあきらめてしまうのを見たり、聞いたりするとき。

私たちのような闘病仲間のなかには、今はもうこの世にいない仲間もいる。そんな仲間の生きたかった気持ちを考えると、「死」という言葉を簡単に使ったり、簡単に物ごとをあきらめたりしないでほしい。

# やさしい気づかいと明るさが救い

M・Sさん　40歳　Tくん　6歳

病名：神経芽細胞腫

**患児の病歴**

６歳１カ月のとき腹痛を訴え、近くの病院にてエコー検査。その後、久留米大学病院へ。約１カ月間あらゆる検査をした結果、神経芽細胞腫と分かり、６時間以上、処置などを合わせると10時間に及ぶ手術を受ける。術後に化学治療。７歳２カ月のときに退院。その後もＭＲＩを３カ月に１回、採血を毎月１回行う。

現在小学校２年生で元気な毎日を送っている。

## □人に言われて嬉しかったこと

「元気になってよかったね」

「がんばっているね」

## □人に言われて悲しかったこと、いやだったこと

Ｔ君が点滴台を押して歩いているとき、「あんなに小さいのにかわいそうね」と言われ、Ｔ君を隠したくなるくらい、つらかった。

「何の病気ね？」と聞かれたり、「ほらほら」と指をさされたとき。

医師に「医者に絶対という言葉はありません」と言われたとき。

## □不安なことや要望など、そのほか思うこと

入院中は本当に落ち込んでどうなることかと途方に暮れていたが、保育士さんたちからの手助けがあったことや、病室のお母さんたちの明るく前向きな性格のおかげで１日１日があっという間に過ぎていき、入院の１年間は長くて短い日々だった。　※Ｔくんは10歳で永遠の眠りにつきました。

トラクター

「じてんしゃたのしいな」

# 家族のやさしさが嬉しい

M・Yさん　38歳　Kくん　4歳
病名：神経芽細胞腫

**患児の病歴**

6カ月のとき、マススクリーニングの検査の結果、久留米大学病院で精密検査を受ける。8カ月のとき、腫瘍の摘出手術が成功。その後は月1回の外科の外来通院。1歳になる少し前に、骨髄と腹部に腫瘍が見つかり再入院。その後3カ月間の抗がん剤の投与で、骨髄の腫瘍は消える。1歳8カ月のとき2度目の手術と化学治療。退院前に小さな腫瘍が見つかる。外来で2週間に1度の化学治療を6カ月続ける。2歳8カ月のとき3度目の手術。内科に移り、抗がん剤による治療。治療の効果が上がらず、何度か治療法を変える。退院の話が出たころ、骨髄への転移が見つかり、K君の姉の幹細胞を移植。数カ月後、移植後の拒否反応により肝機能の状態が悪くなる。退院するが、肝機能はよくならず。数カ月後、頭痛を訴えるので検査。左目の裏に腫瘍の転移が見つかる。皮下出血、口内炎、帯状疱疹ができ、食事ができなくなるが、通院で乗り越える。しかし、次第に容体が悪化、再入院。腫瘍が脳に拡がっており、やがて意識混濁。全ての数値が不安定になる。4歳のとき、永遠の眠りにつく。

## □人に言われて嬉しかったこと

病院内の散歩の途中に、同じ病気の大人の人から「がんばりよるね！」とよく声をかけてもらったこと。親は代わってやりたくても代わってやれないので、すごく励みになった。

K君のお姉ちゃんが「Kは元気？　大丈夫？」と気にかけてくれること。

うどんしか食べられなくなったK君の事情を聞いて、近くのうどん屋さんが定休日でもお店を開けてくれたこと。

左からグーチョコランタン・ジャコビ、グーチョコランタン・ズスー、アバレンジャーアバレッド

### □人に言われて悲しかったこと、いやだったこと

K君と同年代の子が「なんで髪がないの？」「こわい」と親に言っている声を聞いたとき。

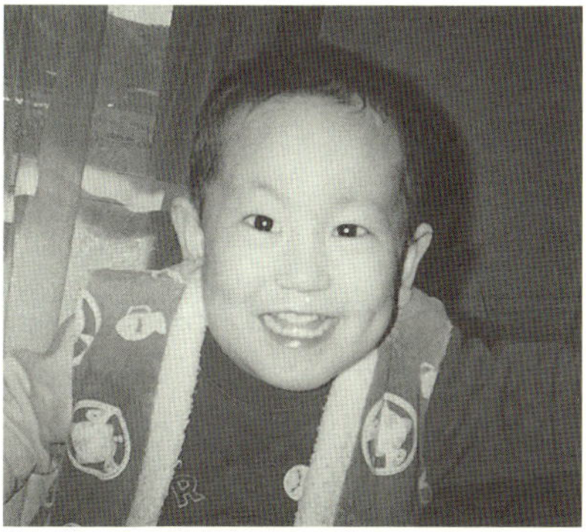

元気いっぱいの笑顔のK君

### □不安なことや要望など、そのほか思うこと

K君の体の調子によって自分の気持ちに浮き沈みがある。調子が良いと浮かれて何を言われても笑いとばすが、調子が悪いと沈み込み、人から言われたこともマイナスに考えてしまう。

「もう治療法がありません」と医師から告げられ、前向きにならなければと思いながらも、言葉にはできない不安が積み重なりどんどん拡がっていった。でもK君は「病気を治したい。元気になりたい」と、飲みたくない薬をがんばって飲み、そのあといつも「バイキン流れていった？」「よくなる？」と言っていた。K君が毎日精一杯、薬の副作用に耐えながら病気と闘っている姿を見て、私はしっかりとこの子を受け止め、最後まであきらめずにがんばろうと、心から前向きになれた。

どうか１日も早く副作用のない、がん細胞だけに効く抗がん剤やお薬ができることを願っています。

K君へ

Kちゃん、お母さんの子どもに生まれてきてくれてありがとう。

大好きだよKちゃん。

# がんばった娘を誇りに思う

**A・Iさん　40歳　Aちゃん　3歳**

**病名：肺動脈閉鎖症・ダウン症候群**

**患児の病歴**

平成12年5月31日誕生。生後2日目に聖マリア病院へ救急車で転院、その後知人の紹介で久留米大学病院へ転院し、シャント手術。肺動脈閉鎖症、ダウン症候群、その後肺炎などで入院。手術から5カ月後、細菌性髄膜炎になり、回復の見込みはないものと思っていたが、3カ月半入院し、自分の生命力を出してがんばる。後遺症もなく完治し、先生たちを驚かせる。その後間質性肺炎、人工血管狭窄のため人工血管の施行など入退院をくりかえす。

2歳のとき、心臓の根治手術をする。様々な問題も乗り越えて見事な回復をまた見せてくれる。これで元気になってくれると思ったが、手術から半年後、四肢末梢のチアノーゼ、体動時の息切れがみられ、その2カ月後に救急車で久留米大学病院に搬送される。大学の主治医にお願いして望みをかけて、こども病院に転院。病状は日々悪化し苦しい毎日が続くが、持ち前の底力を発揮し、その後の治療の効果も現れ、試験外泊が許される。日常生活に支障なしと判断され、入院から2カ月後に、不安ながらも退院する。

退院して2週間後急変し、永遠の眠りにつく。

がんばった娘、Aを、尊敬し誇りに思う。

## □人に言われて嬉しかったこと

医師が、いつも笑顔のAに「『笑う門には福来る』です。Aちゃんはこの諺のように、笑顔で今の状態を切り拓いているんですね」と言われたこと。

ナースコールをエコーがわり、人形を患者にして、心エコーごっこをしたり、なんでもすぐ覚えて真似をしたので、何人もの先生に「この子は頭がいいから将来が楽しみ。だから全力で病気を治さなきゃね！」と言われたこと。

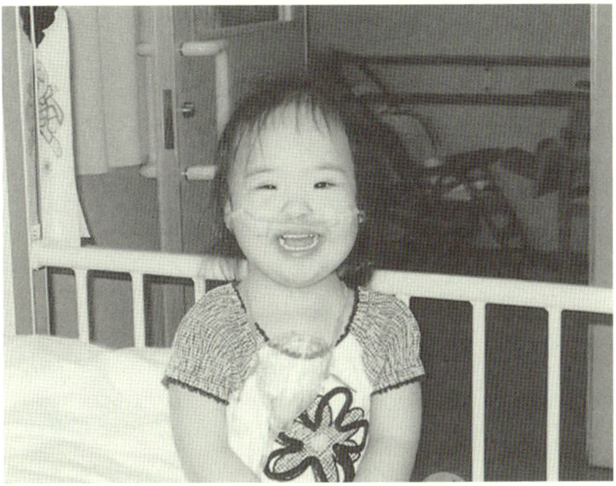

笑顔のAちゃん。3歳のとき

医師から「お母さん、最高の治療は『泣かさないこと』なんです」と言われたこと。

姉のKちゃんからAちゃんへの手紙

Aちゃんのお葬式のとき、「Aちゃんとはお友達だったから」と患児を連れてきて直接お別れを言ってくれたこと。そして「Aちゃんとお母さんがいつもそうしてきたことを知っていたからよ」と付け加えてくれたこと。

わが子が入院中にもかかわらず、病棟で一緒だったお母さんたちがお葬式に参列してくれたこと。

病棟の看護師さんや学生さんたちが「Aちゃんに元気をもらいに来たよ」とAのベッドによく来てくれたこと。

### □人に言われて悲しかったこと、いやだったこと

Aちゃんが亡くなったとき、体を洗う際にビニール手袋をしたこと。最後にかけ湯をしてくれなかったこと。息を引き取って亡くなったことがまだ信じられないでいる家族に対して、生きているように扱って欲しかった。

# 「がんばったね」の言葉が、がんばる力になる

**N・Nさん　36歳　Mちゃん　2歳**

**病名：全前脳胞症**

**患児の病歴**

先天性の病気で、妊娠30週ごろに妊婦検診で見つかる。出産直後にNICUに入り、生後すぐから特徴的な症状が出る。生後５カ月のとき初めての退院。その後も入退院を繰り返し、一番長く家にいたのは２カ月間。「この病気で１歳を迎える子は全体の２割くらい」と言われており、途中、気管切開をし人工呼吸器もつけているが、２歳を過ぎると10ｋｇの丸々とした女の子に。症状が悪く半年で２回しか入浴できない時期もあり、痙攣と鼻腔からの栄養注入との調整が難しいが、がんばっている。

## □人に言われて嬉しかったこと

「Mちゃんをみているとなごみます」と言われたとき。

病院スタッフや周囲の友人、同僚からの言葉で、「お母さん、大変ですね」、「がんばってますね」などの励ましの言葉や、認めてもらえていると感じる言葉。

Mや兄弟たちのがんばりを認めてもらえる言葉、成長を励ましてもらえた言葉。

「Mちゃんとこんなことして遊びたい」
とお兄ちゃんたちが描いた絵

入院中の付き添いのとき、ほかのお母さ

んから「Mちゃんは私が見てるから、お風呂ゆっくりどうぞ」と言ってもらえたとき。

お兄ちゃんの保育園のお迎えのとき、一度だけMを連れて行ったことがある。外表奇形があるので、ほかの園児が「かわいくねー」と言ったが、お兄ちゃんは黙っていた。私も特に何も言わなかったけれど、家に帰ってすぐ、お兄ちゃんがMの手を握って、「ママ、また連れて来てね」と言ってくれた。

**□人に言われて悲しかったこと、いやだったこと**

仕事や兄弟児の学校のことなどで、Mちゃんの傍にいたくてもできないとき、面会の帰り際に「もうお帰りですか？」と言われたこと。また、行きたくても行けない日などがあり、そのときに、「ずいぶん間が空きますね」など、言われたこと。後ろめたいような、責められているような、悲しい気持ちになる。

訪問看護ステーションに電話で依頼したときに、ほとんどが「生後5カ月の難病で」というだけで「無理です」と言われた。話だけでも聞いてくれたら……と思い、だんだん見放されているような気持ちになった。

**□不安なことや要望など、そのほか思うこと**

通院以外の外出はほとんどしたことがなく、痙攣を止めるため、ほぼ1日中眠っているようなM。「何のために生まれて来たのだろう」と何度も悩んだことがある。だけど、色々な人と出会い、色々なことを悩み、考え、私も少し成長したと思う。何よりお兄ちゃんたちは、障害児に何の躊躇もなく声をかけられるし、車椅子の人に手伝いを申し出ることができるようになった。あたりまえに健康であることのありがたさを知った。娘は私たちに色々なことを教えるために生まれて来た天使なんだと、今は素直に思えるようになった。ありがとうMちゃん。

※Mちゃんは4歳で永遠の眠りにつきました。

# 子どものエキスパートはお母さん

**M・Mさん　34歳　Kくん　0歳8カ月**
**病名：オルニチン・トランス・カルバミラーゼ欠損症**

**患児の病歴**

生後３日で呼吸不全、黄疸、チアノーゼ、高アンモニア血症の症状が現れる。検査の結果、病名が判明。３週間の透析の処置。血中アンモニア値が通常100以下のところ、発症時には1200と高かったため、脳損傷を負う。

生後８カ月20日で永遠の眠りにつく。

## □人に言われて嬉しかったこと

入院してまだ間もないころ、主治医にある質問をしたときに、「もし、僕だったら……」と、私の立場を自分に置き換えて考えようとしてくれた。あまりにも非現実的で、また難しい問題であったので答えは出なかったが、しばらく真剣に考えてくれた。その真摯な態度に、医師というより、対人間としてＫと私たち家族に向き合ってくれていることを強く感じ、とても嬉しかった。

主治医の「どんな小さいことでも、思ったことや言いたいことがあったら何でも僕に言ってください。どんなことでもかまいません。お母さんの分からないこと、分かるまで説明しますので何度でも聞いてください」という言葉。普段の状況においても、こういったことをきちんと言ってくださる先生はあまりいない。

息子の問題でありながら、あまり踏み込んだことは聞いてはいけないのではないか、先生は忙しそうだから「自分がこう思っている」ということは言ってはならないのではないか、と、ついブレーキをかけがちな小心者の私にとっては、とてもありがたい一言であり、心から先生を信

姉のMちゃんが描いた空のうえのKちゃん

頼できるようになったきっかけでもあった。

主治医の「お母さんはKちゃんの変化が一番分かっているので、何か状態がおかしいと思ったらどんどん言ってください」というような内容の言葉。データ、数値的なものばかりが飛び交う病棟で、素人の私がエキスパートの先生や看護師さんに意見してはいけないものだ、と思っていたが、「Kちゃんのエキスパートはお母さんですから」の一言に自信が持てるようになった。

### □人に言われて悲しかったこと、いやだったこと

ある日の教授回診で、Kの病気の説明から、「またこの疾患は鹿児島本線沿いに多く見られると言われている」という説明をされ、それに対し研修医の方々がどっと笑われた。初めて聞いた話ということもあり、自分たちにとって人生を変えうるほど重大な問題を茶化して説明されている気がした。病気に対する差別的な感覚のみならず、居住地区に対す

る地域差別を受けたような屈辱感が胸いっぱいに広がった。大勢の先生方に囲まれている状況で冷静に振る舞わなければと、苦重い感覚に襲われた。それ以降、教授回診とは、檻に入ったもの珍しい動物を見られるようなものだという印象を強く持つようになった。

私が鼻からの経管栄養チューブを交換・挿入する際、まだ数回の経験しかないということで、常に看護師さんにそばについてチェックしていただいていた。無事完了したあと、おそらく私を褒めるつもりでかけてくれた言葉が突き刺さった。

「私だったら自分の子どもには絶対にできない」

では、子どもたちへの医療行為は他人だからこそできるのか、と、ぞっとした反面、愛しいわが子にその行為をせざるをえない、そうしないと生きられない子を持つ母親の感情を全く理解してくれていない方が小児科病棟の看護師であることに反発を覚えた。

# 兄弟がいる家庭への理解と協力を

H・Mさん　34歳　Rくん　1歳
病名：先天性食道閉鎖症

### □人に言われて嬉しかったこと

同じ病棟のお母さんたちからの「大きくなりましたね」「歩けるようになったんですね」という言葉。

「毎日通うの大変ですね」と自分のことも気遣ってもらえたこと。

元気いっぱいのお絵かき

長い時間を病院で過ごしてきた息子のことを、ほかのお母さんたちもよく見ていてくださっていると思うと、嬉しかった。

プレイルームでほかのお母さんたちやボランティアの保育士と話をすることで、とても良いストレス発散の場になっている。

### □人に言われて悲しかったこと、いやだったこと

同じ病気のお子さんの死を告げられたとき。息子より早く退院し、家で楽しく過ごしていると思っていたのに、急なことでショックだった。

兄弟児は病弱というわけではないが、度々熱を出し、風邪を引き、喘息もあり、肺に疾患があるので母子同室はどうしても無理。「より多く母子のふれあいを」と同室を勧めてくる病院側と、なかなか家族の理解、協力を得ることができないことで、つらい時期を送っていた。

# 「私も子どものために必要だった」と思えた日

**A・Aさん　37歳　Yくん　4歳**

**病名：急性リンパ性白血病**

**患児の病歴**

生後10カ月のころ、鼻血を頻繁に出すようになる。医師にも相談するが何も言われず様子を見ていると、次第に咳をするようになり、12カ月のころに高熱を出す。リンパ線が腫れているようだったのでおたふく風邪かと思い、様子を見る。しかし２週間たっても容体が変わらないので大学病院に。検査の結果「急性リンパ性白血病」と判明。１歳１カ月で入院し、抗がん剤の投与。９カ月の入院を経て１歳10カ月で退院。その後も２年半のあいだ薬を服用し、３歳になるまでできないと言われていた放射線治療をするため、３歳のときに約１カ月の入院。
現在は月に１回の通院をしながら、元気に幼稚園に通っている。

## □人に言われて嬉しかったこと

退院の日、お世話になった先生たちから「これはお母さんに、お母さんも長い間がんばったね」と花束をもらったとき。子どもだけではなく、私にも言ってもらえるとは思っていなかったので、自分でもビックリして、ボロボロ涙が出て止まらなかった。家族や友達にではなく、９カ月間一緒に近くで見守って、病気と闘ってくれていた先生に言われたということが、何より嬉しかったんだと思う。

入院生活のなかで、ただ付き添って世話をすること以外何もできないと感じていた私だったが、私も子どものために必要だったと思っていいんだ、認めてもらえたんだと実感でき、そして心を晴らしてくれた嬉しい一言だった。たとえそれが先生たちの社交辞令だったとしても……。

車と数字がお気に入り

### □人に言われて悲しかったこと、いやだったこと

「Ｋくんはいろいろあるからねぇ」と、複数の看護師に言われた。薬の副作用が出る方だったので、病状で落ち込んでいるときに言われると不安になるし、悪く考えてしまう。

看護師にシーツ替えを頼んだら、厚い防水シートのしわをのばさずに敷いていて、あまりにもひどかったので「これでいいんですか？」と尋ねたら、「これでいいんですっ！」とムキになって言われた。ゴワゴワしたので、あとで自分でやりなおした。

# 大切に思ってくれるやさしさ

**A・Mさん　36歳　Aちゃん　4歳**
**病名：横紋筋肉腫**

**患児の病歴**

３歳のとき、腹痛を訴えるので病院へ。浣腸をすると少し治まったようなので帰宅するが、その後も毎日腹痛とお尻の痛みを訴える。病院でも原因が分からず、２週間ほど様子をみる。Ａの姉、Ｅも横紋筋肉腫で亡くしているので、大学病院に検査を頼むと、同じ病気と判明。膀胱の外側に腫瘍。手術を受けるが腫瘍の全ては切除できず。痛みがひどく、痛みどめの注射を直接背中につなぎ、常時流し込む。繰り返し化学治療を行うが容体は悪化し、立つこともできなくなる。治療を初めて３カ月後に、腫瘍が小さくなっていることが分かり、もう少し小さくなったら手術で切除する予定だった。しかし抗がん剤も効かず、手術もできないほど状態は悪化。ほかの病気も併発し治療できない期間が２カ月ほどあったが、回復の兆しがみえたので検査をすると、腫瘍は恐ろしいほどに大きくなっていた。その後の抗がん剤も効かず、入院して半年、４歳２カ月で永遠の眠りにつく。

## □人に言われて嬉しかったこと

亡くなった日に、Ａちゃんのお姉ちゃんのときからお世話になっている先生が、学会に行っていたため間に合わず、「ごめんね」とかけつけてくれたこと。その後に、私と子どもたちに天国のことが書かれたやさしい本をくださり、お姉ちゃんのことも「いつも私の机のなかに写真を入れているので忘れません」と言われたこと。

大好きなぬいぐるみに囲まれて

### □人に言われて悲しかったこと、いやだったこと

医師に「いいじゃあないですか。お子さんはまだいらっしゃるし」と励まされたこと。

医師に「姉妹とも同じ病気になるということはなかったので、興味深い症例です」と言われたこと。

Aちゃんへ

今どこで何をしていますか？　ふと思いだすとき、ママはいつもそればかり考えます。生まれてきて一緒に過ごした時間は短いけれど、その時間はとても貴重で充実したものでした。Eちゃん、Aちゃんと過ごした時間はママにとって一生の宝物です。たくさんの愛と勇気、生きることの喜びや素晴らしさを教えてくれてありがとう。

くじけそうになったとき、２人のがんばりを思うと勇気づけられます。あなたたちの天使のような笑顔を思いだすと、幸せいっぱいの気持ちになります。

生まれてきてくれてありがとう。

ママより

# やさしい友達にかこまれて

## Ｈ・Ｔさん　39歳　Ｓくん　８歳
## 病名：神経芽細胞腫

**患児の病歴**

６歳になる10日前に発病。その６カ月前、微熱が続き、首と足に痛みを訴える。その後、多量の鼻血を頻繁に出すようになり、３カ月後にＪＲＡと診断される。それから病名が違うと分かるまで、強烈な頭痛、手足の痛みに耐えながら、さらに３カ月を過ごす。目元に現れた青ずみと眼球の突起で、はじめてＭＲＩやＣＴの検査を受ける。その後転院し、７回の化学治療と２回の移植手術を受け、７歳４カ月のときに１年４カ月におよぶ入院生活を終える。

元気に学校に通い、再発を避けるため、βグルカン含有の健康食品と核酸を飲ませている。

「もりのすいしゃ」の音楽を聞いてイメージした絵

## □人に言われて嬉しかったこと

「小さいのによくがんばったね！」という言葉。

入学式で会っただけなのに、クラスの友達はみな応援してくれて、学校に行きだしてもすぐに友達になってくれた。本人の嫌がることも言わず、すんなり受け入れてくれて本当に嬉しかった。

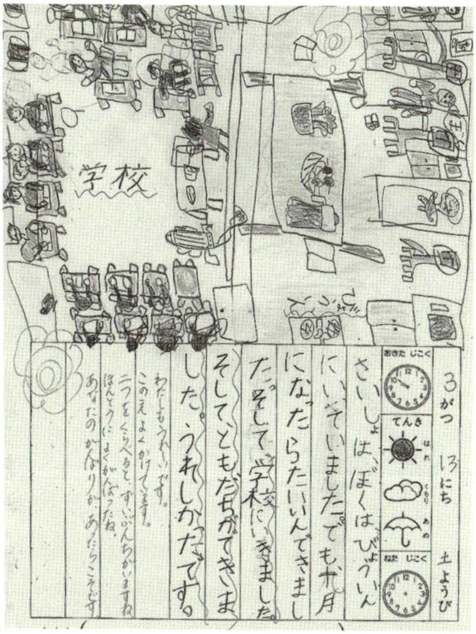

病院と学校を描いた１年生のときの絵日記

## □人に言われて悲しかったこと、いやだったこと

人に言われて悲しかったことはないが、医師の言葉に疑問を持ったことはある。まだＪＲＡと言われているとき、子どもがよく牛乳を飲むことを話したら、「牛乳貧血って知ってますか？」と聞かれた。そのときの血液検査の結果がそんな牛乳の飲みすぎ程度で起こるものだったのか。

目が青ずんでいると訴えたときは、Ｓの背中にある蒙古斑を見て、「これは何ですか？」と尋ねられた。あのときのあの医師は、「親が虐待しているのでは」と疑っていたのではないかと後で思った。

転院後は、医師も看護師も、小児がんのスペシャリストばかりだったので、安心して治療が受けられた。ただし、健康食品について否定的な発言をされたので、退院後、色々と迷ったが、目の裏に腫瘍を残したまま退院した。再発を避けるため、健康食品を飲ませている。

※Ｓくんは８歳で永遠の眠りにつきました。

# 同室のお母さんに励まされて

**Ａ・Ｔさん　36歳　Ｓくん　３歳**
**病名：ダウン症候群**

**患児の病歴**
早産児、ダウン症候群、喉頭軟化症、高ビリルビン血症、高口蓋と、生まれてすぐ診断される。
実家近くの産婦人科で出産したが、出産後数時間で呼吸状態に異変が起こり、転院。４カ月半入院し、気管内挿管１回、生後４カ月半で退院。生後８カ月のとき、大学病院で検査入院。喉頭だけではなく、気管軟化症、胃食道逆流症と分かるが、特別な処置もなく退院。生後９カ月のとき肺炎で２回の挿管。２歳半まで入退院、挿管数回。その後に逆流と胃ろうの手術をし、１カ月落ち着いて自宅で過ごす。これから療育に力を入れようと思っている。

## □人に言われて嬉しかったこと

初めての検査入院のとき、同室になった子がたまたま検査内容が同じだったので、医師からではなくお母さんから、検査のことをくわしく聞けたこと。子どもの病気、障害のこと、いま悩んでいることなど色々と相談できたり励まされたり共感できたりして、入院は大変なことだが視野を広げることができた。

## □人に言われて悲しかったこと、いやだったこと

入院中、子どもの病気が治りかけてきて精神的にも余裕がでてきていたころ、お母さんたちと「入院生活が長い分、家事をおろそかにしているね」という話をしていると、独身の看護師さんに「家事をさぼれていいですね」と言われたこと。さぼりたくてさぼっている訳じゃないのに

……と、特に独身の人から言われたくないと思った。

**□不安なことや要望など、そのほか思うこと**

5歳のお兄ちゃんが少しずつ弟のことを自分と違うと感じてきていて「3歳は立って歩けるし喋れるよ！　Sを歩かせてみて」と言われたこと。今までは赤ちゃんだと思っていたようだった。

言われたときはビックリして「Sは病気でまだ歩けないし喋れないの。病気が治れば歩いたり喋ったりできるかもしれないんだよ。だから、はやくお医者さんに治してもらうね」と答えた。これからゆっくり詳しくSの病気のことを話していきたいと思っている。

兄のTくんが初めて描いたSくん

# 人としてのマナーを知らない医学生

K・Nさん　33歳　Rちゃん　1歳

病名：拡張型心筋症

**患児の病歴**

生後すぐに心臓の弁の逆流がみつかり、定期的に通院する。生後７カ月のときに、拡張型心筋症と診断され、どうしても信じられず、医師と対立してしまい、何度も病院を替わった。ようやく心を許せる医師と出会うことができ、入院も通院もそれからはずっとその病院でみてもらった。１歳のとき、永遠の眠りにつく。

### □人に言われて嬉しかったこと

先生が、「東洋医学や西洋医学があるように、世の中不思議なことがたくさんあるから、お母さんが子どもの為になると思うことは、誰に気兼ねなくしてあげた方がいい」と、お祈りなど、自分のしていることを認めてくれたこと。

### □人に言われて悲しかったこと、いやだったこと

教授回診で、医学用語で先生が何か言われ生徒がうわっと驚いたこと。悪い状態があからさまに分かったことなどが悲しかったし、みんな興味津々で、心臓の音を聴診器を持ち聞きたがった人もいた。学生だから仕方ないと思ったが、やはり傷つけられた。

Ｒの場合、薬に関してはとても慎重で、分量なども先生方で話し合いながら決めているような状態だった。その薬を、たまたまＲが飲むことをいやがったので、ある医師に相談した。するとその医師はＲの口に押し入れるような感じで飲ませようとして、床に薬を落としてしまった。その医師はバツが悪そうに落ちた薬を拾い、そのままその薬を飲ませよ

うとしたので断った。そしてまた新しい薬を自分で飲ませた。

**□不安なことや要望など、そのほか思うこと**

Ｒの病気は、海外での心臓移植でしか治らない病気だったので、ほかの病院では諦めるしかないという言い方をされた。それが本当に現実だと思うが、そのとき、私たち夫婦はどんな手を使ってでも治したい、という気持ちでいろいろなことをしてきた。諦める気持ちが少しでも入ったらそこで終わってしまうと思ったからだ。どうしても移植がしたくて久留米まで行き、ほかの検査を受けたが、筋肉の病気が見つかり、結局は移植できないような状態になってしまった。

いろいろと書いてもどこまで伝わるか分からないが、自分の生んだかわいい子どもが不治の病になったとき、医学で治らないと言われたら、そこで諦めることができないのが親であると思う。私たちは人の目も気にせずお参りに行ったりしたが、やはり世間の目はほとんどが冷たいと感じれた。でも、子どもを守るためだったらどんなにつらいことにでも耐えられた。

久留米に来て一番良かったことは、ある先生と出会えたこと。何人もの医師と会ったが、この先生だけは、親の気持ちを本当に考え、また受け止めてくれる方だった。結局娘は亡くしてしまったが、そのとき自分たちがしてきたことに対しての後悔がないので、今こうして前向きに生きている自分がいるのだと思う。

# がんばっている子どもを たくさん誉めてあげて

## Ｙ・Ｉさん　33歳　Ａちゃん　３歳
## 病名：急性リンパ性白血病

**患児の病歴**

２歳11カ月のとき発症。貧血気味かと思い血液検査をすると、翌日即入院に。約８カ月の入院治療。

その後経過良好。

### □人に言われて嬉しかったこと

嘔吐、下痢になり個室の３人部屋に隔離されたとき、看護師さんが勤務時間外に１時間ほど折り紙を折ってくれたこと。

１週間近く、外に出たいとも言わずベッドで大人しくしていたので、「えらいね」と声をかけてくれた。

苦い薬を飲まないで困っているときに、いつもやさしい看護師さんが、子どもをナースステーションに連れて行って、押さえつけられはしたが薬を飲ませてくれ、薬の大事さを分からせてくれた。それ以来薬を飲むようになった。

マルクの検査（骨髄穿刺）のときに「泣かないでえらかったね」と言われた。

退院のときの「おめでとう」という言葉。

今でも病院の廊下などで会うと憶えていてくれて、声をかえてもらえること。

### □人に言われて悲しかったこと、いやだったこと

採血がうまくいかないときは、医師や看護師も何度もトライしないで、できれば諦めてほかの人と替わって欲しい。針を刺したまま血管を探す

のも、長時間はあまりして欲しくない。その後子どもが採血をいやがる。

**□不安なことや要望、そのほか思うこと**

採血の結果は、親にとって治療の状態がわかる数字であり、それによって週末の外泊などの楽しい計画を立てる目安にもなる。結果が出たらできるだけ早く教えてほしいと思う。

もともと子どもに対して甘い親にはなりたくないと思っていたが、入院中が反抗期の始まりでもあったのと、看病による私自身のストレスも加わり、子どもにとても厳しくしていた。そのためか、ほかのお母さんや中高生のお姉さん、実習の学生さんなどにベッタリくっついて、可愛がってもらった。甘えさせる余裕のない自分がとても嫌だった。ほかのお母さん方のようにやさしくできなかったことを、今でも後悔している。

周りの方々の温かいやさしい気持ちにはとても感謝している。みなさんがいなかったら、入院生活は悲惨な日々だったと思う。

ありがとうございました。

# 不用意で無責任な医師の言葉

**S・Yさん　37歳　Tくん　5歳**

**病名：網膜芽細胞腫**

**患児の病歴**

2歳のときに発症し、検査入院。全身麻酔にて眼底検査。右目の摘出、左目はレーザーと冷凍凝固手術を受ける。約1年後、眉間が少し腫れてきたので眼科を受診。「再発ではない」と言われ、皮膚科を紹介される。その1月後、腫れているところの摘出手術をするが、検査の結果は炎症反応しかでなかった。その1月後、再び腫れがひどくなり再入院。全身麻酔にてバイオプシー。その結果再発が分かり、小児科へ入院。抗がん剤や放射線治療などを受ける。入退院を繰り返しながら、5歳のときに、永遠の眠りにつく。

## □人に言われて嬉しかったこと

学生さんが遊んでくれ、時間外も来てくれ、本気で遊んでくれた。

看護師さんが点滴に絵を描いてくれ、いつも喜ばせてくれた。

無菌室にプラバンでメッセージを書いて持ってきてくれた。

わがままを聞いてくれた。

## □人に言われて悲しかったこと、いやだったこと

お友達の点滴が漏れたとき、なかなかルートがとれなくて、先生に「この子は点滴なしでは“死ぬ”」と言われた。びっくりした。

細菌性心内膜炎と分かったとき、心雑音が分かってから、主治医が「毎日看護師がバイタルしてるのに、なんで分からなかったのだろう？」と平然と言われた。「あなたも分からなかったじゃない」と思った。

眼科病棟で、スリッパの音などよく看護師にどなられてばかりだった。

### □不安なことや要望など、そのほか思うこと

眉間が腫れて受診したとき、摘出手術をした助教授に、義眼をはずして触診してもらった。こちらは再発ではないかと心配してたずねたところ、「生検（バイオプシー）で転移なしと出ているから大丈夫です」と簡単に言われた。しかし２度目のバイオプシーで再発が分かると、「生検も人間の目で見れる範囲しか検査できないから」と居直った様子で言われた。そして「なんで１度目のバイオプシーで分からなかったのですか」と尋ねると、眼科の先生は「皮膚科にはもう少し深い位置まで検査するように言っておいたのだが」と、皮膚科が悪いように言われ、皮膚科の方は「資料は全部眼科の方に渡しているので、眼科の方で聞かれてください」と、何の説明もないままだった。病院にとっては、大勢の患者を相手に１人だけの患者の心配などできないのだろうが、１人の大切な命がかかっていることだけは、肝に銘じて診察していただきたいと思う。

**私の心に輝く命**（Tが亡くなった後、ドナーになった姉の作文）

「リリリーン、リリリーン ── 」夜、遅くに電話がなった。私が受話器をとると、父が、「はやく病院に来て」と言った。

わけの分からないまま、おばあちゃんと、電話をかわった。

「病院に行くけん、はやく着がえんね」

と、おばあちゃんの言葉。その言葉を聞いてた妹たちも、わけが分からないまま急いで着がえて病院へむかった。

「何があったの？」

不安な気がする。もしかして。いつもの私なら、車に乗るとすぐねてしまうのだが、その日はねむくならなかった。

病院についた。急いで回復室に入った。弟のTが心ぞうを強く押されて、口には酸素ボンベがついていた。目は閉じていて、父と母が、泣きそうな目をして、

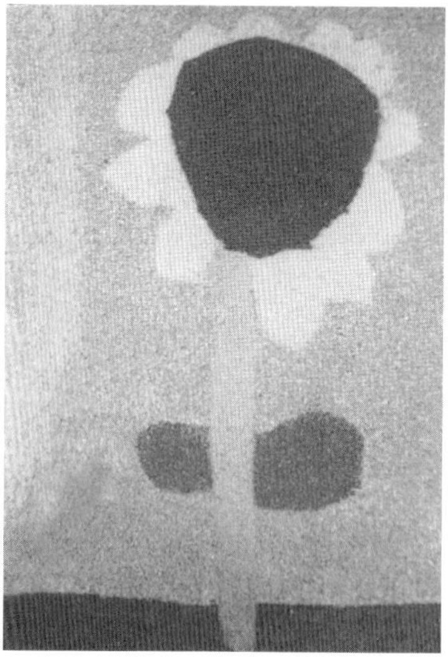
Tくんが作ったお気に入りの砂絵

「T、おきんね」
「ほら、ねねたちが来たよ」
「目、開けて笑って」
と、何度も何度もおこそうと、呼びかけている。お医者さんが、胸に聴診器をあて、目を見て言った。
「十時二十八分、残念ながら……」
みんな、泣きくずれた。父と母は、Tの手を持ったり、なでたりしながら
「もっとT君がんばるもんね」
「目を開けてよ」
といつまでも言っていた。ずっと泣きながら、家に帰った。
このまえまでとても元気だったT君。大好きな電車に乗って、はしゃぎながら行った遊園地。いろんな自転車に乗って大さわぎしたサイクリングセンター。一緒に、お料理したりけんかしたりして……。急にこんなことになるなんて、だれも思いもしなかった。
２歳のときから入退院をくり返し、たくさん遊べずに、たった５歳６カ月で死んじゃうなんて。
悲しいお別れのときは、どんどんせまってきた。「この、ねた形でいいからずっといてほしいな」私はそう思った。おそう式が始まるとなぜか涙が止まらなかった。とうとう出かんの時間になってしまった。花でかざったり、大好きだったおもちゃもそえて、T君を送り出した。
火そうのとき、今まで見たこともない、大泣きする父と母の姿を見た。家族をなくす悲しみが、いやというほど分かった。
私は、この弟の死の後、本当に人の命の尊さが分かった。どんな小さな命も大切な物だと思った。そして、T君が、みんなの心の中で今、すごく輝いているように思える。
「T君、T君の分も、がんばって生きるから天国で応えんしてね」

## 「がんばってね」はときにプレッシャーに

**Ｙ・Ｙさん　39歳　Ｔくん　５歳**
**病名：神経芽細胞腫**

**患児の病歴**

３歳４カ月のとき、「足が痛い、きつい」と訴え、神経芽腫発症と分かる。丸１年入院し、化学療法、３回の末梢血幹細胞移植（ＰＢＳＣＴ）を行い、退院。半年後再発。

５歳２カ月のとき、永遠の眠りにつく

### □人に言われて嬉しかったこと

入院中「充分がんばっていると思うので、『がんばってね』は言わないね」という言葉。「がんばってね」という言葉は、ときにプレッシャーになることがある。

### □人に言われて悲しかったこと、いやだったこと

入院中、また亡くなった後の「まだ小さいのにかわいそう」という言葉。入院中は病気になったことは確かに不運だったけれど、Ｔちゃんの姿は誇りに思っていた。亡くなった後は大変悲しい思いをしたけれど、生きる望みをもって生き抜いたＴちゃんのことを「かわいそう」とは思わない。胸を張ってこんなにがんばったって、たった５年間だけど、彼の生き方は人に自慢できる。

### チューリップ咲いたよ

あなたの「お母さ～ん」と言う声を聞けなくなってもうすぐ、４カ月です。

あのときぎつい体をおしてチューリップを植えましたね。あなたはき

っと、きれいに咲いたチューリップを見られることをあのときは信じていたのでしょう。３歳４カ月で神経芽腫という小児ガンに侵され、１年間、お母さんと病院でがんばりましたね。一度もいやだとは言わずに、がんばりましたね。

４歳９カ月で再発してしまいました。でも、それからの６カ月は家族みんなでたくさんの思い出を作りましたね。「もう一度阿蘇に泊まりたい」という願いをかなえてあげられなくてごめんね。

「来年も来ようね」と言っていた蛍は、今年はお空から見えるかな。

あなたがどんな少年になり、そして青年になるか見たかった。神様はどうしてあなたの人生をたった５年と決められたのかしら。お母さんは神様を恨みはしません。発病してからの２年間はずっと一緒に、あなたのそばに居られたのですから。あの２年間はもしかしたら20年分に相当するかもね。

あなたのチューリップを見ていると、あなたの笑顔がチューリップの間から見えるような気がします。

Ｔちゃん。お父さんとお母さんの子どもに生まれてきてくれてありがとう。　（朝日新聞「ひととき」掲載、2003年４月５日）

**Ｔちゃん、祇園祭だよ　母より**（夫が私の名を借りて投稿したもの）

ドコドン、ドコドン。今年も祇園祭の季節がやってきました。天国のＴちゃん、祇園囃子のカネ、太鼓の音が聞こえますか。

昨年は法被に豆絞りの鉢巻きをして、お父さん、お兄ちゃんと３人で祭りに参加しましたね。仏壇に飾っている写真を見る度、お母さんは、あのときの姿がまぶたに浮かんできます。

２年前、あなたは小児がんと闘っていました。そして昨年、やっと祭りに出ることができました。そのときの笑顔が忘れられません。でも本当は、祭りの直前に再発が分かり、お父さんもお母さんもこれが親子３人で出る最初で最後の祇園祭になるだろうと思っていました。そんなことは知らずに、汗びっしょりで一生懸命に山車を引いてがんばっていましたね。大きくなったら自分もカネ、太鼓をたたいて祭りに出たいと思っていたのかな。この町に生まれて、やっぱり祭り好きだったのかな。

Tちゃんが植たチューリップ

今年からは、あなたのいない祇園祭です。寂しいけど、今度は空から、火を噴いて町を練り歩く大蛇を見ていてね。ドコドン、ドコドン……。　（西日本新聞「前略草々」掲載、2003年７月20日）

### どんな１年生に

愛する息子が、小児がんでこの世を旅立ち２度目の春がめぐってきた。家族３人いろいろな想いでこの１年余りを過ごしてきた。

お兄ちゃんはあの日以来、涙を見せない。きっと寂しくて泣きたい時もあるはずなのに何も言わない。心の中で泣いているときもあるのだろう。大人になったらきっと今の想いを話してくれるだろう。私はそのときがくるのを楽しみに待っている。

あの子の卒園式。お兄ちゃんは見事代役を務めてくれた。弟への想いがあふれる卒園式になった。

お父さんは主人公のいない、あの子の６歳の誕生日にバースデーケーキをさげて帰ってきた。どんな想いでロウソクを頼んだのだろう。

いろいろな方々の私たち家族への想い、励ましがあったからこそ、元気になれた気がする。先を悩むとき「Tちゃん、どうしょうか？」とつぶやく。「お母さん、それでいいんじゃない」。彼の声が聞こえるような気がする。もうすぐあの子のチューリップが今年も咲く。今年も大好きだった病院の先生に届けよう。

「Tちゃんは何色のランドセルを選んだのだろう？　机はどんなものを選んだろうか？　どんな小学１年生になっただろう？」。きっと家族３人が今、想っていることは同じだろう。

（朝日新聞「ひととき」掲載、2004年３月27日）

## 気になることはすべて伝えよう

**R・Yさん　35歳　Kくん　3歳**
**病名：悪性脳室上衣腫・脳腫瘍**

**患児の病歴**

１歳１カ月で発症。はじめは風邪による嘔吐と思われたが、激しく繰り返すため、ＣＴ検査をした結果、脳腫瘍による水頭症と分かる。１週間後、１度目の手術。「症例のないとても危険な手術」と言われたが、成功する。10カ月後再発。２歳で２度目の手術後、化学療法、幹細胞移植など経験する。３歳で再々発。３度目の手術、シャント手術、放射線治療。退院して約半年後急変し、入院。１週間後、人工呼吸器をつける。そしてその４カ月後、３歳７カ月で永遠の眠りにつく。

### □人に言われて嬉しかったこと

看護師の方がおでこにキスしてくれたり、愛情を持って接してくれた。全ての看護師の方がとても可愛がってくれて、このことはとても嬉しかった。

仕事に行っている間の様子が気になるため、看護師の方が連絡ノートを書いてくださった。

医師がわが子のように相談に応じてくださり、最後まで親の気持ちをくみとってくれて、感謝している。

死亡確認後、涙を流している私に「ママも一緒に体を拭きますか？」と言ってくださり、お別れをしながら体を拭いてあげることができた。

とにかく後悔が一つもなく、すべて気になることを伝えたら、対応してくださった。

□人に言われて悲しかったこと、いやだったこと

意識もなく、脳死状態になったＫ君の体を拭くとき、看護師の方が物を扱うようにしていたため、とても嫌だった。まだ生きてるのに！「やさしく、拭いてください」とはっきり伝えて、私が必ず一緒に拭くようにした。

吸引時に無言で行う看護師の方がいて、Ｋ君の体が反応しているので「やさしく、ゆっくり、Ｋ君に話しかけてくださいね」とお願いした。意識や反応がなくても、しっかり聞こえている気がしたから。

□不安なことや要望など、そのほか思うこと

病院には、色々な医師や看護師がいる。わが子にはやさしく接して欲しい気持ちがあると、どうしても愚痴が出てしまう。しかし使用する薬など、生命に直接関係する、とても重要なこと。医療ミスをした医師を責める前に、親としてすべきことは、医師にまかせきりにしないこと。一緒に考え、バカにされても調べて、相談を繰り返すことで相手が聞く耳を持ってくださる。

私は、「気になることはすべて伝えて、後悔しないこと」を自分に言い聞かせ、すべて相手に伝えてきた。子どものために、「うるさい母親だな」と思われても、相手が変わるまで伝えようとしてきた。すると本当にすぐ対応してくれて、分かってもらえた。

医療ミスは、親の責任でもあると思う。とても大変で、苦しいけれど、今はとても清々しい気持ちで、この世に生まれてきてくれたＫ君にとても感謝している。生きているということは、本当にありがたいことだと思う。

## 医療用語の解説

**急性リンパ性白血病**　血液を造る骨髄で異常な白血球が造られ全身で増殖する血液の癌といわれる病気。小児の白血病では急性リンパ性白血病が一番多い。白血病細胞が全身で増えると肝臓や脾臓が腫大したり、全身のリンパ節が腫れる。また正常な血液成分が造られないため貧血や出血を起こし、感染症にかかりやすくなる。抗がん剤による長期の治療が必要で、重症例では骨髄移植が必要となる。

**髄芽腫**　小児の脳腫瘍では神経膠腫についで２番目に多く、おもに幼児期に発生する。頭痛や吐き気などの頭蓋内圧亢進症状や小脳性の歩行障害の症状を起こす。治療としては手術による摘出と放射線治療を実施するが、脳内転移をきたしやすく、抗がん剤による化学療法や移植治療を行うこともある。

**低酸素性虚血脳症、事故後脳症**　酸素の欠乏や薬物・重金属による中毒、または原因がはっきりせずに起こるものなど、脳症を起こす原因はさまざまである。おもな症状に発熱、痙攣、意識障害があげられ、痙攣や意識障害が長く続くと脳浮腫を合併し、将来的に知能や運動機能の低下などの問題を残す可能性がある。

**心室中隔欠損症**　生まれつき心臓内部の心室の壁に穴が開いたままになっているため、血液が逆流することにより呼吸数の増加、哺乳力低下や体重増加不良などの心不全症状を起こす。穴の大きさが小さいものは自然に閉鎖する場合もあるが、大きな場合は外科手術が必要となる。

**腸間膜のう腫**　腸間膜に発生する良性腫瘍で、リンパ液、血液成分などが貯留した単房性または多房性ののう胞が大きくなった結果、腹部膨満や腸管の通過障害を引き起こすことがある。腹部症状を呈するものや、サイズが大きく自然に縮小消失しないものは外科手術により摘出する。

**反復性尿路感染症・尿道狭窄症**　腎臓から尿道にいたる尿路に生まれつき奇形があるために、細菌感染による炎症を繰り返し起こしやすい状態となっている。小児では主に発熱や悪寒などの症状を繰り返し、尿中の白血球の増加や細菌の有無によって診断する。抗生剤による治療が基本であるが、尿路奇形は手術を必要とする場合がある。

**先天性胆道閉鎖症**　専門的には、本疾患が生まれつきの異常だけではなく、後天的にも起こりうることが判明しているため、現在では「胆道閉鎖症」と呼ばれる。胎生期の発生異常により胆汁の通り道である胆道の一部が欠損・閉鎖するために、胆汁が流れ出ることができず、生後早期から黄疸、白い色の便、肝臓の腫大などを起こして発症する。無治療のまま放置すると胆汁うっ滞が遷延し、肝病変が進行し肝硬変になる。診断後早期の肝門部空腸吻合術、または肝移植などの外科手術が必要となる。

**ウエスト症候群**　点頭てんかんとも言われ１歳までに発症する乳児難治性てんかんの代表。先天的な脳発達異常、低酸素による脳障害、中枢神経への感染症などが原因で起こる症候群。頭部前屈と上下肢の屈曲挙上させる短時間の強直性痙攣を呈し、しばしば発作を繰り返す。多くは知能や運動発達の遅れを合併する。治療はＡＣＴＨ筋注や効てんかん剤により、痙攣のコントロールを行う。

**肝良性腫瘍**　肝臓に発生するまれな良性腫瘍で、肝機能障害や画像検査などにより偶然発見されることが多い。無症状ならば自然経過観察できるが、症状を有する際や、悪性との鑑別が困難な場合には、外科的に肝切除術を実施されることがある。

**川崎病**　主に幼児期に発症する原因不明の血管炎を起こす熱性疾患。発熱、体の発疹、イチゴ状の舌、口唇の紅潮、手足の硬い浮腫や頚部リンパ節腫脹をおもな症状とし、冠状動脈瘤、弁膜症、心筋炎などの心合併症を起こす。治療としてアスピリン内服や免疫グロブリンの静注を行う。

**大動脈縮窄症**　生まれつき大動脈弓部、または胸・腹部大動脈の一部が狭窄をきたしてしまう病気。動脈管と呼ばれる血管より心臓側よりの位置での大動脈狭窄（管前型）を起こすタイプは小児に多く、早くから心不全を合併することがあり、早期の外科治療を必要とする。

**胸膜肺芽腫**　小児の肺の腫瘍はきわめて珍しいが、中でも胸膜肺芽腫は胎児の肺に類似した組織像を呈するまれな肺腫瘍で、肺芽腫の約20％が小児期に発生する。肺の末梢の気道粘膜上皮が腫瘍化し発生すると考えられている。肺外の胸膜や縦隔に発生することもあり、のう胞性肺疾患との合併が多いとされる。

**神経芽細胞腫**　子どもの悪性固形腫瘍の中では最も多いものの一つで、腹部の副腎や、腎臓の近くや骨盤内の交感神経組織が腫瘍発生の元となることが多い。腹部のしこり、貧血や下肢痛などの腫瘍の転移による症状で気付かれることが多い。発症年齢により性質のおとなしいものと悪いものに区別され、１歳より前で発症するタイプは自然治癒することが多いが、２歳以上の発症では強い化学療法を要する。

**肺動脈閉鎖症・右室低形成**　右心室と肺動脈との間が交通していないために異常な血液の循環動態を示す。血液が肺に流入しにくいことから、酸素化されない血液が循環するために生直後より低酸素血症をきたす。生後の動脈管の生理的閉塞に伴って、肺血症はさらに減少してチアノーゼの増強、低酸素の憎悪、多呼吸などが出現する。また右室形態が生まれつき異常で複雑な構造を示すことが多く、右心不全を伴いやすい。

**メチルマロン酸血症**　先天性代謝異常症の一つで、生まれつき特定の酵素（メチルマロニルＣｏＡムターゼ）が欠損しているため、タンパク質を上手く分解できず、メチルマロン酸、ケトン体、アンモニア等が体内に産生され、体内にこれらの酸性物質が大量に発生する結果、嘔吐、呼吸困難、意識障害をきたす。

**小腸消化酵素欠損症**　正式には「先天性クロール下痢症」と呼ばれる。先天的な腸管での電解質（クロール）の能動輸送機構の障害により、生後すぐから大量の水様性下痢をきたす。大量の水分および電解質の喪失により体のバランスがくずれ脱水症、低クロール性の代謝性アルカローシス、体重増加不良などをきたす。治療の基本はこれら失われた水分・電解質の補充。

**ダウン症候群**　常染色体異常症のなかでも代表的な疾患で21トリソミーとも呼ばれる。特徴的な顔貌（ダウン顔貌）、知能や運動発達の遅れ、筋緊張の低下などの症状を呈し、先天性心臓病、先天性消化管閉鎖症を合併することがある。

**全前脳胞症**　先天性の大脳の奇形症候群の一つで、脳が生まれつき大きさも形も未発達のままのため、重度の中枢神経障害が起こる。水頭症や下垂体低形成を合併することもある。口唇裂、口蓋裂や眼球異常などの顔貌奇形が出現したり、嗅神経の欠損、痙攣、てんかんなどの症状が起こる。本症では染色体異常を伴う事が多く、13〜15トリソミーに合併することが多いとされる。本症の児が産まれてくる確率は約１万分の１といわれている。

**オルニチン・トランス・カルバミラーゼ欠損症**　体内で発生する過剰なアンモニアを尿素へと変換し体外へ排泄する尿素サイクルの異常症の中でもっとも多い病気。約８万人に１人の割合で発症する。処理できずに血中にたまったアンモニアの影響で嘔吐、意識障害、さらに痙攣などの中枢神経症状を引き起こす。乳児では哺乳力の低下、体重の増加不良、無呼吸発作や嗜眠といった症状で発症する。高アンモニア血症を起こさないための治療が必要で、蛋白制限を主とした食事療法、血液浄化治療や薬物療法などが行われる。

**先天性食道閉鎖症**　食道が生まれつき閉鎖しているため、生直後の哺乳時から嘔吐を発生し繰り返す。咳嗽発作やチアノーゼなど呼吸器症状が出現したり誤嚥性肺炎を合併することがあり、早期診断と早期の外科手術が必要な疾患である。

**横紋筋肉腫**　小児の軟部固形腫瘍のなかで最も発生頻度が高い。身体のあらゆる部位に発生し、とくに頭頸部、四肢、泌尿器や後腹膜などに好発する。横紋筋への分化能を持つ間葉組織から発生し、横紋筋細胞様の悪性細胞が増殖する。確定診断には画像検査や病理組織検査が重要。主に放射線療法や化学療法による治療を行うが、原発部位が限局している場合には外科的に切除することがある。

**拡張型心筋症**　心筋の収縮障害により心拡大をきたした結果、心不全を合併する。本疾患は進行性であるため、予後が不良である（致死的である）。遺伝性因子やウイルス感染症、また薬剤による心筋障害などさまざまな要因により発生する。症状としては疲労しやすい、顔色不良、四肢抹消の冷感、乳児では哺乳力低下などで、血圧の低下や脈拍が微弱化を伴う。本症の末期患者の救命のための唯一の方法は、心臓移植。

**網膜芽細胞腫**　小児の眼に発生する悪性腫瘍のうちもっとも多く見られる。網膜の細胞から起こる腫瘍で多くは３歳までに発症する。初発症状は白色瞳孔や斜視、視力不良などで、治療としては主に外科的に罹患側の眼球を摘出する。視神経から脳への転移をきたすこともある。

**脳室上衣腫**　小児の脳腫瘍で第４脳室に発生することが多く、大きくなると脳脊髄液の流れを妨げ水頭症を合併することがある。外科切除を実施するが再発傾向が強い。

**ＡＢＲ**　聴性脳幹反応検査法。音響刺激により発生する脳幹聴覚系の誘発反応を調べる検査。

**ＩＴ**　抗がん剤の髄腔内注射による治療。がん細胞が中枢神経内に出現した場合や、重症例で中枢神経への転移を予防するために実施する治療法。

**新生児マススクリーニング検査**　生後間もない新生児が先天性代謝異常や内分泌異常を有していないかどうか、発症前や早期に診断するための検査法。ただし検査時点での疾病の有無をふるい分けるものであり、過去に罹患していたか、今後新しく罹患するかについてを判断する検査ではない。

**アクス治療**　ＡＣＴＨ（副腎皮質刺激ホルモン）を筋肉注射にて投与する治療法。ウエスト症候群の難治性痙攣に対して用いられる。

**シャント手術**　先天性心臓病や閉塞性水頭症（髄膜炎や脳腫瘍）などの治療において、病的状態の改善のためにバイパスとなる人工の通り道を外科手術的に作成する方法。

**ロタ**　ロタウイルスは、乳幼児に嘔吐下痢症をもたらす代表的ウイルス。白色便、下痢、嘔吐などの消化器症状を引き起こし、重症例では脱水症を合併することがある。

**寛解**　永続的にしろ一時的にしろ自覚・他覚症状が軽快した状態のこと。悪性腫瘍に対する抗がん剤治療などでがん細胞などが病的基準以下（正常範囲内）になった状態。

**ＤＩＣ**　播種性血管内凝固症候群のこと。悪性腫瘍や重症感染症（敗血症）手術、外傷などの基礎疾患を背景として、血管内皮障害や免疫複合体による凝固系の活性化をきっかけとして起こる。全身に微少な血栓が多発し、臓器障害を起こすと同時に、凝固因子や血小板が消費されることで減少し、さらに線溶系の活性化が亢進して顕著な出血傾向が引き起こされる。

**ＩＶＨ挿入**　経静脈的に高カロリー輸液を実施するために栄養カテーテルを静脈内に留置すること。悪性腫瘍、低栄養などの治療のさいに、長期にわたる栄養補給を目的に行う。

**フサン投与**　メシル酸ナファモスタットという薬剤の商品名。播種性血管内凝固症候群の予防や治療、または重症膵炎の治療に用いる。

**ＪＲＡ**　若年性関節リウマチ。小児期に発症した慢性関節炎の場合、若年性関節リウマチと呼ぶ。成人の関節リウマチと異なり、発熱、発疹などの関節外症状を示すことが多く、リウマチ因子の陽性率は低いのが特徴。軽快と憎悪を繰り返しながら慢性に経過し、関節の拘縮などを起こす。

**胃ろう**　経口摂取が困難な患者に対して、胃を腹壁に固定し、前面壁から胃内腔と体外を交通させ、ここから栄養補給を実施する。

**バイオプシー**　生検のこと。対象となる臓器の組織を一部採取して、その組織の病的変化の有無を病理学的に調べる検査法。肝生検、腎生検、筋生検などさまざま。

**バイタル**　バイタルサインの略。呼吸数、体温、脈拍などの総称。

# 今を生きるということ

久留米大学医学部小児科医師　**中嶋英輔**

最近友人の一人が、会社での検診をきっかけに早期胃がんと診断された。手術をうけ退院した彼からもらった手紙には、がんと診断され生まれて初めて命の危機を感じたことや、与えられた健康がいかに大切で、普段の生活のなかでそのことをすっかり忘れていたことを反省がちに書いていた。

学生時代にはひょうきん者だった彼のキャラクターからは考えられないほど真面目で正直な気持ちを綴っていた。病気が彼の人生観や寿命に対する意識をずいぶん変えたように感じられた。

果たして重い病気をわずらって入院する人たちの多くが同じような感覚を持つようになるのだろうか。人生観を変えてしまうこともあるだろうし、患者やその家族にとってなにより命や時間に対する感覚が相当繊細なものとなるのだろう。無論、自分や肉親が重い病気にならない限り、全く同様の感覚を共有することは到底できない。しかしこのように研ぎ澄まされた感覚の人たちと医療者側として対峙する際には、より高度な配慮が必要となるのではないか。

私が今回、この「医療用語の解説」を書くにあたり改めて感じたのは、重い病気の患児や家族にとっては、与えられた１日１日が貴重な時間であり、一瞬一秒たりとも無駄にしまいと精いっぱいに過ごしているということだ。それを理解しないまま単に同情のみで機械的にマニュアルのごとく接することが、意識のすれ違いを生む一因となってはいないか。患者も人間であり、また医者も１人の人間である。振り返ると果たして自分はどれくらい、その日その時を大切にして過ごしているだろうか？　自分の今を大切にすることが他人のこの瞬間を尊重することにつながっているのだ。そのことを忘れないように、患者さんたちに接していければと思う。

# 麦の会声だよりを放送して

ドリームスＦＭ
「がぁばよか！らじお」ディレクター　**吉田眞由美**

ディレクターの吉田眞由美さん（左）と
パーソナリティのたけうちいづるさん（右）

明るく優しい声がスタジオに響く。淡々と語ってはいるものの、話の内容は大変な日常が想像できるものばかり。

ドリームスＦＭの番組の中で、麦の会の皆さんと知りあって２年になる。２週に１度の割合いで、わが子と向き合う様々な親たちの声を放送しては、「私も頑張らなきゃ」「初めてこういう病気と闘っている方を知りました。頑張ってください」といった反応が届くようになりました。

１日24時間、ずっと休むことなくお世話している麦の会の方々に、収録が邪魔になっていはいないだろうか？　と心配していましたが、実際に話をしていただいた後は、「日頃思っていることを話せてスッキリしました」と言っていただきました。

これからも「生きる喜び」を語る麦の会の皆さんの声が、一人でも多くのリスナーに届きますように。

今日も人の心に響くコミュニティラジオを目指します。

ドリームスＦＭ　76.5ＭＨｚ
「があばよか！らじお」毎週月曜日～金曜日　12：00～17：00放送
「麦の会声だより」は番組内の隔週水曜日　14：20ごろに放送
※現在は終了しました

## 取材を終えて

私が取材させていただいたＴさんのお子さん、Ｋちゃんの病気の原因が未だに分かっておらず、手術を終え、元気に回復していても、この先どうなるかまだ分からないので不安だとおっしゃっていました。病名が分かり、もう大丈夫だと一日も早く安心できるようになれることを願います。

**立辺理香**

１歳４カ月という小さな体で病気と向き合うＫちゃん、そしてそのお母さんの姿から、勇気をもらいました。どうかKちゃんがこのまま元気に健康な体で大きくなっていってほしいと思います。ありがとうございました。

**田中紗綾**

初めて取材した先のＮくんはとても元気がよく、遊びに夢中になっているときのN君の笑顔はとても可愛らしくて、その笑顔につられ、僕も笑顔で取材を行うことができました。取材の途中、お母さんがN君と接している場面を見ることができたのですが、Ｎ君を見守るお母さんの姿はとても素敵でした。

**富永利幸**

今回の取材を通して、普段病院で子どもを保育しているときに接している保護者の方が、自分の子どもの病気に対してどう思っているのかを聞くことができ、本当に良かったと思いました。今私は、以前病院で入院していた子どもたちの家に行き、保育をしています。目的としてはもちろん子どもに楽しんでもらうのが第一ですが、それと同じように、自分が保護者の方のどんな些細なことでもたくさん話を聞き、少しでも心や体が楽になってもらえたらと思いました。これからもこの保育を続けていきたい、そう思える取材でした。

**富野泰史**

取材に行ってお母さん達の話を聞くと、近所の人や病院で会った人、そして担当医からの何気ない一言に傷ついていました。

お母さんたちにとって、言われて一番いやな言葉は「かわいそう」などの同情されるような言葉でした。私がお母さんたちを見ていて思ったことは、みんな幸せそうだということです。私は、幸せそうな人を見てかわいそうなどとは思えません。私たち他人が、何か意見を言うのなら、勉強をしなければならないと思います。しかし、私ができることは、意見を言うことではなくて、お母さんたちのことを理解した上で、少しでもお母さんたちの負担を軽くするように手助けをすることだけだと思いました。　**中島匡喬**

僕が取材したNさんは、R君を生んだことによってとても人間的に成長したと語っておられました。病気の子どもを持ち、子どもからたくさんの勇気をもらって、たくさんの人々と出会って、今のNさんがあるのだろうと思いました。これまであったこと全てをプラスに考えようとするNさんの姿を見て、僕もこんなふうに生きたいと思いました。　**濱田啓吾**

## 保育ボランティアに携わって

今回の取材では、病室で一緒に窓の外を見ながらポツリポツリと思い出しながら、ゆっくりと話をされる姿がとても印象に残っています。私も保育士として、子どもの様子は気をつけて見るようにしています。時々子どもからの質問に困るときもあります。そんなとき、きっと質問してくる子も辛いんだろうなと思い、一緒に答えを見つけようとしています。この本に書かれているお母さんたちの思いを、しっかりと心にとめておきたいと思います。

**和泉有紀**

聞いてる（読んでいる）こちらの心まで痛くなるような悲しみの底から、お母さん方が辿り着いた言葉は、その一つひとつに重みがあって、心に大きく響きました。「麦の会」の皆さんは、当事者には当事者の苦しみがあり、それを支える家族には家族の苦しみがあり、そしてそれは、人によって様々であることを教えてくださいました。この本が病と共に生きる子どもとその家族に対する偏見や無知・無理解を、少しでも多く破ってくれることを、願わずにはおれません。

**山内遇由美**

言葉には不思議な力があるように思います。ほんのささいな一言で、悲しい気持ちになったり、逆に嬉しい気持ちになったり。お母さん方と話をするとき、私は親しみを込めて、少しでも心が軽くなってもらえたらと思いながら話しています。そして、言葉とともに、何よりも気持ちが大事なのだと思います。気持ちがあれば自然と表情に表れます。どんなに励ましの言葉を口にしても、気持ちがともなっていなければ、お母さん方の心には届かないのではないかと思います。お母さん方の元気が出ることを願いながら、言葉を使っていけたらと思います。

**森信子**

私が感じたことは、お母さんたち、また子どもたちに一番身近な私たち保育士、そして医師、看護師がもっと、自分のことに置きかえて、お母さんたちの気持ちを考えることをしなければいけないということです。また保育士として、少しでも元気が与えられるような、お母さんたちや子どもたちの気持ちに寄り添えるような存在になりたいです。

**福井愛子**

お母さんたちの話を聞き、私が一番感じたことは、言葉の重要さでした。何気ない一言が傷つく言葉になったり、うれしい言葉になったりするのです。病気だと分かっても、普通に接する方が、気持ちが和むように感じられました。苦しいことや、悲しいことを乗り越えてこられたお母さんたちの話を聞き、子どもを思う親心と強さ、そして優しさを感じました。また、その家族の協力が一番の支えだと思いました。私自身、沢山のお母さんたちと出会い、色々なことを感じ、学ぶことができ、自分の視野も拡がりました。心から良い勉強になったと思います。

**成重優紀**

# あとがきにかえて

岩崎瑞枝

大学病院の小児科に医療保育ボランティアとして通うようになり、分かったことがあります。

入院している子どもたちは、重い病気とつき合いながら、体調が少しでも改善すれば、遊びを発見したり、不思議を探究するという旺盛な好奇心を持っています。子どもたちは、病棟の中で１日１日成長しながら暮らしているのです。そして、そんな子どもたちとは対照的に、わが子の病状を見守り続ける母親たちは、緩むことのない緊張感を持ち続けながら１日１日を過ごしています。

保育の時間、傍で見守っている母親たちの話を聴いているうちに、普段私たちが何気なく話している言葉が、病棟では何か違う響きを持って聞こえているように感じるようになりました。

例えば「がんばって」は、深夜２時間おきに起きて、子どもの世話をし、食欲がないからと必死でわが子の好物を準備する母親には、「まだ、やれることがあるでしょう」という責めの言葉になり、また何気ない「だいじょうぶね？」が、点滴を踏まないように細心の注意を払いながらわが子と同じベッドに寝起きしている母親には、フッとやさしく肩に手を置かれた感覚となって残る言葉になるのです。

わが子の病気の治癒のためにだけその日を送っている母親たちにとって、「言葉」は言葉自体の意味よりも、発する人のこころの思いとして響いているようなのです。しかし、患児にかかわる私たちは、お母さんたちに伝わるどのようなこころの思いを持てばよいのでしょう。

そこで、久留米大学病院小児科病棟で母子共に闘病生活を送り、退院後も通院や入退院を繰り返す日々を過ごしている母子の会「麦の会」のメンバーを中心にご協力をいただき、「人に言われてうれしかったこと」「人言われて悲しかったこと、いやだったこと」のききとりを試みました。きっかけは、この「麦の会」のメンバーが隔週水曜日、久留米のドリームスＦＭ局で『麦の会声だより』として病気のわが子への思いや近況報告をしている言葉を聴いたからです。深刻な病気を持っていない私たち、重い病気の子どもの母親ではない私たちは、子どもの病気によって研ぎ澄まされたお母さんたちの感性に、こころの思いを教えてもらうしかありません。

その結果、総数37名のお母さんたちの言葉が集まりました。思い出したくないことが多いはずなのに、皆さん大変熱心にお話をしていただき、言い足りなかったとを後からお手紙を送ってくださった方もいらっしゃいました。

また、この中にはお子さんが亡くなった方も含まれています。「自分の未来」とも言うべきわが子を亡くした母親の言葉には、わが身を削って伝えようとして下さるメッセージが込められているように感じました。

集められた言葉は様々でした。「言われてうれしかったこと」には、医療従事者や周りの人への尊敬やちょっとした配慮への感謝、そして、同じ闘病仲間のお母さんへの信頼、家族への深い思いなどがたくさんちりばめられていました。「言われて悲しかったこと、いやだったこと」には、病気の子どもと一体化した母親の不安や不満をわかってもらえないつらさ、せつなさが記してありました。

そして、同じ「言葉」が、一人のお母さんには「うれしかった言葉」として受け止められて、別のお母さんには「悲しかった、いやだった言葉」として刻まれているのです。まさしくお母さんたちは、言葉そのものを聴いているのではなく、その言葉を通して、医療従事者や周りの人々、家族、友達などが、自分たち親子のことをどのくらい思ってくれているのかを聴いているのです。

医療社会学を研究している私にとって、集められたお母さんたちの言葉に込められた思いは、今の医療の問題点の一部分を浮き彫りにしているように思えます。医療従事者になるために学んだ、患者の誰に対しても同じようにふるまうこと、自分の個人的な感情を抑えること、治療という特定の側面にのみ対応すること、１人の患者ではなく皆のことを考えることなど、医療従事者がその学びを活かそうと努力すればするほど、重篤な病のわが子を前に不安だらけの母親には、わが子にとっての言葉ではないと感じられているようです。また、長期に及ぶ闘病生活を強いられることで、母親たちは心身共に疲弊し、自分のまわりの人間関係をも緊張させてしまい、家族の関係が崩れてしまうこともあるようです。

この試みをまとめることで、まず、重い病気を抱えたお母さんたちの気持ちが明らかになればと思いますし、これから医療に携わろう、関わろうとしている人たちには、自分のこころの思いが、言葉を通して、相手に伝わることを感じていただけたらと願っています。

鋭利な感性のお母さんたちに懐を借りて、こころの思いをこの小冊子で少しでも学んでいけたらと考えます。

最後になりましたが、本書の出版にご協力いただきました海鳥社の柏村美央さん、そして西俊明社長に、心より厚く御礼申し上げます。

平成16年８月１日

麦の会声だより編集委員会
岩崎瑞枝
久留米大学医学研究科博士課程４年・大分大学医学部看護学科非常勤講師・久留米大学医学部看護学科非常勤講師・ファイナルステージを考える会世話人

上野玲子　麦の会会長
諫山篤子　麦の会会員
中嶋英輔　久留米大学医学部小児科医師
和泉有紀　久留米大学医学部小児科保育ボランティア保育士
山内遇由美　〃
森信子　〃
福井愛子　〃
濱田啓吾　久留米大学医学部小児科保育ボランティア保育士
富野泰史　〃
立辺理香　第一保育短期大学卒業生
田中紗綾　〃
富永利幸　〃
中島匡喬　〃
成重優紀　〃

●協力　ファイナルステージを考える会
福岡市にある末期がん患者とその家族を支援するボランティア団体。医療保育ボランティア活動は当会の一部門。
連絡先＝清水クリニック内　〒811-1311
福岡市南区横手２-８-７
電話092（502）6767
http://www3.ocn.ne.jp/~final/

※本文中の肩書き、団体名称等はすべて2004年当時のものです

うれしかった言葉《ことば》　悲《かな》しかったことば

■

2004年9年21日　第1刷発行

2004年11年1日　第2刷発行

2015年12月21日　第3刷発行

■

編者　麦の会声だより編集委員会

発行者　西　俊明

発行所　有限会社海鳥社

〒812-0023 福岡市博多区奈良屋町13番4号

電話092(272)0120　FAX092(272)0121

印刷・製本　有限会社九州コンピュータ印刷

ISBN978-4-87415-499-1

[定価は表紙カバーに表示]

http://www.kaichosha-f.co.jp